AYŞE KULİN

1. *Güneşe Dön Yüzünü* (Öykü)
2. *Bir Tatlı Huzur* (Biyografi)
3. *Foto Sabah Resimleri* (Öykü)
4. *Adı: Aylin* (Biyografik Roman)
5. *Geniş Zamanlar* (Öykü)
6. *Sevdalinka* (Roman)
7. *Füreya* (Biyografik Roman)
8. *Köprü* (Roman)
9. *İçimde Kızıl Bir Gül Gibi* (Deneme)
10. *Babama* (Şiir)
11. *Nefes Nefese* (Roman)
12. *Kardelenler* (Araştırma)
13. *Gece Sesleri* (Roman)
14. *Bir Gün* (Roman)
15. *Bir Varmış Bir Yokmuş* (Öykü)
16. *Veda* (Roman)
17. *Sit Nene'nin Masalları* (Çocuk kitabı)
18. *Umut* (Roman)
19. *Taş Duvar Açık Pencere* (Derleme)
20. *Türkan-Tek ve Tek Başına* (Anı-Roman)
21. *Veda* (Çizgi Roman)

Ayşe Kulin, *Foto Sabah Resimleri* ile 1995 yılında Haldun Taner Öykü Ödülü'nü, 1996 yılında Sait Faik Hikâye Armağanı'nı, 2007 yılında *Veda* ile Türkiye Yazarlar Birliği, En iyi Roman Ödülü'nü, 2008 yılında ise *Nefes Nefese* ile European Council of Jewish Communities tarafından verilen en iyi roman ödülünü kazandı. Birçok kez iletişim fakültelerinin, çeşitli okulların, kurumların, dergilerin ve derneklerin anketlere dayalı ödüllerini aldı.

Sevdalinka'nın Bosna-Hersek telif geliri savaş mağduru çocuklara; *Kardelenler*'in telif geliri Kardelenler Projesi'ne; *Sit Nene'nin Masalları*'nın telif geliri ise UNICEF Anaokulu Projesi'ne bağışlanmıştır.

HÜZÜN

Dürbünümde Kırk Sene

Ayşe Kulin

Yayın No 835

Türkçe Edebiyat 301

Hüzün
Ayşe Kulin

Yayına hazırlayan: Çiğdem Su
Düzelti: Ayhan Kurt
Kapak fotoğrafı: Muhsin Akgün
Kapak tasarım: Utku Lomlu
Mizanpaj: Bahar Kuru Yerek

1. Basım: Ocak 2011 (100.000 adet)

ISBN: 978 - 975 - 289 - 821 - 9
Sertifika No: 10905

Baskı ve Cilt: Melisa Matbaacılık
Tel: (0212) 674 97 23
Faks: (0212) 674 97 29

EVEREST YAYINLARI
Ticarethane Sokak No: 53 Cağaloğlu/İSTANBUL
Tel: (212) 513 34 20-21 Faks: (212) 512 33 76
Genel Dağıtım: Alfa, Tel: (212) 511 53 03 Faks: (212) 519 33 00
e-posta: info@everestyayinlari.com
www.everestyayinlari.com
www.twitter.com/everestkitap

Everest, Alfa Yayınları'nın tescilli markasıdır.

Bana hayat veren biricik annemle babamın anısına
ve
hüznü dahi güzel kılan sevgili çocuklarıma...

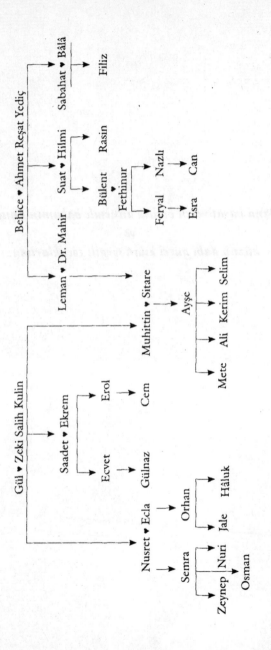

BİRİNCİ
BÖLÜM

Kürkçü Dükkânına Dönüş

Ankara'ya ilk gelişimde bebektim, sonra çocuk, öğrenci, genç kız, nişanlı kız olarak defalarca geldim büyüdüğüm kente. Her seferinde mutlu ve şen geldim, bu kez iki çocuklu ama kocasız bir genç kadın olarak geliyordum; tuhaf bir statüyle, evli desem değil, bekâr desem hiç değil, mutlu değil, şen değil. Başaramamış insanların mahcubiyeti içinde.

Annem, kayınvalidemin sandığının aksine, bana kocama dönmem için baskı yapmadı. İstasyonda onu telaşla vagonların önünde koşuşturup bizi ararken görünce şimdi bana sarılıp ağlayacak, demiştim. Ağlamadı da. Ama yüzü makyajına rağmen, inanılmaz solgundu, gözlerinin altı morarmıştı, belli ki o da hiç uyumamıştı gece.

"Biliyorsun, eski evimizde değiliz," dedi taksiye bindiğimiz zaman.

"Bilmez olur muyum, anne!"

"Bu ev çok daha küçük. Sen rahat edesin diye oturma odamızı sana verdik, çocukların yataklarını bizim odaya koydurdum."

"Bir gün içinde iki adet yatağı nereden buldun?"

"Satın aldım. Senin yatağını da Behiye teyzeden ödünç aldım, kanepede yatmanı istemedim."

"Anneciğim o kanepe açılıp yatak olmuyor muydu?"

"Oluyordu ama biz oturma odamızı yemek odasının ucuna taşıdık. Sen odanda rahat edersin."

"Sizi hem zahmete, hem masrafa soktum," dedim.

"Sen bizim biricik evladımızsın," dedi annem.

Geldiğimizin haftasına kalmadan Alimoli iki yaşına basarken amcamın kızı Semra'yı ve sınıf arkadaşım Işıl'ı çocuklarıyla eve davet ettim. Işıl Erim, Akın'la evlenmiş, Ankara'ya yerleşmişti, Zeynep adında bir kızı, Mustafa adında minik bir oğlu vardı. Annem küçük sandviçler hazırladı, kekler pişirdi. Pastaneden çikolatalı bir doğum günü pastası aldık, evi konfetilerle, balonlarla süsledik bir gece öncesinden. Sabah kalktık ki, kar diz boyu! Ben misafirlerimiz gelemeyecek diye korktum. Ama hem Semra, hem de Işıl, çocuklarıyla geldiler. Ali'ye doğum günü şarkısını söylerken, gözlerimize biriken yaşlara tanık olmamak için kimse bir diğerinin yüzüne bakmıyordu. Alimolim kucağımdan uzanıp iki küçük mumunu üflerken telefon çaldı, babası, babaannesi, halası aradılar. Onlara havadisleri Mete verdi: "Burada kar va, Nuri va, Musta va, Zeynep va, bi daha Zeynep va, anne va, dede va, baba yok!"

"Allahım," dedim içimden, "biz ne yaptık küçücük oğullarımıza?"

Alimoli, anneli-babalı sadece tek bir doğum günü yaşamıştı hayatında, bir yaşına basarken, onu da hatırlayamayacaktı!

Çocuklar yeni hayatlarına çabuk alıştı. Her sabah evin önündeki küçük bahçede oynamaya iniyorlardı. Ben onları akşamüstleri Çankaya Köşkü'nün önüne, bayrak indirme törenine götürüyordum. Anıtkabir'e, Çubuk Barajı'na, hayvanat bahçesine de götürmüştüm ama ne yazık ki hayvanların çoğu kış uykusundaydı. Babam her akşam, iki kahve fincanının içine kuru üzüm koyuyor, evin bir köşesine saklıyordu. Akşam yemeğinden sonra, Mete'yle Ali evi talan ediyor, her akşam bir ayrı köşede üzümlerini buluyor, sevinç çığlıkları atarak başarılarını kutluyorlardı. Anneanne ve dedeyle aynı odayı paylaşmak da eğlenceliydi. Güya yatakları birer gemi, annemle babamın büyük yatağı da denizdi.

4

Sabahları uyanınca balıklama denize atlıyorlardı. Ne güzel bir şeydi çocukluk!

Annemin başlardaki metanetiyse uzun sürmemişti. Bana hoş geldin demeye gelen ve meraklı gözleriyle ne olup bittiğini anlamaya çalışan arkadaşlarının arkasından odasına kapanıp gözyaşı döküyordu. Birkaç gün sonra, Ankara ziyaretimin kısa değil, kalıcı olduğunu söylemeye başladığımda annem ve arkadaşları hep birlikte gözyaşlarına boğulur oldular. Annemin üzüntüsü, gerçekten de bir türlü ısınamadığı damadından ayrılıyor olmamdan çok, benim başarısızlığımla ilgiliydi. Güzel bir çocuk olarak dünyaya gelmiş, tahsilim boyunca annemle babama hiç sorun çıkartmamış, aynen annemin dilediği gibi parlak diploma töreninin ardından hemen evlenmiş, iki oğlan doğurmama rağmen incecik kalmış, İstanbul'da güzel bir ev döşemiştim. Piyano başındaki kabiliyetsizliğimi unutmuş, üniversiteyi bitiremeyişimin üstünde bile durmamıştı; kalın çizgilerle, ba-şa-rı-lı-ydım! Birdenbire gümmm! Karpuz eşekten düşüvermişti. Düşen karpuz, annemin kızıydı. Annemin kaldıramadığı tam da buydu bence. Kızının başarısızlığı! Bunu ona söylediğimde kızıyor, itiraz ediyordu. Benim için üzüldüğünü ben anlayamıyordum. Hak etmediğim bir mutsuzluğa sürüklendiğim için üzülüyordu. Yirmi üç yaşında, iki küçük çocukla dul kalmıştım. Hayatımı daha taze dalken çıt diye kırmıştım. Üzüldüğü buydu!

"Mutsuz değilim, anne. Ayrılmasam daha mutsuz olacaktım," diyordum ama dinlemiyordu beni.

Sonra bir gün yine sabah saatlerinde kapımız çalındı, kapıyı Şaziye açtı ve kulaklarıma tanıdık bir ses doldu. "Nerede o bahtiyar genç kadın? Nerede o dünya ayağının altına serili Ayşe?" Annem şaşkın şaşkın yüzüme bakarken Ecla yengemin ablası Esma Nayman,* sahneye ilk adımını atan bir primadonna gibi odaya girdi. İhtişamla!

---

* TBMM'nin ilk kadın mebuslarından.

"Kutlarım kızım seni," dedi.

"Neden kutluyorsunuz Ayşe'yi Esma Hanım?" diye sordu annem.

"Çünkü Sitareciğim, şimdi hayat önünde bin kapılı bir han gibi açılıyor kızının. Güzelliği vardı, aklı vardı, görgüsü vardı, gençliği vardı. Şimdi bir de tecrübesi oldu. Kimi isterse onu alır. Ne isterse onu yapar. Harika!"

Annemle bakakaldık.

"Sen şimdi kızım boşandı diye üzülüyorsundur. Ben bilirim seni, kıza da hayatı zehir ediyorsundur. Üzülme sakın, hayatı asıl şimdi başlıyor Ayşe'nin."

"İki çocuğu var Esma Hanım, unuttunuz mu?" dedi annem.

"Ne olmuş varsa? Çocuk seven ya da çocuğu olamayan erkekler için biçilmiş kaftan."

Esma Nayman kahvesini, sigarasını içip gittikten sonra, "Kaçırmış bu kadın," dedi annem. "Ecla'ya söyleyeyim de göz kulak olsun ablasına."

Esma Hanım kaçırmış mıydı bilemem ama bana o gün, beni uzun süre idare edecek bir moral vermişti. Demek, acınması gereken, iki çocuklu, zavallı bir dul olduğumu düşünmeyenler de vardı! Esma Hanım'ın araladığı kapıdan serin bir rüzgâr esti, sildi yüzümdeki hüznü. Nur içine yatsın!

Ali'ninkinden on gün sonra Mete'nin üçüncü yaşını Esma Hanım'ın verdiği moralle kutladım. Yine kar yağıyordu Ankara'da. Aynı ekip, ellerinde hediyelerle tekrar geldiler. Hava sokağa adım atmaya dahi müsait değildi ama benim can arkadaşımla sevgili kuzinim, hayatı dağılmış çocuklarımla beni çocuklarımın doğum gününde mahzun ve yalnız bırakmak istememişlerdi. O gün geçen seferden şerbetliydik, Mete'nin mumlarını üflerken ağlamadık.

Ankara'daki üçüncü haftanın başlarında, aceleyle toplanırken İstanbul'da unuttuğum bazı çok önemli eşyalarımın yokluğunu çekmeye başladım. Örneğin, Dr. Spock kitabımı yanıma almamıştım. Çocuklar ateşlense, ishal olsa, uykusuzluk çekse ya da aşırı yaramazlık yapsalar, ilk işim Dr. Spock'a bakmak olurdu. Sanırım 60'lı yıllarda doğan çocukların annelerinin çoğu, çocuklarını Spock'un tavsiyeleriyle büyüttüler, çünkü kitap sadece Amerika'da satmamış, tüm dillere çevrilmişti. Dr. Spock, çocuk bakımını ergenlik çağına kadar getiriyordu ama özellikle yeni doğum yapan anneler Spock'suz, elsiz ayaksız kalmış gibi oluyorlardı. Mete'yle Ali'nin kuşağı, günahı ve vebaliyle, Dr. Spock'un rekoltesidir! Kitabımın dışında, İstanbul'daki evde unuttuğum başka şeyler de vardı, mesela cımbızım. Yokluğunu fark edince gidip bir yenisini almıştım. Sivri uçlu yeni cımbızla kaşlarımı alamıyordum bir türlü. Küt uçlu bir tane daha satın aldım, yine olmadı. Küçücük bir cımbızdı ama elim ona alışmıştı. Saçlarımı arkada topladığım zaman taktığım tokayı da arıyordum. Üç yıllık geçmişimiz vardı tokayla, başkası onun yerine geçemiyordu. Çocuklar tavşanlarını, resimli kitaplarını istiyorlardı. Onları annemle babama teslim edip otobüsle İstanbul'a gittim. O gece Narmanlı'da, anneannemde kaldım, ertesi sabah saat ona doğru Maçka'daki evime yürüdüm, orayı hâlâ evim zannediyordum, aptal ben! Anahtar çantamdaydı ama ihtiyatlı ve terbiyeli davranıp kapıyı çaldım.

Kapıyı Tefo açtı! Üzerinde bir ropdöşambır vardı.

"Aaaa, Tefo!" demişim. "Sen ne arıyorsun burada?"

"Ben burada kalıyorum sen gittiğinden beri," dedi Tefo. "Girsene, dikilme kapıda."

Tefo beni evime davet etti, salona girdim, "Şöyle buyur," dedi Tefo.

"Burada oturmayı severim ben Tefo!" Her zaman oturduğum köşeye oturdum.

"Mehmet yok mu?"

Duraladı, "Çıktı," dedi. Mehmet'in gece orada kalmadığını anladım.

"Sen niye burada kalıyorsun?"

"Biz de boşanıyoruz Gönül'le de..."

"Yaa! Üzüldüm."

"Üzülme. Çocuk yok, çoluk yok bizde. Yaş farkı da çok. Olacağı buydu."

"Yaş farkı boşanmak için sebep değil ki. Evlenirken biliyordun Gönül'ün yaşını."

"Evlenirken âşıktım. Şimdi değilim," dedi.

"Hayırlısı olsun. Ben bir şeyler almaya gelmiştim evden. Şahsi eşyalarımdan söz ediyorum yani. İçerisi müsait mi?"

"Bekle biraz," dedi Tefo, odadan çıkmadan sordu: "Kahve? Çay?"

"Bir bardak su!"

"İsmail, su getir hanıma," diye seslendi Tefo, koridorda kayboldu. Elinde bir bardak suyla salona gelen İsmail beni görünce şaşkınlıktan az daha suyu döküyordu.

"Nasılsın İsmail?" dedim.

"Hanımım... Hanımefendi... Döndünüz mü inşallah?" Dudakları titriyordu.

"Dönmedim İsmail. Birkaç şey almak için uğradım." Elinden bardağı aldım. "Aşk olsun, ben sana böyle mi öğrettim? Hani su getirirken küçük gümüş tabağa koyacaktın bardağı?"

"Hanımım gümüşler gitti," dedi İsmail boğuk bir sesle.

Etrafıma ancak o zaman bakındım ve hayretle gördüm ki, salonda hiçbir aksesuvar yerine değildi. Raflardaki çeşm-i bülbüllerden, Beykozlardan, sehpaların üzerindeki gümüş tablalardan eser yoktu. Eve hırsız girdiğini düşündüm, tüylerim ürperdi.

"Burada pek çok şey vardı, onlara ne oldu, İsmail? Eve hırsız mı girdi yoksa?"

Benden gözlerini kaçırdı uşak.

"Sana bir şey sordum! Kapıyı açık mı unuttun bakkala giderken, ne yaptın?"

"Onlar gittiler efendim."

8

"Biz biraz hava alalım dediler, toparlanıp çıktılar, öyle mi?"

Gülmedi, "Onlar gittiler, efendim," dedi yine.

"Sen bana bir kahve yapsana," dedim sesim taraz taraz. Suyu sehpaya bırakıp gitti. Az sonra Tefo, üzerine bir pantolonla gömlek geçirmiş, geri geldi. "Mehmet'e haber verdim burada olduğunu. Birazdan gelecek," dedi.

"Hiç rahatsız etmeseydin. Benim evden alacağım şeyler birkaç şahsi eşyamdı, cımbızım, çoraplarım filan. Apar topar gittiğim için bir sürü şeyi almayı unutmuşum."

"Sahi, niye öyle aniden gittin Ayşe?"

"Tefo, bu işleri zamana yaymaya gelmiyor. Karar verdin mi, yapacaksın."

"Belki de haklısın," dedi Tefo, "bak biz Gönül'le ne çok uzattık bu işi..."

"Odama girebilir miyim, müsaitse?"

"Elbette. Buyur."

Tefo'nun müsaadesiyle yatak odama yürüdüm. Evi döşerken bir antikacı dükkânında beğenip babama aldırdığım tuvalet masamın üzerindeki eşyaları çekmeceye tıkıştırmıştı Mehmet. Aradıklarımı bulmam vakit aldı. Odamdan çıktım, çocukların odasına girdim. Yataklarını camın kenarına itmiş, Tefo'nun yattığı somyaya yer açmışlardı. İçinde yatılmayan yataklar boynu bükük duruyorlardı, cama yapışmış. Yutkundum. Kısa bir süre öncesine kadar benim olan evin arka odalarında, yabancı gibi sakınarak dolanmak ağrıma gidiyordu. Şimdi içeri gitsem ve beni bir misafirmişim gibi ağırlamakta olan Tefo'ya, "Ben evime geri dönmeye karar verdim, bir an önce toparlanıp çıkar mısın lütfen," desem ne yapardı acaba? Salona yürüdüm. "Ben alacaklarımı aldım Tefo, çıkıyorum şimdi. Mehmet beni görmek isterse, anneanneme uğrasın," dedim.

"Bekleseydin. Bak kahven de geldi. Mehmet yolda olmalı. Gelir de seni bulamazsa, kızar şimdi."

"Ne olur kızarsa?"

"Tatsızlık çıkmasın," dedi Tefo.

İliştim kanepenin ucuna. Gereksiz münakaşalara gerçekten takatim yoktu, haklıydı Tefo, Mehmet benim için geliyordu.

"Tefo, bir şey soracağım sana," dedim. "Evdeki aksesuvarlar nereye gitti? Biliyorsun, bu masaların üzerinde ve şu raflarda sürüyle ıvır zıvır eşya vardı. Gümüşler filan... Ne oldu onlara?"

"Onları Mehmet'in annesi toparlayıp götürdü."

"Neden?"

"750 kişilik düğün yaptım ben, demiş... Ay ne bileyim Ayşe, götürdü işte, bana ne soruyorsun, Mehmet'e sor."

Mehmet gecikmedi, az sonra geldi. Ayağa kalktım, yanaklarını öpmek üzere uzandım ama kendini hafifçe geri çekti, el sıkıştık.

"Nasılsın?"

"İyiyim."

"Çocuklar nasıl? Keşke onları da getirseydin."

"Düşündüm ama birkaç günlüğüne geldim. Bayram geliyor, o zaman geliriz belki hep birlikte."

"Ben gideyim, siz konuşun," dedi Tefo. Salondan çıktı, arka tarafa yürüdü.

"Birkaç günlüğüne de olsa, getireydin çocukları. Annemle babam da özlediler."

"Mehmet ben otobüsle geldim. Çocuklara çok uzun gelirdi o yolculuk."

"Uçakla gelseydiniz!"

Hangi parayla diye sormak istedim. Hayatta hiç çalışıp para kazandın mı Mehmet? Alın teriyle kazanılan parayı hazır para gibi har vurup harman savuramıyorsun, demek istedim. Uçağa vereceğim para benim bile değil, evinin masrafı üç kişilik artmış babamın parası, demek istedim. Mehmet'in hayatın gerçeklerinden ne kadar habersiz olduğunu fark etmek için geç kalmıştım, geç! İyi ki gitmişim, dedim içimden.

10

"Çocuklara kim bakıyor şimdi?"

"Annem. Ben de yarın dönüyorum zaten. İki günlüğüne geldim."

Aramızdaki sessizlik uzadı.

"Mehmet," dedim. "Annen gümüşleri almış, Beykozları filan, aralarında anneannemin antika parçaları, teyzelerimin, amcamın, dayımın, Raif amcamın bana armağanları da vardı. Hiçbirini geri istemiyorum, ben bir gün evlenecek olursam, onlar bana yine hediye getirirler. Tek bir parçayı geri istiyorum. İffet bana bir gümüş ibrik getirmişti. Babası seçmiş onu benim için. İffet çok şaşırmıştı, genelde eli sıkı olan babasının o kadar pahalı bir hediye almasına. Meğer seni ne çok severmiş, demişti. Sadece hayatta en sevgili arkadaşımın armağanı olan o gümüş ibriği geri istiyorum. Şurada duruyordu, hatırladın mı?"

"Söylerim anneme," dedi Mehmet. "Benim de bir söyleyeceğim var sana. Ayşe, biz bir avukat tuttuk."

"Siz, kim?"

"Yani annem... Aile işte."

"Ben sadece sen ve ben boşanıyoruz sanıyordum."

"Yakında sana bir tebligat gelecek."

"Mehmet, evden giden bendim. Nezaketen müsaade etseydin de ben açsaydım davayı."

"Avukatım böyle uygun gördü."

"Avukatın kim?"

Adını söyledi Mehmet. Aman Allahım! Buz gibi bir ter boşandı sırtımdan. Yanaklarıma, yüreğime ateş düştü. Oturduğum koltuğun içine gömüldüm. Davalarını istediği hâkimlere düşürterek her davayı kazandığı bilinen, o ünlü avukat idi bu! Bizim okulda okuyan kızını sınıfta bırakan öğretmeni kovdurana kadar uğraşmıştı, hem de kızıma tasallut etti iftirasıyla. İlk o zaman duymuştum adını. Meğer hukuk dünyasında efsanesi almış yürümüşmüş. Benzeri usullerle kazanırmış davalarını. Daha doğrusu, pek az hâkim göze alabilirmiş ona dava kaybettirmeyi.

"Bana bu kadını mı reva gördün?"

"Aile avukatımız o."

"Mehmet biz savaşmıyoruz. Sadece boşanıyoruz. Çocuklarımız küçücük, yüz yüze bakamaz hale gelmeyelim, yalvarırım."

"Velayeti bana bırakırsan gelmeyiz," dedi Mehmet.

"Nedir o velayet?"

"Velilik hakkı. Oğullarımın hayatı üzerinde kararları ben vermek isterim."

"Velayeti, vilayeti, neyi istiyorsan al, yeter ki çocukları bana bırak!"

Kalktım, toparladığım eşyaları doldurduğum çantanın saplarını kavradım, kapıya yöneldim.

"Bayramda çocukları görmek isterim," dedi.

"Allahaısmarladık."

"Ayşeciğim güle güle, yine gel," diye seslendi içerlerden Tefo.

"Duydun değil mi Ayşe?" Benimle kapıya yürümüştü.

"Duydum," dedim. Çıktım. Usulca kapadığı kapının gerisinde kaldı, bu daha önce hiç tanımadığım yeni Mehmet!

Mutsuzluğun Resmini Çizebilir misin Abidin?

Ankara'da beni bekleyen haber, bana avukat dehşetini unutturacak kadar kötüydü. Babam hastalanmıştı. Hayatı boyunca nezle olmaya dahi vakti olmayan babam, hastalıkların en uzağında, sarp bir kaya gibi kunt, dik, sıcağa soğuğa, yorgunluğa, kendine yapılan haksızlığa dayanıklı babam benim, doktor kapılarındaydı. İdrarından kan gelmişti. Tahliller yapılıyordu. Annemin elleri titriyordu sürekli. O gece yatağıma yattığımda, beni kalın sopalarla beş iriyarı adam saatlerce dövmüş gibiydim. Kemiklerim, ellerim, kollarım ve ruhum sızlıyordu. Yüreğimi bir pişmanlık alazı yaladı geçti. Keşke acele etmeseydim ayrılmakta. Keşke şu anda İstanbul'daki evimde babamı ağırlayabilecek konumda olsaydım. Mehmet'in ailesinin bitmez tükenmez önemsiz hastalıkları için etraflarında dört dönen profesör doktorlardan istifade edebilir durumda olsaydım. Ah ben! Aceleyle evlenen, aceleyle boşanan, sersem, salak ben!

Kapımda kedi tırmalar gibi bir ses duydum.

"Anne?"

Annem odama girdi kireç gibi yüzüyle.

"Uyumadın değil mi kızım?"

"Gel anne gel. Ben de konuşmak istiyordum seninle. Babamın yanında soramadığım onca soru var."

"Gidecek zamanı buldun sen de! Ne kadar korktum bilemezsin. Doktor ameliyatı İstanbul'da yapmamızı öneriyor. Bir bevliyeci varmış, Amerika'dan yeni dönmüş, Gündüz mü Gürbüz mü? Soyadı Barlas! Tahlilleri alalım da hayırlısıyla, bize İstanbul yolu göründü kızım. Anneannene haber verelim de çocukların yataklarını senin odana aldırsın."

"Anne, evlerin arası üç adım. İstanbul'a gidersek, çocuklar kendi evlerinde kalır, ben her gün giderim onları görmeye. Anneanneme eziyet etmeyelim şimdi."

Al sana dünyadan habersiz bir kişi daha diye düşündüm. Babamın üzerine dünyanın masrafı binmek üzereyken bir de Mehmet'in veletleriyle mi uğraşsaydı Narmanlı'da!

"Doğru," dedi annem.

"Bir şey daha var, anne. Bir avukat tutmamız lazım."

"Kızım şimdi şu babanın ameliyatı çıksın aradan da, onu da sıraya koyarız merak etme."

Hiçbir şey söylemedim. Annem sabaha kadar yatağımın üzerinde oturdu. Kâh uyukladık, kâh konuştuk ana kız. Babama hastalığı yakıştıramıyorduk bir türlü. Sabaha karşı koyun koyuna uykuya dalmışız. Bir ara annem fırladı yataktan, "Baban beni yanında bulmazsa olmaz! Ondan bir şey saklıyoruz filan zanneder. Moralini yüksek tutmak lazım," dedi, koşarak odasına gitti.

Ben üzüntünün getirdiği o yorgunlukla derin uyudum. Gözümü açtığımda annem elinde bir zarfla dikiliyordu yatağımın başucunda. Gözlerimi ovuşturdum.

"Hayrola anne, nedir o?"

Annemin elinden bıraktığı zarf, uçuşarak yatağıma düştü. Mehmet'in boşanma ilmühaberi! Okudum. Yüzüm kızardı.

"Terbiyesiz herif!" dedi annem. "İlk gördüğüm gün sevmemiştim zaten. Baban sakın görmesin bunu. Bülent'i arayacağım."

Varlıklı Bir Aile

Dayımla, askerlik arkadaşıymışız gibi omuz omuza yaslanmış, dimdik oturuyorduk avukatın karşısında. Dayım bana, sen konuşma, demişti, lafı rica ederim bana bırak. Ama laf ona da gelmiyordu bir türlü. Avukat hanım, ailenin velayete hakkı olduğunu, buna direnmenin tatsızlıklara yol açacağı konusunda bir nutuk atıyordu. Ben ağzımı açmaya yeltendikçe kolumu sıkıyordu dayım, susuyordum. Avukatın konuşması nihayet bitti.

"Çocukların yaşı iki, üç," dedi dayım. "Hanımefendi, avukata danışmaya dahi gerek yok, hepimiz biliyoruz ki, bu yaşta çocuklar anneye aittir."

"Olabilir efendim. Ama aile çocukları vermek istemiyor. Varlıklı bir ailedir malumunuz, torunlarını en iyi şekilde yetiştirmek istiyorlar."

"Ayşe'nin yanında kaldıkları takdirde de yine o ailenin torunları olacak Mete'yle Ali. Yine en iyi şekilde yetiştirilebilirler."

"İşte meselenin özü de burada, efendim. Mehmet fabrikada bir müddetten beri en düşük ücretten maaş almakta. O maaşın üzerinden kesilecek nafakayla çocuklar en iyi şekilde yetişemezler."

"Hanımefendi," dedi dayım, "bir bilirkişi Mehmet Bey'in oturduğu evi, kullandığı arabayı, sürdüğü hayatı göz önüne alınca bu maaşa güler geçer."

"Ben size iyilikle söylüyorum. Velayette ısrar ederseniz, tatsız şeyler olabilir."

15

"Tatsız şeyler olmaz! Kanun gayet sarih! Beş yaşının altındaki çocuklar anneye aittir."

"Tabii, anne çocuklara bakacak durumdaysa!"

"Baba, çocukların nafakalarını karşılamakla yükümlüdür."

"Onu demek istemedim. Annenin iffetinden şüphe varsa, çocuklar anneye gitmez."

"Bu annenin iffetinden hiçbir şüphe yok efendim."

"Kocası öyle düşünmüyor."

"Kocası kendine baksın," dedi dayım ve hemen pişman oldu.

"Hanımefendi bizlere bu konuşmalar hiç yakışmıyor. Lafımı geri alıyorum. Çocuklarımız kendilerine yakışır en..."

"Efendim, delillerle geleceğiz mahkemeye."

"Ne delilleri bunlar?" dedim dayanamayıp.

"Deliller karşı tarafa gösterilmez ama bir iki örnek vereyim de siz bir daha düşünün. Mesela malum adreste bir ev, o evde çalışan patron hanım, o sokakta fıstık satan esnaf, bir müşteri..."

Ben hiçbir şey anlayamadan aval aval bakıyordum. Dayımın suratı pancar gibi kızarmıştı. Ayağa kalktı. "Burası bizim bulunacağımız bir yer değil, kalk kızım, gidiyoruz!" dedi.

"Bilmem anlatabildim mi efendim..."

"Neyle başa çıkmamız gerektiğini çok iyi anlamış bulunuyorum, efendim," dedi dayım. "Bundan sonra muhatabınız sadece avukatımız olacak. İnşallah hayat boyu bir daha karşı karşıya gelmeyiz."

Avukat hanım, sağ omzunu silkeledi sadece. Ayağa kalkmadı. Dayım beni çekeledi, çıktık.

Merdivenlerde, "Ne diyordu kadın, kuzum?" diye sordum.

"Bir çirkefin içine düştük, Ayşe," dedi dayım. "Büroda konuşulanları ne annene, ne babana naklet. Babana, hele bu durumda asla! Vallahi ölür eniştem! Şimdi biz gidip bir avukat bulmalıyız!"

Alman Hastanesi'ndeydik. Babam, sağlıklı yüzü, mavi gözleri, gür saçlarıyla beyaz çarşafların arasına kazara düşüvermiş hissi veriyordu insana. Hastaya hiç benzemiyordu. Oysa bir gün sonra prostat ameliyatına girecek ve idrar yollarındaki arsız olması muhtemel polipler tekrarlamasın diye ameliyat bölgesine atom tozu ekilecekti. Annemle benim itirazlarımıza rağmen, güvendiği doktoru önerdi diye kabul etmişti ve vazgeçiremiyorduk onu bu hiç duyulmamış yöntemden.

Dayımla odasına girince yatağında doğruldu ve, "Nasıl geçti konuşmanız?" diye sordu.

"Enişte, güvenilir bir avukat lazım bize," dedi dayım. "Karşı tarafın avukatı bizim bildiğimiz insan türünden değil. Satın alınmayacak bir avukata ihtiyacımız olacak, çünkü aile velayeti ısrarla istiyor."

"Çocuklar ufacık, Bülent!"

"İşte o yüzden, enişte."

"Benim bir hukukçu arkadaşım vardır. Ona danışayım bize iyi bir avukat önersin," dedi babam.

"Bir an önce lütfen."

"Şu işi ben ameliyattan çıktıktan sonraya bıraksak?"

"Siz istiyordunuz bir an önce bu iş bitsin diye. Bana o hukukçunun adını verin, ben ilgilenirim enişte."

Yavaşça dışarı süzüldüm odadan, koridorun dibindeki pencerenin önünde sigara içen annemin yanına gittim, aynı soruyu onun da soracağını bile bile.

"Aman işte malum konuşmalar, anne," dedim. "Birbirimizi üzmeyelim falan filan. Bak ne hatırladım, ta yıllar önce, ben Londra'dayken senden bir mektup gelmişti, anneannemi şikâyet ediyordun, Küçükçekmece'de bir atom reaktörü kurulacağını okumuş, telaşa kapılmıştı hani, hatırladın mı?"

"Evet, hatırlıyorum öyle bir şey. Ne olmuş reaktöre, patlamış mı sonunda."

"Yok canım! Babamın poliplerine serpilecek atom tozunu oradan getiriyorlar, biliyor muydun bunu?"

"Atıyorsun!"

"Vallahi doğru. Gürbüz Barlas söyledi."

"Şu işe bak sen," dedi annem. "Nereden nereye! Sende de iyi hafıza varmış, fil gibi!"

Annemin dikkatini başka bir konuya çektiğim için memnundum. Birazdan anneannem hiçbir yere değmemeye çalışarak, hastane koridorunda gözüktüğünde ona da söyleyecektik, bakalım hatırlayacak mıydı? Biz bunu konuşurken dayım yanımıza geldi.

"Sitare, sen dön odaya, eniştem yalnız kalmasın."

Annem gidince dayım beni bahçeye sürükledi, bahçedeki uzun tahta banka oturduk. Gözlerini gözlerime dikti. "Uzun uzun düşündüm Ayşe, bunlar çok çirkefleşecek. Velayeti vermeyi düşünmez misin?"

"Düşünmem."

"Çocukları her gün görsen etsen?"

"Çocuklar benim yanımda kalacak dayı. Hangi okulda okurlarmış, hangi doktor yaparmış aşılarını, bunlara onlar karar versin, kendi oğullarını çok iyi yetiştirmişler gibi. Ama çocuklar gece benim evimde uyuyacaklar. Onlar daha ana çocuğu."

"Sen de haklısın ama başın çok ağrıyacak."

"Olsun!" dedim. Başıma geleceklerin onda birinin dahi farkında değildim henüz!

∗∗∗

Babamın hukukçu arkadaşının önerisiyle tuttuğumuz namuslu avukat, sevimsiz bir adamdı. Bana boşanmaya gerçekten kararlı olup olmadığımı belki yüz kere sordu. Onun birinci vazifesi, yuvayı kurtarmakmış.

"Adnan Bey, lütfen sıra ikinci vazifenize gelsin, çünkü bizim yeniden bir araya gelmemiz mümkün değil," diye onu ikna etmeye çalıştım. Karşı tarafın avukatıyla yaptığı görüşmeden sonra buluştuğumuzda ise canı çok sıkkındı.

"Ayşe Hanım kızım, anladığım şudur ki, karşı taraf çocukları almak için sonuna kadar gitmeye meyyal," dedi.

"O son neresi efendim?"

"Şöyle anlatayım: Bu yaşta çocukları anadan koparmak için annenin ya bulaşıcı bir hastalığı olması ya da aklından zoru olması gerekiyor. Yani raporlu bir psikolojik bozukluktan söz ediyoruz, çocuğuna zarar verecek ölçüde. Bunları öne süremeyeceklerine göre, geriye sizi iffetsizlikle suçlamaları kalıyor."

"Suçlasınlar ve ispat etsinler!"

"Çok çirkin şeyler olabileceğini düşünüyorum."

Jetonum geç de olsa düşmüştü. "Yani benim bir randevuevinde çalıştığımı ispat edecekler öyle mi? Hodri meydan!"

"Gerçekten mi, kızım?"

"Evet efendim."

Uzun bir sessizlik oldu, herhalde başıma bu belayı kim sardı diye düşünüyordu. Sonra Adnan Bey yavaşça, "Pekâlâ!" dedi.

***

Babamın ameliyatı tam beş saat sürdü. Getirilmesine yakın, odaya ellerinde tuhaf bir aletle birkaç adam ve bir hemşire girdi. Babamın yatacağı, odanın ortasında duran karyolayı duvarın dibine çektiler. O tuhaf aletle yatağa belli uzaklıklarda bazı ölçümler yaptılar. Odadaki koltuğu, her neyse ölçtükleri, o şeyden en uzak köşeye taşıdılar. Bir başka uzak köşeye hastabakıcının iskemlesini yerleştirdiler.

"Ne yapıyorsunuz," diye sordum.

"Radyasyonun en düşük olduğu noktayı saptanmaya çalışıyoruz," dedi adamın biri.

"Tehlikeli mi?"

"Kadınların âdet devrelerini aksatabilir," dedi hemşire. "Siz kızısınız değil mi hastanın. Odasına girmeyin ilk birkaç gün."

"Olur mu hiç! O benim babam."

"En az üç gün girmeyin."

Bir demir pençe yüreğimi sıktı, böyle tehlikeli bir şeyi ne diye ekti babamın içine doktor diye düşündüm. Dışarı fırladım annemi çağırmaya. Sonra duraladım. Şimdi onu da telaşa vermeye gerek yoktu. Geri geldim odaya, ölçüm yapanlara sordum.

"Annem kalabilir mi yanında?"

"Kaç yaşında anneniz?"

"Ne bileyim, elliye yakın herhalde."

"O kalabilir, nasılsa onun devreleri zaten aksamıştır."

Çıktılar. Biraz sonra, mavi önlüklü, mavi başlıklı, rahibe olduğunu tahmin ettiğim, yaşlı bir Alman hemşire geldi. Yatağı yerinden oynamış görünce söylenerek yatağı odanın ortasına, koltukla iskemleyi de eski yerlerine getirdi. Ben onlara dokunmaması için çırpındım ama dinlemedi bile. O çıkınca ıkına sıkına odayı bir önceki haline getirdim. Annem gelince ona da anlattım olanları. Biz konuşurken mavi önlüklü yaşlı hemşire geri geldi, bu kez bağıra çağıra yatağa yapıştı, annemle ben de yatağın diğer ucuna yapıştık. Üçümüz de derdimizi anlatmaya çalışıyorduk ama o kadar çok bağırıyorduk ki, hiçbir şey anlaşılamıyordu. İki karşı gücün arasında karyola, bir milim oynamıyordu yerinden. Alman elini başına götürüp bize deli işareti yaparken, annemin birden sinirleri boşaldı ve gülmekten kırılarak yere çöktü. Ben amcamın çok yakın dostu olan başhekimi arayıp durumu anlatmak için odadaki telefona koştum, çünkü birazdan babamı getireceklerdi ve biz hastabakıcıyla hâlâ yatak kavgasındaydık.

"Herr Quinke, ben Nusret Kulin'in yeğeniyim, yirmi bir numaralı odaya hemen gelin lütfen, çok acil bir durum var," dedim telaş içinde.

Ben telefon etmek için yatağın ucunu bırakınca Alman hemşire karyolayı, demirlere yapışmış annemle birlikte odanın ortasına sürüklemeye başlamıştı. Annem gülmekten katılarak yerde sürükleniyor, bir türlü ayağa kalkamıyordu. Başhekim işte tam o anda içeri girdi, gözlüklerinin üzerinden hayretle bize baktı. Annem gülmesini tutmaya çalışarak nihayet doğruldu. Yine üç kişi bir ağızdan, meramımızı anlatmak için bağrışmaya başladık.

Quinke, odadaki kakofoniye rağmen durumu anladı. Hemşireye yatağı duvar kenarına itmesini söyledi.

"Ben odanın düzenini bozan delilere hizmet edemem!" diyerek çekti gitti hemşire.

"Alman disiplini işte böyle bir şeydir, mantık tanımaz," dedi Quinke. Hep birlikte yatağı tekrar duvar dibine itmiştik ki, babamı getirdiler. Kollarına tüpler takılıydı, henüz kendine gelememişti. Babama doğru hamle yaptım ama beni geri çekip dışarı çıkardılar, içine serpilen atom tozundan dolayı üç gün babamı göremedim.

Hastaneden çıkınca doğru çocukları görmeye, Maçka'daki eve gittim. Artık o ev evim değil, sadece Maçka'daki evdi. Kapıyı Ankara'ya giderken izin vermiş olduğum eski dadı açtı. Yüzündeki muzaffer ifadeyi hemen gördüm. Evin arka tarafına habersiz gitmek istemediğim için önce salona yürüdüm. Mehmet yemek masasında yemeğini yiyordu.

"Merhaba," dedim. Yanıt vermedi. Duymadı zannettim, "Merhaba Mehmet," diye tekrarladım. Kafasını bile çevirmedi, soğuk bir merhaba çıktı ağzından.

"Babam bu sabah zor bir ameliyat geçirdi. Kanser olup olmadığını içinden alınan parça tahlilden dönünce anlayacağız. Bir geçmiş olsun demeyecek misin?"

Homurdandı. "Geçmiş olsun!"

Yok, benim üç yılımı birlikte geçirdiğim, iki çocuk yaptığım kişi bu değildi. Olamazdı. İskemleyi çekip tam karşısına oturdum ve sordum. "Ne oldu?"

"Daha ne olsun," dedi. "Çocuklara ve kendine istediğin miktarı duymadın mı? Zırnık alamazsın!"

"Neden bahsediyorsun kuzum?"

"Sanki bilmiyorsun!"

"Bilmiyorum. Günlerdir babamın sağlığı ile uğraşıyoruz. Açıkça söyle de anlayayım."

21

"Avukatın olacak herife sor."

Çantamdan telefon defterimi çıkardım, avukatın numarasına bakıp salondaki telefonun tuşlarına bastım.

"Adnan Bey, ben Ayşe, Mehmet'e bir yazı mı yolladınız, benim haberim olmadı da..." Mehmet kulaklarını dikmiş dinliyordu. "...Evet... Evet... Keşke bana sorsaydınız Adnan Bey. Sizi anlıyorum ama hukuk ağzıyla konuşulmasından pek hoşlanmıyorum... Adnan Bey, davama kendimin bakamayacağımı biliyorsunuz, lütfen!.. Ama çocukların babasıyla gerginlik yaratmak istemiyorum, dava bittikten sonra biz bir ömür karşı karşıya kalacağız anne baba olarak... Anlıyorum... Özür dilerim."

Kapattım telefonu.

"Avukatım sana hukuk diliyle bir layiha yollamış. Benim haberim yoktu. Bu işler böyle yapılır diyor. İçinde sana hiçbir hakaret yok, itham yok, sadece çocuklara ve bana ödemen gereken miktar varmış Mehmet." Derin bir nefes aldım, yüzüme adeta nefretle bakan kocama, "YA SEN, SENİN AVUKATIN OLACAK KARININ BANA YAZDIKLARINI BİLİYOR MUSUN? ÇOCUKLARININ ANASINI RANDEVUEVİNDE ÇALIŞAN BİR OROSPU YAPMAYA YELTENDİĞİNDEN HABERİN VAR MI? HA?" diye avazım çıktığı kadar bağırdım. Dayımla birlikte göğüslemek zorunda kaldığımız muamele, babamın hastalığının getirdiği stres, günler geceler süren uykusuzluğum, yorgunluğum, boşanmanın yıkıntısı, çocuklar için duyduğum vicdan azabı her kelimemi bir boa yılanına dönüştürerek, sesime, gözüme yansıyordu.

"Bağırma, dadı, uşak hepsi duyuyor," dedi.

"Sen duydun mu? Söylediklerimi anladın mı?"

"Ne dediğinden haberim bile yok!"

"Boşanma davasının hangi gerekçeyle açıldığından gerçekten haberin yok mu?"

Bön bön baktı yüzüme. Zaten o andan sonra, bana hep bön bakıyormuş gibi gelecekti eski kocam. "Bunlar avukatların işleri, ben vekâlet verdim, o kadar!" dedi.

"Ben de öyle yapmıştım ama sen bir geçmiş olsunu esirgedin can çekişen babamdan. Yazıklar olsun sana!"

"Özür dilerim. İyi mi baban, ameliyat nasıl geçti?" diye sordu.

"İyi. Sen gerçekten mi bilmiyorsun avukatının yaptıklarını Mehmet?"

Hiçbir şey söylemedi. Bilmediğini anladım. Vekâletini muhtemelen evine ya da fabrikaya getirilen notere verip bitirmişti işini. "Ben çocukları istiyorum sadece," dediğine ve gerisine karışmadığına emindim artık. Gereken ne pahasına olursa olsun yapılacaktı. Tipik Mehmet!

Bağırmadan, alçak bir sesle tek tek konuştum bu kez.

"Bilmiyorsun. Gerçekten bilmiyorsun. Bir an evvel öğren yoksa büyüdükleri zaman çocukların yüzüne tükürür!"

Çocuklar koridorda koşuşarak içeri geldiler. Sarıldım onlara. Bir ağızdan yarım cümlelerle bir şeyler anlatmaya çalışıyorlardı. Mete'yi kucakladım, yanağını yanağıma dayadı. Ateş gibiydi.

"Mete'nin ateşi var," dedim.

"Hiçbir şeyciği yok," dedi, salonda beliren dadı.

Kalktım, banyoya yürüdüm, ecza dolabından dereceyi aldım, Mete'nin koltukaltına soktum. Derecenin soğuk temasına sinirlendi, mızmızlandı.

"Boşuna sinirlendiriyorsunuz çocuğu," dedi yastık kalçalı dadı. Küfür etmemek için dişlerimi sıkıp duymazlığa geldim. Biraz sonra Mete kucağımdan kaçarken dereceyi yere düşürdü. Alıp baktım, 38,3 derece ateşi vardı.

"Annene telefon et lütfen, doktor çağırsın, Mete ateşli," dedim Mehmet'e.

"O kadar ateşten bir şey olmaz, çocuk bu, bir yarım aspirin içiririm düşer," dedi dadı.

"Mehmet, beni duydun mu?"

"Duydum," dedi. Belli ki dadının önünde dediğimi yapmak istemiyordu.

Birden bütün gücümün tükendiğini hissettim. Ilık bir suda yavaşça derinlere kayar gibiydim, yok olmak üzere. Mehmet'le dadının hele de çocuklarımın önünde bayılmak! Allah korusun! Gayret ederek ayağa kalktım, çantamı toparladım. "Çıkıyorum ben," dedim. "Lütfen Mete için anneni ara ve lütfen avukatınla konuş. Çok geç olmadan konuş."

"Sen bana sormuştun ya ibrik için... Söyledim anneme. Vermiyor."

"Ne?"

"Şu gümüş ibrik..."

"Ha! Vermiyor demek. Canı sağ olsun, güle güle kullansın."

"Kullanacağından değil. Sana kızgın ya, bir nevi tepki işte!"

"Bana niye kızıyor annen? Kendisi de zamanında mutsuz olduğu için bir yaşındaki kızını arkasında bırakıp gitmemiş mi?"

"Annemle uğraşma."

Çocuklar gitmeme mani olmak için eteklerime yapıştılar. Ellerinden kurtulup kapıdan çıkarken, "Mete'ye dikkat et, çocuk hasta," dedim, kapı arkamdan kapanınca anneannemin az ilerdeki evine gidecek gücü toplamak için merdivenlere çöktüm.

Mutsuzluğun resmini çizebilir miydin Abidin?

***

Mete kızamık olmuştu. Bir hafta sonra hastalık Ali'ye de bulaştı. Babamın atom enerjisi yasağı kalkmıştı ama bu kez de ona mikrop taşımamak için hastaneye gidemiyordum. Zavallı babam çocukken kızamık geçirdiğini söylese de doktor bana ziyareti yasaklamıştı. "Zaten bir hafta içinde evine çıkacak babanız," diyordu. "Biraz sabır!"

Sabretmek, sonunda bana değil, zavallı babacığıma düştü. Babamla aynı gün ameliyat olanlar beş altı gün içinde toparlanıp gittiler. İkinci haftanın başında ameliyat olanlar da hafta sonunda iyileşerek gittiler. Çocukların kızamığı geçti, benim ziyaret yasağım kalktı ama babam hâlâ hastanedeydi. İyileşti diye sondayı çıkarıyorlardı, sabaha dikişlerinden idrar sızıyordu. Yeniden takıyorlardı sondayı. Birkaç gün sonra sonda çıkarılıyor, ertesi günü tekrar takılıyordu. Babamın dikişleri alınmış, yarası kapanmıştı ama yara yeri idrar sızdırıyordu. Annem onu dinlemeyip atom tozu ektirdi diye hiç durmadan söyleniyordu. Gürbüz Barlas da pişman olmaya başlamıştı sanırım. Konsültasyon istedi annem. Hastanenin doktorlarıyla konsültasyon yapıldı. Yetmedi, dayımın, amcamın, komşumuzun, bir başka tanıdığımızın, Raif amcanın önerdiği, güvendiği doktorlar ayrı ayrı gelip muayene ettiler babamı. Hastanede tam otuz üç gün kaldık. Babam sürekli ağlayan karısını ve kendi derdiyle uğraşan kızını üzmemek için asla şikâyet etmiyordu ama morali sıfırdı. Annemin morali babamınkinden de beterdi. Ecla yengenin babasının bir prostat ameliyatı sonrasında tabancayla intihar ettiğini öğrendikten sonra tamamen yıkıldı. Annem babamın sağlık sorunlarıyla uğraşmaktan benim boşanma işlemlerimle ilgilenemiyordu ki, bu da benim işime geliyordu.

***

Ben çocuklarımı vermeye razı olmayınca karşı tarafın avukatı şeytanın aklına gelmeyecek bir formül düşünmüştü. Bir bütün olan velayeti bölmek, velayeti babaya, çocukların bakımını anneye bırakmak! Benim avukatım, böyle bir şeyin yasalar karşısında mümkün olamayacağını söylüyordu. Ben çocuklardan, Mehmet velayetten vazgeçmiyordu. Bir fasit dairede dönüp dolaşıyorduk. Sonunda Mehmet'le yüz yüze konuşmaya karar verdim. Bir akşamüstü Maçka'daki evde buluştuk. Mehmet barın arkasına geçmiş, bir viski içiyordu. Barın önündeki tabureye oturdum.

"Sen viski sevmezsin," dedi. "Votka ister misin?"

"Portakal suyu var mı?"

İçeri seslendi portakal suyu ve buz için. Barın altındaki dolaptan bir bardak ve votka şişesini çıkardı, bardağa üç parmak votka döktü.

"Eveeet, anlat bakalım!"

"Adnan Bey, velayetin bölünemeyeceğini söylüyor. Bakım bana, velayet sana olmazmış. Velayet kimdeyse, bakım da onda olurmuş."

"Benim avukatım tersini söyledi. Biliyorsun sen de, bu kadın ne derse o oluyor."

"Ben onun marifetlerini çok iyi biliyorum. Sadece ben değil, bütün hukuk camiası biliyor. Ama onun dahi bu yaşta iki çocuğu benden alması mümkün değil. Mehmet, sana noterden yazılı söz vereyim ya da mahkeme kararına yazdıralım, çocukları istediğin an, istediğin kadar uzun gör. Yazlarını senin yanında geçirsinler. Zaten benim şu anda onlara yaz tatili yaptıracak imkânım yok. Bayramlarda sana gelsinler. Okullarını sen seç. İstiyorsan giysilerini bile seç. Annen seçsin. Ablan seçsin. Ama çocukları benden alabileceğin bir belgeyi ben imzalamam!

"O zaman neler olabileceğini biliyorsun."

"Yine de imzalamam. Mahkemede beni rezil edersiniz ama sonunda ben kazanırım."

Mehmet bir yudum viski içti.

"Bak Ayşe," dedi. "Annemi tanıyorsun. Velayeti almadan bu işin ucunu bırakmaz. Ben de sana çocukları almayacağıma dair yazılı söz vereyim. Zaten bakımı sana bırakmakla çocukların senin yanında kalmalarını kabul etmiş oluyorum! Lütfen, yalvarırım hazırladıkları sözleşmeyi kabul et. Başka çıkar yol yok çünkü. Velayeti aldığım zaman yakamı bırakacaklar. Ben de bunaldım, biliyor musun? Niyetim çocukları almak değil, sana yemin ederim."

Hazırladığı votkayı kafama diktim. Boğazımı yakarak mideme indi alkol. Hafifçe başım döndü, dizlerimin bağı çözüldü.

"Çocuklar nerede bugün?"

"Bu gece Tomris'te kalıyorlar."

Bana sormamış oldukları için biraz içerledim ama bir şey söylemedim.

"Beni korkutan senden çok senin ailenin kadınları," dedim. "İstedikleri şeyi yaptırana kadar her yolu zorluyorlar. Bugüne kadar isteyip de elde etmedikleri bir şey oldu mu hayatta?"

"Mutluluk," dedi Mehmet.

"Para bir tek mutluluğu satın alamıyor demek ki!"

Yine sessizce oturduk o viskisini yudumlarken.

"Biraz daha votka?"

"Yok hayır, çabuk içtim bunu zaten..."

"Biz nasıl geldik bu noktaya?" dedi Mehmet. Biraz sarhoştu.

"Bu noktadan da ileri gitmeyelim, ne olur."

Bir an için evlendiğim kişi bir rüzgâr hızıyla gelip geçti bedeninden, karşımda oturan adamın.

"O zaman imzala şunu da kavga bitsin, sıra para meselesine gelsin! Bir de o var çünkü."

"Ne demek para meselesi?"

"İşte, sana ödenecek tazminat, nafaka falan filan."

"Senin ödeyeceğin para çocuklar için. Annen tutturuyor dadı tutulacak diye. Dadının ücretini ödeyecek haliyle. Haydi, bir de masraflarını öde çocukların, uçakla gelip gideceksek, bilet paralarını, yarın öbür gün yuva ve okul ücretlerini. Çocuklarına gerekeni öde ama SEN kim oluyorsun da bana para ödeyeceksin?"

"Nasıl yani? Kat mat, tazminat istemiyor musun?"

"Mehmet, ben seninle üç yıl evli kaldım diye seni yolacağımı mı zannettin? Sen sahiden aptalmışsın yahu! Ne senin, ne de annenin haddine düşmemiş bana değer biçmek! Bak bana, bak bak, bak..." Ayağa kalktım, kendi etrafımda döndüm. "Ben gencim, güzelim, akıllıyım, becerikliyim, çalışkanım..."

"Türk'sün, doğrusun," diye alay etti.

"Onlar da var tabii. Dürüstüm, cesurum. Daha sayayım mı?"

"Sayma!"

"İşte ben bu hasletlere haizken senin parana ihtiyacım yok! Gerekince koca da bulurum, iş de bulurum. Tek bir kuruş tazminat istemiyorum senden. Bu benim gururumu incitir. Zaten yeterince incittiniz ailece beni."

"Sen sarhoş oldun bir bardak votkayı kafana dikince."

"Bir bardak votkayla sarhoş olmam ben."

"O avukatın yazdığı neydi o halde?"

"Benim haklarımı korumak için yapmış. Pazarlık böyle olurmuş, o fazla istermiş, arada bir yerde anlaşılırmış. Ama ben tek bir kuruş dahi istemiyorum. Sadece şu var: Babamın evinde kalıyorum. Annen koca kıçlı dadıyı dayatıyor. Ediyoruz dört fazla boğaz. Çocuklar her gün et yiyecek, taze meyve, meyve suyu, süt, şu bu. Annemle babamın ağzından en ufak bir ima duymuş değilim ama babamın eline geçen para belli. Şu ara bir de hastane masrafları çıktı zaten. Ben bir işe girene kadar, babama yük olmamak için çocuklara bir nafaka ödenirse, o parayı mutfak masrafı olarak babama vermek istiyorum, bir yolunu bulup onu incitmeden. İş bulduğum gün haber veririm, onu da kesersin."

"Üniversite okumak istiyordun hani?"

"Üniversite hayal oldu, Mehmet. Çalışmam şart. Babamdan haftalık alacak halim yok."

"Nafaka..."

"Asla!"

"Sen kaçıksın, biliyor musun?" dedi Mehmet.

**

Babamı nihayet Narmanlı'ya çıkarttık. Anneannemin mikrop illetinden dolayı, annem babamın çamaşırlarını amcamın Şakayık Sokak'taki evine götürüp orada yıkatıyordu. Mete'yle Ali hâlâ Birol Apartmanı'ndaydılar. Her sabah dadı onları Narmanlı'ya getirip bırakıyordu, akşam ben geri götürüyor, dadıya teslim ediyordum. Babam daha iyiydi. Sonda çıktıktan sonra, ne olur ne olmaz diye iki hafta daha İstanbul'a kalmak istemiştik. Ben avukatımı tazminat istemediğim konusunda zor ikna etmiştim. O da benim bir kaçık olduğuma karar vermişti. Sadece babam anlamıştı beni. Anneme, anneanneme karşı korumuştu. Anlaşmayı da imzalamıştım Mehmet'e güvenerek. Mehmet kötü değil, zayıf bir insandı bence. Annesinin sınırsız ihtirasına karşı gelemiyor ya da mücadele etmeye üşeniyordu. Ne olursa olsun, bana ve çocuklara kötülük edeceğine inanmıyordum. Zaten ne yapacaktı çocukları başına musallat edip? Gezmeyi, eğlenmeyi, içmeyi seviyordu. Geç yatıyor, hafta sonları geç kalkıyordu.

"Sen anlamıyorsun," diyordu annem. "Çocukları isteyen babaları değil, babaanneleri."

Doğru olabilirdi ama nihayet birbirimizi yemeden bir çözüme ulaşmıştık. Hiç para istememiş olmam, anlaşılan kayınvalidemi de yumuşatmıştı.

Benim tazminat istemeden ayrılmama en çok anneannem bozulmuştu ailede. Anneannem bir akşam babamla kanepede yan yana otururken dayanamayıp, "Çifte aptallar!" demişti bize.

"Baba-kız, çifte aptallar! Kendilerine bir hayali dünya kurmuşlar, orada yaşayıp gidiyorlar. Hakikatlerden haberleri yok!"

"Ne yapalım şimdi biz, kızalım mı anneannene?" diye sormuştu babam bana göz kırparak.

"Boş ver, kızmayalım," demiştim. "Ankara'ya dönüyoruz zati iki güne kadar. Kurtuluyor çifte aptallardan."

Ankara'ya dönerken dadıyı da peşimize taktı kayınvalidem. İtiraz etmedim, çünkü iş arayacak, muhtemelen bulacaktım. Ben çalışırken birinin çocuklarla meşgul olması gerekiyordu. Annem, ben ne güne duruyorum, deyip durmaktaydı ama çocukları kendine göre bir hayatı olan anneme bırakmak, ona haksızlık olurdu. Dadıyı da yanımıza katıp hep birlikte vardık Ankara'ya. Evin düzenini bozmadık. Çocuklar annemle babamın yatak odasında, ben kendi odamda, dadı da mutfağın yanındaki küçük odada kalacaklardı. Eşyalarımı odama yerleştirdikten sonra dadının odasına gittim, kapısını çaldım, açtı.

"Sizinle konuşmak istiyorum biraz," dedim.

"Hayrola?"

"Ben de hayır olsun diye konuşacağım zaten. Şimdi değişik bir ortamdasınız. Evinizden, ailenizden uzaktasınız. Sizin için de kolay olmadığını biliyorum. Haziran başında İstanbul'a döneceğiz. Birkaç ay, birlikte sabredeceğiz. Size söylemek istediğim, annemle babamın İstanbul'da alışık olduğunuz patronlara benzemediğidir. Onların emreden tavırları, azarları, bağırıp çağırmaları yoktur. Sizin bugüne kadar tanımış olduğunuz kimselerden değişiktirler. Sakın ola ki bu nedenle onlara saygıda kusur etmeyesiniz! Annemle babama, kayınvalideme, kayınpederime gösterdiğiniz saygının on mislini bekliyorum sizden. Omuz silkelemek yok, homurdanmak yok, bir soruyu cevapsız bırakmak yok, suratınızda küçümseyici ifadeler, imalar asla yok! Onlar şikâyet etmez ama ben fark edersem, o gün yol veririm size. Biz bu evde misafiriz, saygılı bir misafir gibi davranacağız. Annemle babamın, çocukların her şeyine karışma hakları var, tıpkı kayınvalidemin olduğu gibi. Canınızı sıkan bir şey olursa, İstanbul'a telefon açılmayacak, bana söyleyeceksiniz. İstanbul'la bütün ilişkiler bitti yaza kadar. Anlaştık mı?"

"Şimdi niye söylediniz bunları bana? Bir kusur mu ettim?"

"Nasrettin Hoca gibi, önlem aldım dadı. Birbirimizi anlarsak, ikimiz de kusur etmeyiz. Siz de ne zaman canınız sıkılırsa, çıkmak, hava almak isterseniz, bana haber verin. Telefon evinizle konuşmak için emrinizde. Mutfaktaki yiyecekler hepimiz içindir, biz ne yiyorsak, siz de aynısını yiyeceksiniz. Çocuklar, biliyorum çok yaramaz. Yine de onları dövmeyin, onlara bağırmayın. Bana bildirin, ben cezalarını veririm."

"Ya anneniz döverse ya da babanız?"

"Bir çocuk dayak yiyecekse, sadece ailesinden yer dadı, anlaşıldı mı?"

"İsterseniz hemen gideyim," dedi.

"Nasıl isterseniz," dedim. "Ama kalacaksanız şartlar böyle."

Salona geçtim. "Kızım istemeden duydum kadınla konuşmanı. İlahi Ayşe, şimdi fol yok yumurta yokken ne diye canına okudun kadının?" diye sordu annem.

"Başıma gelecekleri bildiğimden," dedim.

"Ya giderse?"

"Başkasını buluruz ama gitmez, çünkü aldığı parayı başka yerde alamaz."

"Dadıların raici belli değil mi?"

"Bu bence evden eve casusluk için de ayrıca para alıyordur."

"Dikkatli olalım o halde," dedi annem. "Yanında ileri geri konuşmayalım."

Ha şunu bileydin, dedim içimden.

Dadı tahmin ettiğim gibi gitmeyip kaldı ve bizim Ankara hayatımız, işte böyle biraz sancılı başladı.

Annem sık sık bir şeyler almam için beni çarşıya yolluyordu ve elime bozuk yok bahanesiyle büyükçe bir para veriyordu. Alışverişi yapıp döndüğümde, söyleyeceğini biliyordum: "Üstü sende kalsın, lazım olur."

İtiraz edemiyordum, çünkü gerçekten lazım oluyordu, otobüs bileti alacak param dahi kalmamıştı cebimde. Acilen iş bulmalıydım.

"Sefaretlere bakalım, birkaç arkadaşımın kızı sefaretlerde çalışıyor," dedi annem. Eyvah, dedim içimden, yine başlıyoruz!

"Anne, beni bir diplomatla baş göz etme sevdanı unut! Diplomatlar yurtdışına çıkarlar, benim çocukları Türkiye'den götürmeme Mehmet dünyada izin vermez. Yeni savaş cepheleri açmayalım hayatımızda!"

"Ben sana sefaretlerde koca değil, iş ara dedim!"

"Ben seni bilirim!"

"Peki, madem diplomat istemiyorsun, nasıl biriyle evleneceksin?"

"Çiftçiyle! İlan vereceğim gazetelere, iki erkek çocuğuna şefkatli babalık yapabilecek vasıfta, varlıklı çiftçi koca aranıyor diye. Oğlanlar temiz havada büyürler!"

"Ne yaparsan yap, kızım," dedi annem bıkkın bir sesle. "Yine büyük lafı dinleme, yine git başını taşa vur!"

Doğuş

Ben deliler gibi iş aradım, hem sefaretlerde, hem işyerlerinde. Matematikle aram olmadığı için bankalardan, alışverişten nefret ettiğim için mağazalardan uzak durdum. Ve umudumu yitirmeye başladığım günlerin birinde, bir telefon aldım bir arkadaşımın vasıtasıyla.

Ankara'da tam da Ankara Sanat Tiyatrosu'nun (AST) karşısında bir resim galerisi açılmak üzereydi. Sponsoru Ferit Apa olan galeriyi, ressam Orhan Peker ve heykeltıraş Dündar Elbruz birlikte açıyorlardı. Galeriye bir müdür lazımdı, çünkü her ay değişik bir sanatçının eserleri sergilenecek, her açılışta bir davet verilecekti. Ailemin Ankara'daki geniş ve itibarlı çevresinden dolayı ben tercihlerinin arasındaydım. Kulaklarıma inanamadım. Uçarak gittim randevuya ve işe alındım. Doğuş Galerisi, hayatıma güneş gibi doğdu!

Babam, Ferit Apa'nın adını duyunca memnun olmuştu. Ankara'da saygın bir matbaacıydı Ferit Bey. Babamla tanışırlardı. Ben de babamın içi rahat diye memnundum. Sonra annemi de memnun edecek bir durum çıktı, işim saat ikide başlayacaktı. Sabahları galeride ressam ve yazar Fahir Aksoy bekleyecekti. Fahir Aksoy da annemin yuvayı, ilk ve ortaokulu okuduğu Gedikpaşa Amerikan Mektebi'ndendi. Annemin de içine sindi böylece çalışacağım ortam. Çocuklarıma kahvaltılarını ettirdikten, öğlen yemeklerini yedirdikten, öğle uykularına yatırdıktan sonra gidebileceğim bir iş bulduğuma en çok ben seviniyordum.

Galerinin hazırlıklarının tamamlanmasına daha on gün vardı. Mete'yle Ali'yi sevmediğim dadıyla uzun süre baş başa bırakmamak için bir yuva aradım. Benim de çocukken gittiğim Ayşe Abla İlkokulu evimize çok yakındı. Okulun sahibi Neriman Hanım'la Soysal Apartmanı'nda otururken komşuyduk üstelik. Beni görür görmez, yer vardı, yoktu demeden çocuklarımı yuvaya kaydetti. Pazartesi sabahı dadının, "Ben burada neciyim?" itirazlarına kulak asmadan, onu da yanımıza katıp annemle çocukları yuvaya götürüp bıraktık. Onca oyuncağı, kitabı bir arada görünce çok sevineceklerini sanmıştım. Öyle olmadı, kapının yanındaki duvara dayandılar, üstlerini çıkarmak istemediler.

"Siz hepiniz gidin," dedi yuva öğretmeni. "Her çocuk başlangıçta böyle yapıyor. Siz gidince biz üstlerini çıkarır, oyuna katarız onları. Saat üçten önce gelmeyin, sizleri görmesinler lütfen. İlk gün hep böyle olur."

Çocukları yuvada bırakıp eve döndük. Bir saat sonra yuvaya gittim, bahçe içindeki iki katlı evin etrafında dolanıp çeşitli pencerelere yüzümü dayadım, içeriye baktım. Çocuklar değişik odalarda oyun oynuyorlar, resim yapıyorlardı. Benimkileri göremedim. Anakapıya kulağımı dayayıp içeriyi dinledim bu kez, ağlama sesi gelmiyordu. Eve döndüm. İki buçuğu zor ettim, saat üçe on kala okulun bahçesindeydim. Üçte zil çalınca içeri girdim, bir de ne göreyim, Mete'yle Ali, onları sabah bıraktığım yerde, aynı pozda, üzerlerinde paltoları, ellerinde eldivenleri, başlarında başlıklarıyla duvara dayanmış duruyorlar, aynen benim sabah onları bıraktığım gibi. Beni görünce ikisi de başlarını öteye çevirdiler.

"Onları aramıza katmayı başaramadık," dedi öğretmen. "Üstlerini bile çıkartamadık."

"Ağladılar mı?"

"Ağlamadılar. Konuşmadılar da."

33

Çocuklarımı aldım, eve götürdüm ve bir daha yuvaya yollamadım. Neriman Hanım o hafta içinde telefon edip, ödemiş olduğum kayıt parasını iade edeceğini söyledi.

Çocuklar, apartmanımızın altındaki küçük bahçede veya Kuğulu Park'ta oynarken ben de görkemli bir kokteylle açılışı yapılan galeride çalışmaya başladım. Galerinin adı Doğuş değil Kurtuluş olmalı diye düşünüyordum, boşanmanın kâbusundan, annemin bana ve çocuklara bakarken takındığı ağlamaklı yüz ifadesinden, dadının hoşlanmadığım varlığıyla burun buruna olmaktan ve en önemlisi, babamdan para almak zorunda kalmanın utancından kurtuluş! Bu galeri sayesinde, yabancısı olduğum yepyeni bir dünyaya, sanat dünyasına adım atmıştım. Yeni çevrem, ailemden, eski kocamın ailesinden hatta arkadaşlarımın tümünden daha değişik insanlardan oluşuyordu. Yeni dostlarımın hepsi sanatçıydı. Hepsi solcuydu. Hepsi içkiciydi. Hepsi keyifliydi. Hiçbiri için evli, evsiz, boşanmış, dul olmanın, biriyle yaşıyor olmanın, hatta kadın veya erkek, yaşlı ya da genç olmanın farkı, önemi yoktu, çünkü önyargıları yoktu. Harikaydılar!

Her gün çocukları yedirip uykuya yatırdıktan sonra işime gidiyordum yürüyerek. Evden galeriye ulaşmak en fazla yirmi dakika sürüyordu.

"Hoş geldin, kız!" diyordu Fahir Aksoy, derinden gelen sesiyle. Biraz oturuyordu benimle, sonra akşam yedi sularında geri dönmek üzere gidiyordu. Saat yediye kadar sergiyi bekliyordum, çok kişi gelip sergiyi geziyordu ama kimse resim almıyordu. Resimleri ancak annemin, babamın resimsever olduğunu bildiğim dostlarına, bir de yabancı diplomatlara satabiliyordum. Annemin beni zamanında sefaretlere sürüklemesinin faydasını görmeye başlamıştım. Tanıdığım sefirler, sefir eşleri vardı. Çoğu, görev yaptıkları ülkenin ressamlarından bir eser almayı içtenlikle istiyordu. Onlara adeta danışmanlık yapıyor, tavsiyelerde bulunuyordum. Resmin öneminin kavranmaya başladığı bir dönemdi.

Özellikle Orhan Peker'in atlarıyla kuşlarının, Fahir Aksoy'un nahif tablolarının, Nuri İyem'in köylü kadın portrelerinin prim yaptığı bir yıldı. En sükseli açılışlar ise Dündar Elbruz'un zincirlerle, demirlerle, hatta kaporta parçalarıyla yaptığı heykellerin ve Aliye Berger'in gravürlerinin sergilendiği sergilerde yaşanmıştı. Ankara'nın hatta İstanbul'un tüm sanatçıları, yazarları, sosyetenin kalburüstü insanları akın akın gelmişlerdi. Aliye Berger'in sergisini hazırlarken bir de sıkıntı yaşamıştık. Bir gece öncesinden Fahir ile birlikte sergiyi belli bir mantık çerçevesinde düzenlemiştik. Açılışa yarım saat kala, Aliye Berger galeriye geldi, resimlerin hepsini indirtti ve kendi istediği şekilde yeniden astırdı. Fahir'le çılgına dönmüştük. Fakat o kadar cana yakın, sevecen ve kendine mahsus bir insandı ki, en saçma kaprislerini bile gık demeden yerine getirmiştik.

Doğuş'taki hayatım bir rutine oturmuştu. Akşamüstleri saat altıya doğru, başta Dündar Elbruz ve Orhan Peker olmak üzere, sanatçılar birer ikişer buluşma yerleri olan galeriye gelmeye başlarlardı. Ressamlar, özellikle AST'ın oyuncuları, şairler, yazarlar eşleri, sevgilileriyle gelirlerdi. Ben galeriye leblebi ve fındık fıstık tedarik ederdim, onlar konyak getirir, yediden itibaren yavaş yavaş demlenmeye başlarlardı. Saat sekizden sonra, galeriyi kapatır, yemeğe giderdik. Ben her gece katılmazdım ama genellikle, Cinnah Caddesi'ndeki Sanat Evi isimli lokale veya Karadeniz Balık Lokantası'na gidilirdi. O yıllarda Orta Doğu Teknik Üniversitesi'nde ders veren, hayatımın en değerli insanlarından biri olan sevgili Fatma Mansur'u da bu sayede tanımıştım. Galiba Fahir'in sevgilisiydi. Her yaştan ve cinsten dostlarımla inanılmaz güzel bir kış geçirdim o yıl.

Galeride yeni sergi için davetiye yazıyordum annem telefon ettiğinde. Sesini duyunca, çocuklardan biri hastalandı diye korktum.

"Çocuklar iyi," dedi annem. "Sana bir resmi zarf geldi, açayım mı?" Bana gelen zarfı sormadan açmadığına göre annemde büyük terakki vardı. Bir de bana her telefon geldiğinde kulakları tavşan kulağı gibi bana doğru uzamasa diye düşündüm. Eskiden olsa, sırf onu meraktan çatlatmak için, sakın açma beni bekle, derdim. Ama ben de büyüyordum işte. "Aç ve bana oku anne," dedim.

"Ayşe, İstanbul Mahkemesi'nden geliyor... Dur bakayım... Çok küçük yazılmış, bekle, gözlüğümü takacağım," dedi annem. Annem, gözlük takmaya başlamış! Ne zamandan beri? Nasıl fark etmemişim? Utandım.

"Bu bir boşanma ilamı kızım! Mehmet'le boşanmanızın kesinleştiğini bildiriyor." Annemin sesi titredi. Bir zaman ikimiz de konuşmadık. Sonra yine annem konuştu.

"Hayırlı olsun," dedi.

"Hepimize!"

Kapattık telefonu. İşte şimdi tam anlamıyla özgürdüm. Çocuklarım yanımdaydı. Ben baba evimdeydim. Çok sevdiğim bir işim, sürüyle arkadaşım vardı. Peşimde ise annemi mutlu edecek hariciye memurları da dahil olmak üzere, sürüyle genç erkek! Ah, Esma Nayman, nasıl da bilmişsin hayatın avucumun içinde olduğunu! Yeni grubumdan fazlasıyla memnundum ama o grubun dışında da arkadaşlarım yok değildi. İlkokul birinci sınıftan beri ayrılmadığımız Alev'le yine beraberdik. Yücel'le Dinah, minik oğullarını alıp Yücel'in askerliği için Türkiye'ye dönmüşler, kurada Yücel Ankara'yı çekmişti. Ankara'da, bize yürüme mesafesinde bir evde oturuyorlardı. Onları çok sık görüyordum, özellikle aralarında sadece altışar ay fark olan üç oğlancık birbirleriyle oynasın diye. Nur Vergin de Londra'dan dönmüş, Ankara'ya, annesiyle babasının yanına yerleşmişti.

Annem telefonu kapatınca, Mehmet'in de yakın arkadaşı olan Yücel'e telefon ettim. Dinah açtı. Mehmet'le boşanmışız, ilamı gelmiş az önce, Yücel'e haber ver, dedim.

"Yücel biliyor," dedi Dinah. "Mehmet aramıştı bizi. Haftaya evleniyormuş."

"Ne?"

"Nikâhı haber vermek için aramıştı ama gidemiyoruz tabii." Mehmet'in kiminle evleneceğini sormadım, çünkü biliyordum. Sadece bu kadar acele edeceğini tahmin etmemiştim. Niye bozulmuştum, bilmiyorum ama bayağı ağrıma gitmişti boşanmanın haftasında evlenecek olması. Bir de utanmadan bana ne iftira senaryoları hazırlamıştı avukatı. Rezil kadın! Hiç aldırmadığımı ispat etmek için, sesimi neşeli olmaya zorlayarak, "Cengiz'i bırakmak isterseniz, siz dönene kadar bakarım," dedim.

"Gitmeyeceğiz Ayşe. Masrafa girmek istemiyoruz," dedi Dinah.

Kapattım telefonu. Az sonra Fahir geldi.

"Kız, ne bu surat?"

"Ne var suratımda?"

"Bir şeye bozulmuşsun sen, belli!"

"Boşanmışım, ilamı gelmiş eve," dedim. "Beklemediğim bir şey değildi elbette ama bir tuhaf oluyor insan. Soyadım değişti yine."

"Senin kendi soyadın, o herkeste olan, o listelerden seçilmiş uyduruk soyadlarından çok daha anlamlı. Boş ver!" dedi Fahir.

"İlahi Fahir, ona üzülmedim ki!"

"Tamam o zaman, bu gece herkese haber salıyorum, boşanmanı kutluyoruz," dedi. "Balığa çıkalım, ne dersin?" Yanıtımı beklemeden telefonu kaldırdı, Karadeniz Lokantası'nda on beş kişilik yer ayırttı. Sarhoş oldum o gece. Artık sevmediğim, beğenmediğim hatta küçümsediğim bir insandan boşandım diye niye mahzun olmuştum, anlayabilmiş değilim. Galiba ana baba lafı dinlememenin dersini aldığımın kafama nihayet dank edişiydi!

Ah, bir şeyi daha niye yaptığımı, daha doğrusu, niye yapamadığımı hiç anlayamadım o yıl.

Canım arkadaşım İffet'in babasını kaybettiği haberi gelmişti. Benim çocukluktan genç kızlığa geçişimin yedi yılına damgasını vurmuş olan, çok saydığım, biraz korktuğum, o upuzun boylu, heybetli adam! Bana aldığı düğün hediyesine el koyduğu için kayınvalidemi asla bağışlamadığım! Haberi alınca yüreğime bir acı çöktü. Ben ne zaman bir babaya dair ölüm haberi alsam, biraz da kendi babamın bir gün gerçekleşmesi kaçınılmaz kaybı için ağlardım. Masama kapanıp hem İffet'in babası, hem de kendi babam için hıçkırarak ağladım. Galeride yalnızdım Allahtan. Sonra yüzümü yıkadım, İffet'e yüreğimin tüm samimiyetiyle bir başsağlığı mektubu yazdım. Birden hatırladım ki, İffet artık Bebek'te oturmuyor. Ataköy'de bir ev satın almışlardı geçen yıl. Adresi bende yoktu, telefonu yoktu. Mektubu nereye gönderecektim? Mektuptan vazgeçtim, İstanbul'a cenazeye gitmeye karar verdim. Yaşadıkları semtin camiinden kalkacakmış naaşı. Ataköy'deki cami, derim taksi şoförüne, beni götürür diye düşündüm. Fahir'i aradım, ertesi gün benim yerime bekler mi sergiyi, diye. İşi varmış. Babamı aradım, anlattım.

"Başın sağ olsun kızım," dedi. "Sen git, ben gelir, senin yerine dururum yarın."

Orhan Peker'i aradım, akşam otobüsüyle gidip, bir cenazeye katılıp, yine akşam otobüsüyle döneceğimi, bir günlüğüne yerime babamın bakacağını söylemek için.

"Olmaz!" dedi. "Ben yarın orada birkaç yabancıya randevu verdim. İngilizce konuşan birine ihtiyacım var."

"Babam idare edemez mi? Hatta istiyorsan annemi göndereyim, biliyorsun kolejli o."

"Prensipte çok yanlış, profesyonelce olmaz. Yarın seni orada görmek istiyorum."

"Cenaze bir başka günü bekleyemez ki, lütfen."

"Yakının mı ölen, akraban mı?"

"Bir arkadaşımın babası... Ama..."

"Yani sen de Ayşe! Telgraf çek."

Kapattı telefonu. Ben de ona, nerede kaldı senin solculuğun, insancıllığın, sevecenliğin diyerek gönlümü kapattım. Gitmedim İstanbul'a ama mektubu da yollayamadım. Camiye telgraf çekmeyi akıl edemedim. Ayrıca, benim yüreğim arkadaşımın yanındayken, içim onunki kadar kanıyor, yanıyorken, ona sımsıkı sarılmak varken, birkaç satırı, mektupta olsun, telgrafta olsun, az buldum. Ertesi gün çok daha uzun bir mektup yazdım. Çekmecemde durdu atamadığım için. Her iki günde bir, mektubu yeniledim. Nerdeyse saat başı artan utancım o kadar büyüktü ki, satırlara sayfalara sığmaz oldu. İffet'i çok sonra gördüğümde, yer yarıldı içine girdim, anlatmaya yeltendim ama ne lüzumsuz bir konuşma olacaktı! Son yazdığım mektup yıllarca benimle kaldı. Sonra onu bir punduna getirip İffet'e verdim mi yoksa hâlâ mı bendedir, bilmiyorum. Çocuklarım benden sonra bulurlarsa, buraya yazıyorum işte, iletsinler İffet'e. Benim yaşarken yapacak yüzüm yok!

Bahar Ankara'ya çok güzel gelirdi bir zamanlar. Bulvarın o yıllarda hâlâ var olan akasyaları çiçek açardı. Mor sümbüller, leylaklar, elma, erik ağaçlarının çiçekleri coşardı. Yine bol çiçekli bir bahara giriyorduk, telefon çaldı, açtım, aaa Eren!

"Sen ne zaman döndün Londra'dan?" diye sordum. "Ve yanında bu kez hangi kız var?"

"Ayşe, duyduklarım doğru mu? Söylediler ama ben inanmadım. Boşandınız mı siz?"

"Çoktaaan! Eski havadis bu Eren."

"Ben yeni duydum. Böyle şey olmaz! Boşandınızsa yine evlenirsiniz. Bak ben ikinizin de yakın arkadaşıyım, şu anda Ankara'dayım. Önce seninle konuşacağım..."

Lafını kestim. "Ankara'da mısın? Ne işin var burada?"

"Askerlik işim için geldim. Dinle bak, önce seninle konuşalım, iki gün sonra dönüyorum İstanbul'a, orada da Mehmet'le konuşacağım. Düzelteceğiz bu işi."

"Hangi işi?"

"Sizi barıştıracağım ben. Çocuklarınız var bir kere..."

"Eren, Eren, sus da dinle..."

"Asıl sen beni dinle..."

"Mehmet evlendi bile," dedim.

"Aaa! Ne zaman?"

"Biz boşanır boşanmaz."

"Yaaa! Kiminle?"

"Ne fark eder kiminle olduğu? Yani bana boşuna bu konuda nefes tüketme, e mi!"

"Yine de buluşalım. Konuşuruz, dertleşiriz," dedi Eren.

"Çalıştığım galeriye gel, öğleden sonra ikiden yediye kadar oradayım," dedim. "Kalemin varsa adresi veriyorum, yaz."

Eren telefonu kapattıktan sonra Nur'u aradım. İngiltere'de eğitim gören bir arkadaşımın şu anda Ankara'da olduğunu, onun da babasının Nur'un babası gibi emekli büyükelçi olduğunu, öğleden sonra galeriye uğrayacağını, tanışmalarını istediğimi söyledim.

Eren, Nur'dan epey önce geldi. Gerçekten boşanmamıza çok üzülmüştü. O da benim çok sempatik bulduğum Vivien'den ayrılmıştı Türkiye'ye dönmeden önce. Şimdi önünde askerlik vardı. Ona bu konuda yol gösterecek bir tanıdığı ile birlikte gelmişlerdi İstanbul'a, elbette arabayla. Arabaları Eren'in bir uzantısı, adeta kuyruğu gibiydiler. Eren varsa, bir de spor araba vardı yakınlarda bir yerde kesinlikle!

Nur da geldi. Tanıştılar. Büyükelçi çocukları olarak, birbirlerinin babalarını ismen de olsa tanıyorlardı. Eren'in yakışıklı ve çapkın babasını sadece Türk hariciyesi değil, tüm Ankaralılar tanıyordu zaten. 50'li yıllarda Ankara henüz herkesin birbirini tanıdığı, küçük ve kapalı bir şehirken, Tevfik Kâzım bir meslektaşının Mısır prenseslerinden biri olan eşine âşık olmuş, Golf Kulübü'nde çok dedikodusu yapılan bir aşk macerasının ardından ikisi de boşanmış, birbirleriyle evlenmişlerdi, birkaç yıl sonra çok gürültülü bir şekilde boşanmak üzere! Ankara'da yıllar önce yaşanmış olan bu skandalı diplomatlar arasında bilmeyen yoktu.

Eren o akşam her ikimizi Süreyya'ya yemeğe davet etti. Nur da Eren'i yemekten önce evine içkiye davet etti. Nur, saat yediye doğru galeriden ayrıldı. Eren, benim galeriyi kapatmamı bekledi, arabasıyla beni eve bıraktı ve Nurlara gitti. Arabadan inmeden önce, "Bak Eren, bu akşam belki ben fazla olurum. Baş başa kalmak istiyorsan, beni almaya gelme. Dokuza kadar gelmedinse, ben anlarım," dedim.

"Yok canım, ne alakası var?" dedi Eren.

"Seninle ben eski arkadaşız. Benden sana söylemesi, aklında olsun yani, tamam mı?"

Ben inince Eren kırmızı arabasını gazladı gitti. Eve çıktım. Bir saat kadar çocuklarla oyalandım.

"Bu akşam evdesin galiba," dedi annem.

"Öyle gözüküyor," dedim anneme.

"Öyle olsun zaten," dedi babam. "Her gece, her gece çıkılmaz ki!"

"Baba, sadece hafta sonları çıkıyorum."

"Yetmez mi?"

Uzatmamak için odama giderken telefon çaldı.

"Yahu Ayşe, bu senin arkadaşın beni davet etmedi mi evine, ben mi yanlış anladım yoksa?" diyordu Eren. "Gittim seni bıraktıktan sonra, evde kızın annesiyle babası var, kendisi yok! Oturduk, onlarla bir viski içtik. Öyle garip bir durum oldu, birbirini tanımayan insanlar olarak sohbet etmeye çalışıyoruz karşılıklı. Viskim bitince ben kalkmak istedim, onlar da Nur birazdan gelir, herhalde işi çıkmıştır filan diyorlar mahcup mahcup. Tam ben kapıdan çıkarken geldi senin arkadaşın... Ben de, ben içkimi içtim, annenle babanla tanıştığıma çok memnun oldum, teşekkür ederim, haydi bana Allahaısmarladık, diyerek çıktım."

"Yani bu akşam yemek yemiyor musunuz beraber?"

"Ne yemeği yahu? İnsan evine çağırır, sonra orada olmaz mı? Seni almaya geliyorum şimdi, on dakikaya oradayım," dedi. "Daha iyi oldu böyle, başınıza gelenleri anlatırsın, dertleşiriz."

"Hayrola, sana yol göründü galiba," dedi telefondaki konuşmamı baştan sona dinleyen annem.

"Eren gelmiş, anne. Onunla bir akşam yemeği yiyeceğiz Süreyya'da. Ayıp olur gitmezsem."

"Bize ayıp olmuyor mu?" dedi babam.

"Başka kimler var yanınızda?" dedi annem.

"Nur olacak galiba. Eren'in birlikte geldiği kişiler de olabilir."

"Kimlermiş onlar?"

"Bilmiyorum anne. Görünce öğreneceğim."

"Olur olmaz kimselerle gözükme etrafta."

Beni iki çocuklu bir kadınken dahi yalana mecbur eden annemle babama sinir olarak, alelacele üstüme siyah elbisemi geçirip incimi taktım. Şimdi Eren benimkileri normal insanlar zannedip yukarı çıkmaya kalkarsa, yine tatsızlık çıkacaktı evde. Makyaj dahi yapmadan, paldır küldür aşağıya indim ki, Eren'in kırmızı arabası homurtularla avluya girdi. Başımı yukarı kaldırdım, annem zamanlamayı doğru yapmış, yarı beline kadar pencereden sarkıyordu. Arabaya binmeden el salladım anneme.

Eren, ertesi gün İstanbul'a döndü ama hafta sonu yine Ankara'daydı. Bir sonraki ve bir daha sonraki hafta sonları da! Önceleri hiç kondurmamış, yine askerlik işi için geldiğini sanmıştım. Ama bu gidip gelmeler sırasında arkadaşlığımızın mahiyetinin değişmekte olduğu kesindi.

Benim hayatımı zora sokan, huzurumu bozan bir değişimdi bu. İnsanın yıllarca çok yakın arkadaş bellediği biriyle flört etmesi kolay değildi, bende tuhaf bir gerginlik yaratıyordu. Ayrıca Eren'in askerlik işi için sürekli Ankara'ya gelmekte olduğunu annemle babam artık yutmayacağından evdeki dırdırı göğüslemek, yetmezmiş gibi, bir de aylardır birlikte dolaştığım sanatçı arkadaşlarıma niye artık hafta sonlarımı onlarla geçirmediğime dair makul bir bahane bulmak zorundaydım. Onlara doğruyu söylemek de vardı ama özel hayatımı özel tutmak, benim en doğal hakkımdı. Sonra hiç beklenmedik bir şey oldu, Mehmet çocukları özlediğini söyleyerek onları İstanbul'a istedi. Zaten yaz aylarında çocuklar babalarında kalacaklardı. Ada'daki evin bahçesinden, önündeki denizden istifade etsinler diye yazı Mehmet'le geçirmelerini isteyen de bendim. Çünkü kendi imkânlarımla onları denize ancak dolmuşlarla, otobüslerle ya da arkadaşlarımın arabalarını ayarlayarak götürebilirdim. Ne diye yollarda hırpalansındı çocuklarım, babalarının deniz kenarındaki evi dururken! Ama henüz yaz gelmemiş, deniz mevsimi açılmamıştı.

"Senin çocukları alma tarihin henüz gelmedi," dedim.

"Sen böyle dememiştin ama, ne zaman istersen alabilirsin, demiştin," dedi Mehmet. "Zaten velayet bende."

Benim bir kelimeden ibaret sandığım "velayet"in içi boş değilmiş, avukatımın beni uyarırken hakkı varmış, çünkü bu "velayet" sözü çocuklar büyüyene kadar kafamın üzerinde Demokles'in kılıcı gibi sallandı durdu.

Mehmet mayıs başında gelip aldı çocukları. Mete'yle Ali'yi götüren arabanın arkasından su döker, el sallarken ilk defa dank etti kafama, çocuklarım bana ait değillerdi. Ben onları sadece babalarıyla değil, ayrıca babalarının tüm ailesiyle paylaşmaya mecburdum. O aileden herhangi biri tarafından istendiklerinde, istesem de istemesem de yollayacak, özleyecek, üzülecektim.

Mehmet aslında çocukları İstanbul'a isterken meğer benim de hayatımı kolaylaştırmaktaymış! Haziran başında, yaz aylarında kapanan galeriden ayrıldım, İstanbul'a, anneannemin evine döndüm. Anneannem ben evlenince yatak odasını benim odama taşımıştı. Ben Narmanlı'ya geri gidince yine eski düzene geçtik.

Narmanlı yıllar boyunca körük gibi genişleyerek muhtelif aile fertlerini hep bağrına basmıştı. Beni de sarmaladı yine. Anneannemin yanında rahat ettim, çünkü bana kesinlikle annemle babamdan daha az karışıyordu ve onun önceliği adımın çıkmaması filan değil, bir koca bulmamdı. Akıllı bir kadın olarak biliyordu ki, eve kapanırsam evlenemem. Evlenebilmem için biriyle flört etmem lazım. Gece gezmelerime karışmıyordu, bu da benim çok işime geliyordu doğrusu!

Çocuklar Birol Apartmanı'nda kalırlarken onları her gün görüyordum. Dadıyla aramız artık çok iyiydi, ya sabahları ya da öğleden sonraları çocukları hava almaya diye çıkarıp bana getiriyordu, üç dört saat sonra gelip alıyordu. Böylece o da kendi evine, eşine dostuna gidecek vakit buluyordu. Söze dökülmemiş, sessiz bir dayanışma oluşmuştu aramızda. Tek kelime konuşmamıştık ama çocukları bana bıraktığını Mehmet'e ve kayınvalideme söylemediğine emindim. Çocukların Büyükada'ya taşınmasıyla durum değişti. Hafta sonlarını benimle geçireceklerdi ama ilk hafta sonu, babaanneleri evinde bir davet verdiği ve torunlarını konuklara göstermek istediği için gelemediler. İkinci hafta sonu da gelmediler, çünkü babaları o hafta içinde seyahate gidiyordu, son hafta sonunu oğullarıyla geçirmek istiyordu.

Babam yönetim kurulunda olduğu Emlak Kredi Bankası'nın Florya'daki yazlık tesislerinde, sırf hafta sonları çocukları deniz kenarında ağırlayabilmek için bir lojman tutmuştu birkaç haftalığına. İlk iki hafta sonu heba olmuştu. Üçüncü ve son hafta sonunu kesinlikle birlikte geçireceğimizi sanıyorduk. Günlerden cumaydı, annemle babam Florya'daydı. Ben Narmanlı'da on vapuruyla dadının Ada'dan getireceği çocukları bekliyordum. Gelir gelmez, onları alıp hafta sonunu geçirmek üzere Florya'ya gidecektim. Oğullarıma küçük mayolar, mikili plaj havluları, güneş şapkaları, kumda oynamaları için kazma kürek ve kova takımı hazır etmiştim. Vapurun varış saatinin üzerinden epey zaman geçti, ne gelen vardı ne giden. Merak ettim. Başlarına bir şey mi gelmişti vapurda. Bir koşu evin altındaki bakkala gittim, Ada'nın telefonunu çevirdim. Çaldı, çaldı, açılmadı. Numarayı yanlış çevirmiş olacağımı düşünerek bir kere daha denedim. Çok uzun çaldırdım bu kez. Deniz kenarında olmalıydılar. Üçüncü kez deneyemedim, çünkü bakkal telefonla sipariş gelebileceğini ima etti. Çıktım, karşıdaki Bahar Pastanesi'ne girdim. Rica ettim, çabuk olsun, dediler. Tekrar aradım. On yedi çalıştan sonra telefon kendiliğinden kapandı. Eve döndüm. Pencereden sarkarak, evin önünde duran taksileri göz hapsine aldım. Anneannem hafta sonunu kız kardeşinin Feneryolu'ndaki evinde geçiriyordu. Hacer'le yalnızdık Narmanlı'da.

"Pencereden sarkınca daha mı çabuk gelecekler?" dedi Hacer. "Vapuru kaçırmışlardır, hele bir sakin ol!" Anneannemin vapur tarifesini buldum. Bir sonraki vapurun saatine baktım. Bekledim. Pencereden yarı belime kadar sarkıp ağlamamak için kendimi zor tutarak bekledim, bekledim, bekledim. Eğer yollamaktan vazgeçtilerse bir haber ulaştıramaz mıydılar? Evet, evimde telefon yoktu ama onların ayak işlerine kullandıkları yığınla adamları vardı. Birinden birini Şişli'den Teşvikiye'ye kadar gönderemez miydiler? Çocuklardan birinin denize düşmesinden araba altında kalmasına, çalınmasına kadar, bin bir korkunç ihtimal geçiyordu aklımdan. Çıldırmak üzereydim. Telefonunu kullandığımız komşularımız yazlıktaydılar. Amcamın Şakayık Sokak'taki evine kadar gitmeyi, ya ben yokken geliverirlerse diye göze alamıyordum. Allah bilir, çocukları evde oturup bekleyememiş bile derlerdi. Ah nasıl beklemekti oysa, hediyelerine nasıl sevineceklerini, kumlarda nasıl eğleneceklerini, ayak bileklerinden başlayıp santim santim dizlerine, bellerine, göğüslerine yükselecek denizden nasıl keyif alacaklarını hayal ederek, kokuları burnumda tüterek, sesleri kulağımda çınlayarak!

"Kızım, gözünü seveyim çekil şu pencerenin önünden. Başın dönecek, aşağı düşüvereceksin," diyordu Hacer. Bir taksi durur gibi oluyordu. "Hah! İşte geldiler!"

Ah hayır, bir adam iniyordu taksiden. Bir başka taksi yaklaşıyordu evin önüne ya da kayınpederimin arabasını andıran bir siyah limuzin, heyecanlanıyordum. Yok, değilmiş. Kaç araba geçti böyle, kaç taksi yanaştı kaldırıma. Gözlerim karardı, pencerenin önüne yığılmışım!

Gözlerimi açtım, Hacer kolonyayla şakaklarımı ovuyordu. "Bekleme artık. Gelmeyecekler işte," dedi Hacer. "Bak, baş aşağı bakarak ayakta dikilmekten başın döndü."

Yine bakkala indim telefon etmeye. Bu kez açıldı telefon. Telefonu açan uşaktan kayınvalidemi istedim. Uyuyormuş. Demek ki saat iki olmuş, öğlen yemeğini yiyip yatmış.

"Neden telefonlara cevap vermiyorsunuz?" diye sordum. "Kaç kere aradım haberiniz var mı?"

"Yemeği bahçede yediler, ben de bahçedeydim, duymadım telefonu."

"Çocuklar evde mi?"

"Denizdeler."

"Kim var başlarında?"

"Dadı."

"Çağır dadıyı bana."

"Siz daha sonra arasanız! Bir saate gelmiş olurlar."

"BANA HEMEN DADIYI ÇAĞIR!"

"Niçin bağırıyorsunuz?" dedi ama kapatmadı telefonu, ayak seslerinden gidişini duydum. Bekledim. Bakkal ne zaman bitecek konuşman der gibisinden yüzüme bakıyordu. Geçmeyen zamana direnerek durdum telefonun başında. Sonunda geldi dadı.

"Neden gelmediniz?" diye sordum.

"Mehmet Bey ben gelene kadar çocukları yollamayın, demiş. Dün gece haber verdi babaanneleri gitmeyeceğimizi. Size nereye haber vereceğimi bilemedim. Haftaya inşallah artık," dedi dadı. Hiçbir şey söylemeden kapattım telefonu. Gözyaşları sel gibi düşüyordu yanaklarıma.

"İyi misiniz?" dedi bakkal. "Şöyle oturun isterseniz." Altıma ufak bir tabure sürdü. "Kötü bir haber aldınız galiba."

"Bir telefon daha edebilir miyim?"

Hayır, diyecekti ama karşısında perişan bir insan vardı, yüzü allak bullak, acının heykeli gibi ikiye bükülmüş, taburede.

"Kısa olsun," dedi. Florya'daki lojmanın ezberimdeki numarasını çevirdim. Telefonu açan kişiye, "Muhittin Kulin'in lojmanına bir mesaj iletin acele lütfen," dedim. "Kızı aradı, işi çıkmış, gelemiyorlar, merak edecek bir durum yok." Tam kapatırken, adam mesajımı savsaklayacak olursa, annemin benden de beter hale geleceğini bildiğim için akıl ettim, "Muhittin Bey, yönetim kurulu üyesidir, lütfen ihmal etmeyin, mesaj acil," demeyi.

Bakkala bir on lira uzattım. Üstünü vermesine mani oldum. Teşekkür edeceğine, "Siz bir telefon edinsenize artık," dedi bakkal.

Eve çıktım, Hacer kapıda bekliyordu. "Ne olmuş? Neymiş?" dedi sesi endişeli.

"Hiç! Kayınvalide çocukları yollamamaya karar vermiş," dedim. "Bana bir omlet yapsana ne olur. İçim eziliyor." Hacer mutfağa gidince önce aramızdaki tüm kapıları kapattım, sonra Mete'yle Ali için hazırladığım armağanların durduğu poşeti duvara çalıp avazım çıktığı kadar haykırarak ağlamaya başladım.

Akşama doğru annemle babam telaş içinde geldiler. Hikâyeyi dinleyince, "Aklımıza çok kötü şeyler gelmişti, sen iyisin ya, çocuklar iyi ya, bu da geçer," dedi babam. Annemin de o anda kızacak hali yoktu. Kızgınlığını yaşamayı ertesi güne bıraktı. Hâlâ bir telefon edinemediği için anneanneme söylenmeyi de!

Ertesi gün sabah erkenden amcamın evine gittim Büyükada'ya telefon etmek için.

"Ben babalarının arzusunu yerine getiriyorum," dedi eski kayınvalide. "Kendi yokken istemedi çocukların Ada'dan ayrılmasını."

"Nasıl bir mantık bu? Allah korusun, bir şey olursa Mehmet'e, ilelebet Ada'da mı kalacak çocuklar? Ne demek bu?"

"Kızım, o kadar istiyorsan, kendin gelir alırsın. Ben iki çocuğu dadıyla yollayamam."

"Kaç kere gidip geldiler ama dadıyla."

"Emanet çocuk başka!"

Cadı, dedim içimden, hain cadı, yollamamak senin işindi, Mehmet'in değil!

"Bunu bana daha önce söyleseydiniz, gelir alırdım çocukları. Perişan olmazdım meraktan, üzüntüden."

"Telefonunuz yok!"

Telefonu olmayan eve kaç kere haber yollatmıştı oysa!

"Yarın sabah gelir alırım çocukları."

"Olmaz, Mehmet kızar. Sen yine hafta sonu gel al."

Kapattım telefonu, buraya yazamayacağım küfürleri sıraladım arka arkaya, duvara yumruklarımı indirdim. Amcam sorgulayan gözleriyle arka odadan yanıma geldi.

"Ne oldu kızım?"

Bir gün önce yaşadıklarımı salya sümük anlattım.

"Semra bana boşanmak istediğini söylediğinde, ona asla yüz vermedim. Boşanırsan bu evde sana yer yok, dedikti annesiyle. Niçin? Kızımızın iyiliği için! Baban öyle yapmadı sana. Zaafı baskın çıktı, arkanda durdu. Bak şimdi haline!"

Amcamın evinden çıkıp Narmanlı'ya gidene kadar şükrettim Allahıma, bana ana baba olarak amcamla yengemi değil, annemle babamı verdiği için!

O yazdan anı olarak sadece hafta sonu eziyetlerini hatırlıyorum. Cumartesi günleri sabah yedi vapuruyla Ada'ya geçiyor, dadıdan çocukları teslim alıyor, dokuz vapuruyla İstanbul'a dönüyor, pazartesi sabahları yine çocukları Ada'ya bırakıp geri geliyordum. Sonra eylül ayına girdik, Mehmet havalar güzel gittiği için çocukları eylül sonuna kadar Ada'da tutmak istedi. Mehmet'in isteklerinin ardında annesinin olduğunu biliyordum. Mehmet öyle istedi, böyle istedi dendiğinde, aslında tüm bu istekler eski kayınvalideme ait oluyordu. Bu seferki oldukça makul ve masum bir istekti. Havalar eylül ayında gerçekten yaz gibiydi o yıl. İtiraz etmedim. Biz de Eren'le Bodrum ve Marmaris'i görmek üzere arabayla Ege'ye yolculuk programı yaptık. Eylül sonunda çocukları alıp Ankara'ya dönecektim. Plan böyleydi de eve nasıl açıklayacaktım on günlük yolculuğu. Ankara'ya telefon ettim, anneme arkadaşlarımla birlikte Bodrum'a gideceğimi söyledim.

"Kimmiş o arkadaşların?" diye sordu annem.

"Anne, adlarını söylesem tanıyacak mısın? Yapma Allah aşkına, birkaç araba peş peşe gidiyoruz, işte! İzin almıyorum anneciğim, on sekiz yaşımı dolduralı yıllar oldu. Sadece haber veriyorum. Lütfen babamı doldurma, köprüleri atmayalım! Dönüşte çocukları alıp Ankara'ya geleceğim."

Bambaşka Bir Dünya

Bir eylül sabahı Eren'le yola çok erken bir saatte çıkıp Çanakkale üzerinden İzmir'e geldik ve Bodrum'a doğu ilerlerken, yalanımdan çok rahatsız olduğum için Allah bana acımış olmalı, anneme söylediğim gibi iki araba oluvermiştik. 1965 yılında Bodrum'a asfalt yol yoktu. Son derece bozuk, çukurlu, taşlı bir toprak yol üzerinde, saatlerce süren eziyetli bir yolculuk yapıyorduk. Bir ara salaş bir kahvede mola verdik. Arabamızdan henüz inmiştik ki, tozu dumana katarak gelen bir başka araba gözüktü, yavaşlayıp kahvenin önünde durdu! Tanımadığımız bir genç adam ve Ali Can Sipahi! Araba rallilerine katılan bir başka arabasever ki, elbette Eren'le tanışıyorlardı. Ali Can ve arkadaşıyla peş peşe gittik Bodrum'a kadar. Bodrum'a inen yokuşun başına vardığımızda güneş batmak üzereydi. Arabaları durdurup indik ve aşağıda beyaz evleri, mor begonvilleri, palmiye ağaçlarıyla, denizle öpüşen kasabaya baktık. Bodrum'un durgunluğunun ortasında kale, tarihin içinden fırlamış ortaçağ hayaleti gibi yükseliyordu. Ben ömrümde böylesine alçakgönüllü, iddiasız ama aynı zamanda yüreğe dokunan muhteşem bir güzellik görmemiştim. İstanbul'da, minarelerinin ardında kaybolan güneşin haşmeti burada yoktu. Rodos şövalyelerinden kalma kalenin kunt siluetinin yaslandığı ufuk önce turuncu, sonra mor oluyor, pembenin tonlarıyla çizgileniyor, güneşin kayboluşuyla birlikte mavinin skalası başlıyordu, laciverde varana dek. Güneş iyice batana kadar beklemiştik tepede. Sonra aşağıya indik. Bodrum'un tek pansiyonu Azmakbaşı'ndaki Artemis ve tek oteli Halikarnas doluydu. Ali Sipahi otelin, içinden ağaç geçen bungalovu telgraf çekerek kendine ayırtmıştı ama bize yer bulunamadı. Halikarnas'ın bir bölümünde tamirat vardı ve bazı Ankaralılar yeni keşfettikleri bu kasabaya hafta sonları akın ediyorlardı. Otelin işletmecisi, saman sarısı saçları beline kadar inen, Lena adında bir Rus kızıydı. Bize otele giden anacadde üzerinde bir pansiyon buldu. Ev sahiplerimiz sevimli insanlardı, çarşaflar sakız gibi temizdi, dahası lavanta kokuyordu. Tek mahsuru, kullanacağımız tuvaleti ev halkıyla paylaşacak olmamızdı. Bodrum'da üç gün kaldık ve hep aynı iki lokantada yemek yedik. Limandaki şehir lokantasıyla, Türk Mahallesi'ne giden caddenin üzerindeki İbo'nun salaş balık lokantasında. Yemek yiyecek bir üçüncü yer henüz yoktu Bodrum'da. Haşim Birkan'ın denize sıfır evi ise kasabayı ziyaret eden İstanbulluların uğrak yeriydi. Karadan yol olmadığı için tekneye binilerek gidilen yegâne diskosu ise yaz sonu kapanmıştı. Bodrum'da harika iki gün geçirip, üçüncü gün Ali Sipahi'yi de bizim arabaya alıp Marmaris'e doğru yola çıktık. Bodrum-Marmaris arası yol, İzmir'den Bodrum'a gelişten daha da eziyetli ve zordu. Virajlı bir yolda döne döne yokuş tırmanıp döne döne inmekten içimiz dışımıza çıktı ama yeşilin bin bir çeşidini barındıran, inanılmaz güzel ormanlardan geçiyorduk. Gökova Körfezi'nin başını tutan tepeye vardık ve arabadan inip manzaraya baktık. İnanılmazdı. Deniz bir dantel gibi koylara gire çıka köşe kapmaca oynuyordu ormanla. Sonra yokuş aşağı indik, indik, indik. Yolun iki tarafına dikilmiş ağaçların başımızın üzerine el ele tutuşarak adeta bir çatı ördüğü, ince, uzun yoldan ilerledik ve nihayet geldik Marmaris'e!

"Biz daha çok işgale uğrarız, çocuklar," dedim. "Bu güzelliği gören, deliye döner ve ona sahip olmak ister!"

"Eğer petrolü varsa! Güzel manzara için kimse savaşmaz," dedi Ali Can.

Denize düşen çamlarıyla, ormanlı koylarıyla, bir burnun ardından çıkıveren gizli körfezleriyle, adeta fiyort gibi giriş çıkışlarıyla tarifi mümkün olmayan sahil, başımı döndürmüştü. Yıllar sonra, Marmaris'e yapılanları gördüğümde hüngür hüngür ağlayacaktım. Ne mutlu bize ki, Eren'le ben, en bakir halindeyken, 1965 yılında keşfetmiştik bu muhteşem güzelliği, henüz İstanbul'da kimse Bodrum ve Marmaris'ten haberdar değilken, oralara gidecek şose yol, oralarda kalacak yer, lokanta, disko, bar ve yağma yokken, yer gök iğrenç sitelerle, otellerle dolmamışken!

İkinci Evliliğe Adım Adım

Tatil dönüşü hemen çocuklarımı aradım. Telefonu Mehmet açtı ve onları bu kış Ankara'ya götürmemi istemediğini söyledi. "Anlayamadım," dedim sükûnetle. Yanlış duymuştum herhalde.

"Ben oğullarımı her hafta sonu görmek istiyorum," dedi.

"Mehmet, benim bir işim var Ankara'da. Para kazanıyorum."

"Burada kazan!"

"Ha deyince iş bulmak kolay mı?"

"Bulana kadar bir şeyler düşünürüz."

"Ne düşünecekmişiz? Bana nafaka vermeyesin diye kendini fabrikanda en alt düzeyde ücretli gösterdiğin günleri unutmuşa benziyorsun!"

"Sana da yaranılamıyor!" dedi Mehmet.

"Sen benim için hiçbir şey düşünme e mi! İşimi ben bulurum. Yalnız sana şunu söyleyeyim: Burada kaldığımız takdirde, çocuklar benimle anneannemde kalırlar, hafta sonları sana gelirler."

"Belki ara sıra hafta içi de alırım!"

Tam itiraz etmeye yelteniyordum ki, beni kızdırmak için böyle yaptığını fark ettim. Yeni evli bir adam, aşk evliliği yaptığı karısıyla cicim aylarını yaşarken, yerinde duramayan iki aşırı yaramaz oğlan çocuğunu her an evinde niye istesin? Hadi canım sen de!

"Memnuniyetle," dedim.

"Yani kabul ediyorsun, öyle mi?"

"Ne fark eder ki Mehmet, evlerimizin arası beş dakika! İstersen hafta içi sende kalsınlar, hafta sonları bana ver."

"Yok," dedi, "bana hafta sonları gelsinler." Hafta sonları çocuklara annesi el koyuyordu çünkü.

Narmanlı'da yine odalar değiştirildi. Bu kez anneannem benim odama geçti, çocuklara bir çift koruganlı yatak alıp anneannemin boşalttığı büyük odaya koyduk. Ben arka tarafa bakan küçük odaya yerleştim. Piyano çocukların odasında kaldığı için sık sık kakofonik konserler dinlemek zorunda kalıyorduk ama piyanoyu koyabileceğimiz başka bir yerimiz yoktu. Her oda tıklım tıklımdı. Bir zamanlar Meral'le annesi Mahmure yengenin yattığı oda ise anneannemin yılların içinde biriktirdiği ve asla atmaya kıyamadığı eşyalarıyla doluydu.

İstanbul'da kalacak olmam, anneannemi sevindirmiş, annemle babamı hayal kırıklığına uğratmıştı. Bu yeni duruma en çok sevinense Eren'di. Askerliğini İstanbul'un biraz dışındaki Hasdal'da yapacaktı. Böylece her hafta sonu görüşebilecektik. Mehmet hiç bilmeden ekmeğime yağ sürmüştü kısacası! Şimdi sıra, kendime iş bulmaya gelmişti. O yıllarda çalışmak isteyen bir kadın için sekreterlikten başka iş yok gibiydi. Bir daktilo kursuna yazılmak üzereydim ki, Eren bir teklifle geldi. Renda Poğda adında bir arkadaşı, Türkiye'nin ilk otomobil dergisini çıkarmak istiyordu. Arabalara çok düşkündü. Bu nedenle Eren'le iyi anlaşmışlardı. Eren'den yardım istemiş, derginin yazı işleri müdürü olmasını teklif etmişti. Eren de Renda'ya, "Ben bu işin hakkını verecek birini tanıyorum," demiş. "Eğer şansın varsa, Kulin bu işi kabul eder."

Deli mi neydi bu Eren!

"Ben arabadan, motordan hiç anlamam ki," dedim.

"Anlaman gerekmiyor. O faslı bana bırak. Batı'da çıkan araba dergilerinden ben seçmeler yapacağım. Birlikte, seçtiğim yazıları tercüme edeceğiz. Sen ayrıca araba meraklılarıyla röportajlar yapacaksın. Reklam bulma işi tamamen Renda'ya ait! Birkaç genç arkadaş var, onlar da teknik işlere bakacaklar."

"Tercüme, röportaj filan yapayım da, yazı işleri müdürü olmasam olmaz mı?"

"Olmaz! Maaş alacaksın bu yüzden. Tercümeler için de ayrıca... Ne bakıyorsun yüzüme öyle Ayşe, sabahtan akşama daktilo başında oturmaktan daha iyi değil mi?"

"Ya beceremezsem!"

"Ya becerirsen! Denemeden bilemezsin, öyle değil mi?"

Aynı gün öğleden sonra, Renda'nın Sultanahmet'teki bürosuna gittik. Renda sevimli bir insandı, hemen kaynaştık ve vakit kaybetmeden nasıl bir dergi çıkaracağımıza dair bir toplantı yaptık. Ebadına, sayfa adedine, kâğıt kalitesine hemen o gün karar verildi. Araba meraklısı genç erkeklere hitap edeceğine göre, birinci sınıf kâğıt kullanılacak, lüks bir dergi olacaktı. Dergi, Renda'nın bürosunda hazırlanacaktı. Benim yazı işleri müdürü işlemlerine başlamam için hemen nüfus kâğıdımı, diplomamı ve temiz kâğıdımı -o da neyin nesiydi?- hazır edip şimdi ne olduğunu unuttuğum resmi bir makama başvurmam gerekiyordu. Temiz kâğıdının ne olduğunu öğrenince gülmeye başladım. İşin bürokrasisi komedi gibiydi ve ben ilk defa öğreniyordum devlet denen hantal, demode çarkın vatandaşa eziyet ederek nasıl dönmekte olduğunu.

"Yarın," dedi Renda, "sabah erkenden gelin, bitirelim bu işi!" Ben bu ani gelişmeden şaşkına dönmüştüm. Hem korkuyordum, hem de çok memnundum. Memnuniyetim, çalışacağım yerin, babamın çocukluğunun geçtiği, halamın hâlâ oturduğu büyükbabamın konağına iki adım mesafede olmasından da kaynaklanıyordu. Böylece yıllardır ihmal ettiğim halamı ve kuzenlerimi de sık sık görebilecektim.

İlk röportajı elbette Ali Sipahi'yle yaptım. Röportajların yanı sıra, önüme yığılan yabancı otomobil dergilerinden Eren'in işaretlediği yazıları Türkçeye çeviriyor, anlamadığım teknik terimleri Renda'ya soruyordum. Hafta sonları Eren, Hasdal'dan doğru ofise geliyordu bir hafta boyunca neler yaptığımızı görmek için. İlk dergiyi heyecanla, özenerek hazırladık, yeni yılın ocak ayına yetiştirdik. *Aylık Otomobil Dergisi*, gazete ebadında kocaman ve renkli bir dergi olarak çıktı. Güzel bir dergi olmuştu. Bir ilki başarmış olmamızı coşkuyla kutladık. O kadar yoğun çalışmıştık ki, bir hafta boyunca tatil yaptık. Sonra kollar ikinci sayı için sıvandı. Her geçen gün işi biraz daha iyi öğreniyordum. Sadece çeviri ve yazılarla kalmamış, mizanpaja da burnumu sokmaya başlamıştım. Bayılıyordum yaptığım işe. Her anından, her aşamasından keyif alıyordum. Dergi kolaylanır gibi olduğunda, çocukları da yanımda götürüyordum. Hava güzelse ofis binasının hemen önündeki küçük parkta oynuyorlar, yağmurluysa bir masa başında boya boyuyor, resim yapıyorlardı.

1967 yılına keyifli girdim. Uzun zamandan beri ilk kez mutlu ve huzurluydum. Bana iyi kötü para kazandıran, sevdiğim bir işim vardı, anneannemin yanında ekmek elden su gölden yaşadığım için kazandığım cebime kalıyor, bana yetiyordu. Çocuklarım yanımdaydı. Eski kocamla olduğunun aksine, dergi çıkarmak, seyahat etmek, konsere gitmek gibi birlikte yapmaktan keyif aldığımız bir sürü şey paylaştığım sevgilimle hafta sonları buluşuyordum. Eren annesiyle anneannesinin kışın kullanmadıkları, Yeniköy'deki köşklerinde kalıyordu. Kuzeye bakan evi sadece şömineyle ısıtmak romantikti ama hele rüzgârlı günlerde, insanın kemikleri donuyordu. Buna karşın, harika bir manzarası vardı evin. Daha ne isterdim hayattan, sıcak bir odadan başka!

Bahar yaklaşıyordu. Eren'e maden mühendisi olarak mezun olduğu fakülteden bir mesleki konferans için davetiye geldi. Bayramla da aynı tarihlere denk düşüyordu. Eren, başvurması gereken mercilere dilekçe yazarak mesleki toplantıya katılmak üzere bir aylık izin almayı başardı ve Londra'ya giderken birlikte gitmemizi istedi.

"Bu mümkün değil," dedim. "Yurtiçinde bir iki haftalık gezilere gidebilirim ama bir ay boyunca Londra'ya gitmek beni aşar Eren."

"Arabayla gideceğiz," dedi. "Yol parası yok! Otelde ben nasılsa bir oda tutmayacak mıyım, otel parası da yok! Türk erkekleri kadınlara lokantalarda para ödetmez, yemek parası da yok! Sana sadece cep parası gerekiyor, onu da kazanıyorsun zaten!"

"Mesele para değil, mesele anne baba!"

"Onları da mı götürelim?"

Gülmeye başladım. Gerçekten komik geliyordu kulağa, boşanmış, iki çocuklu bir genç kadın, kendi parasını kazanıyor ama bir tatile gidemiyordu sevgilisiyle!

"Eren, senden anlayış beklemiyorum. Sen git, dön. Ben buradayım."

"Ben seninle gitmek istiyorum."

"Bu ancak evimle ipleri koparmayı göze alırsam mümkün olur. Babamın karşısına dikilip, ben Eren'in arabasıyla Londra'ya gidiyorum, dediğim an, yüzde doksan dokuz, yanıtı hayır olacak. Bana hayır dediğinde, sözünü dinlemezsem, babamla ilişkim kopar. Bunu göze alamam. Yalan da söyleyemem."

"Ne kötülük var ki birlikte seyahat etmemizde?"

"Hiçbir kötülük yok ama babam başka bir devrin insanı. Kızının bir erkeğin peşine takılıp annemin tabiriyle, 'Londralara' gitmesi, onu çok incitir."

"Biriyle yurtdışına seyahat etmen için illa onunla evli olman mı gerekiyor?" diye sordu.

"Ne yazık ki öyle..."

"Evlenelim o zaman," dedi.

"Sen deli misin? Londra'ya gideceğiz diye evlenilir mi?"

"Bugün Londra, yarın başka bir yer. Biz hiç seyahat edeme-yecek miyiz seninle?"

"Sırf seyahat etmek için düzenlenmiş bir evlilik cüzdanı yok."

"Eh, o zaman biz de mevcut cüzdana göre hareket ederiz," dedi Eren. O gün akşama kadar, bunun bir evlilik teklifi olduğu-nu idrak edemedim. Ertesi gün nüfus kâğıdımı istediğinde dank etti kafama ciddi olduğu!

"Benim çocuklarım var," dedim.

"Biliyorum, doğduklarında Londra'daydım ben de," dedi.

"Ben onlardan ayrılmam."

"Ayrılma, evimde oda çok!"

Eren'e evlilik muamelelerini başlatması için nüfus cüzdanımı verdim ama bu konuda ne en yakın arkadaşıma, ne de annean-neme bir şey söyledim. Gerçekleşecek gibi gelmiyordu nedense! İkimizden biri bir anda, "şakaa," diye bağıracak ve oyun bite-cekti. Anneannemin evinde özgürlüğümün tadını çıkarmaktan mutluydum ama nüfus cüzdanımı da vermezlik etmemiştim. Bu arada Eren Yeniköy'deki eve alıcı gözle bakmamı istedi. Madem Londra dönüşü orada yaşamaya başlayacaktım, eksiğini gediğini tespit etsem iyi olmaz mıydı?

Eren'le Yeniköy'deki eve bu niyetle bir kez daha gittik. Bah-çe kapısından girip yokuş yukarı tırmanırken bir an durdum ve düşündüm. Bu eve ilk girdiğimde on beş yaşlarında olmalıydım. Kolejde öğrenciydim. Kalender Evleri'nde oturan Ankara'dan aile dostlarımızın kızları Lale ve Serra Arellerde birkaç gece kal-maya gelmiştim. Kızlar beni Eren adındaki arkadaşlarının bir çay partisine götürmek istemişlerdi... Gideceğimiz ev, Yeniköy'de, Kalender'deki askerlerin konutundan bir önceki yapıydı. Çoluk çocuk güle oynaya Kalender tepesinden yokuşu inmiş, sağa dön-müş, az ilerde anagirişi caddenin üzerinde olan evin bahçesine girmiştik. Tepedeki eve varana kadar, erik ve elma ağaçlarının di-zelendiği küçük bir yokuşu tırmanmak gerekiyordu. Sonra, yukarda, iki ayrı kanadı olan, kırmızı kiremitli, ön balkonu sütunlu, Boğaz'a kartal yuvası gibi tepeden bakan eve geliniyordu. Manzarası muhteşemdi. Salonu, üç basamakla çıkılan kaptan köşkü gibi cumbası ve yemek odası, giriş katının tümünü kaplıyordu. Parkelerinin yıkılan eski Tarabya Oteli'nden, merdiveninin ve tırabzanlarının, bir kısmı yanan Sümer Palas'tan satın alındığını söylemişlerdi. O kadar gençtim ki, farkına bile varmamışım parkenin güzelliğinin. Sonra defalarca başka gençlik partilerine geldim bu eve, Mehmet'le evliyken birlikte geldik, Eren'in verdiği bir yılbaşı partisine de uğramıştım. Hiçbir keresinde alıcı gözle bakmamışım eve. Sevgilimin evi sıfatını kazandığında dahi hatta!

"Gez bakalım evini," dedi Eren. Evi dolaştım. Zemin katında müstahdem odaları, giriş katında mutfağı, 250 metrekarelik salonu, cumbası ve yemek odasıyla, asla ısıtılamayan üç yatak odasıyla, üst katında çalışma odası olarak düzenlenmiş bölümü, soyunma odaları, banyoları ve ebeveyn yatak odasıyla, 750 metrekarelik bir görkemli köşktü. İçi, Eren'in yurtdışında sürgünde yaşamış olan büyükdedesi Serasker Rıza Paşa'dan kalma antikalarla doluydu. İki genç insanın yaşayabileceği bir ev kesinlikle değildi ama evlendiğim takdirde oturacağım ev buydu işte! Nerdeyse küçük bir saray yavrusuydu. Eksiği ise kaloriferdi. Ama kimin gücü yeterdi koca eve kalorifer döşetmeye. Eren, bir buçuk yıllık askerliğini henüz tamamlamamıştı ve eline geçen para sadece asker maaşıydı. Lafını bile etmedim. Eren'in annesiyle anneannesi evi sadece yazlık olarak kullandıkları için panjurlarla yetinmiş, evde perdeye gerek görmemişlerdi. Dergiden kazandığım paralarla yemek odasının bahçeye açılan kapılarına perde diktirmeye karar verdim. Halamın çocuklarının mefruşat dükkânları vardı, herhalde canımı fazla yakmadan evin perdelerini hallederlerdi. Ölçü almak için birini yolladılar eve.

Nikâh belgelerinin asılma süreci diye bir şey varmış meğer, ilk evliliğimde nikâh muameleleriyle uğraşmadığım için bilmiyordum. Belgelerimiz her ikimiz de Nişantaşı'nda yaşadığımız için o mahallenin muhtarında asıldı. Asılma süreci dolunca, muhtar, yememiş içmemiş, Narmanlı'ya kadar zahmet edip kâğıtların hazır olduğunu söylemiş. Mahallenin işgüzar muhtarı yüzünden anneannemin evlenme konusunda haberi zamansız oldu. Bir gün akşamüstüne doğru, Sultanahmet'te, derginin son kontrolünü yapmış, yorgun argın eve geldim ki, otobüsten indiğimi pencereden gören anneannem kapıda, suratı bir karış dikiliyordu.

"Ailene haber vermeden mi evleniyorsun?" diye sordu.

Şaşırdım. "Yoo," dedim, "evlendiğim filan yok!"

"Nasıl yok? Kâğıtlarınız askıdan inmiş bile!"

"Ne askısı?"

"Elbise askısı," dedi anneannem. "Sen benimle alay mı ediyorsun, kuzum?"

"Anneanne," dedim, "sırf birlikte seyahat edelim diye Eren şey yapmıştı. Yani o kadar ciddiye alma, henüz karar vermedik."

"Seyahate gidip dönüşte boşanacak mısınız?"

"Ne münasebet!"

"Evlilik şakaya gelmez," dedi anneannem. "Madem böyle bir kararın var, bu akşam annenle babana telefon ediyorsun. Malumat veriyorsun. Ben bu kararın mesuliyetini taşıyamam."

"Karar vermedim dedim ya! Hem senin bu işle ne alakan var, kuzum! Evlenen sen misin, ben miyim?"

"Mehmet'le evlenmenin mesuliyeti benim omuzlarıma kaldı. Annen bana çattı sonradan, benim kabahatimmiş gibi."

Anneanneme söz geçiremedim. O akşam amcamlara gidip Ankara'ya telefon etti. Bir hafta sonra da Eren'in babası annemle babamdan beni istemeye Ankara'ya gitti elinde bir kutu çikolatayla. Bir sonraki hafta, bu kez yanımızda başka arkadaşlar var gibisinden bir yalana başvurmadan, Eren'in arabasıyla biz gittik Ankara'ya, Eren'i babamla tanıştırmaya.

Babam ikinci damadından hoşnut kalmıştı. Öncelikle, Eren de kendisi gibi mühendisti. Babamla konuşabileceği pek çok konu buldu. Benim sıkılacağımızı zannettiğim akşam yemeği çok eğlenceli geçti. Ama yemeğin sonunda babam sormadan edemedi, "Çocuklar bu evlilik biraz aceleye gelmiyor mu?" diye. "Biz bir yıldan beri beraberiz. Çocukluğumuzdan beri de arkadaşız," dedi Eren.

Annemle ben sofrayı toplarken babam Eren'i salonun diğer ucuna götürdü. Eren'den biricik kızını üzmeyeceğine dair söz aldığına emindim. İstanbul'a dönünce ilk işim Ruhiye teyzeye gitmek oldu. Ruhiye teyze bana kırık beyaz bir yünlü kumaştan, o yılların modası, dümdüz bir mini elbise, üzerine de yaka ve kol kenarları elbisemin kumaşıyla dönmüş, aynı kumaşın sarısından bir mini manto dikti. Ruhiye teyzenin diktiği bu elbise bence hayatım boyunca giydiğim en güzel elbisemdi. Anneannem bana Hayko'dan bir çift sarı ayakkabı aldı. Çok sade ama şık bir gelin olacaktım. Anneannem bu arada bana ısrarla, eğer Eren'in Yeniköy'deki evinde kalamayacak olursak, Narmanlı'yı bize bırakıp annemin yanına gideceğini söylemeye başlamıştı.

"Anneanneciğim, bu evde Eren'in annesiyle anneannesi sadece temmuz ve ağustos ayında kalıyorlar. Burayı tamamen Eren'e bırakmışlar; kışın biraz soğuk oluyor ama şömine var, soba kurarız, Ecvet kalın kadife perdeler hazırlayacak soğuğu kırsın diye, sen merak etme beni," diyordum ama o ısrarla, "Narmanlı senin! İstersen Hacer'i bile sana bırakırım, işinizi görür," diyordu. Eyvah, demiştim içimden, annemin yanına taşınmak için bahane arıyor!

Nikâhı yola çıkmadan önce, sadece ailelerimizin ve çok yakın arkadaşlarımızın katılacağı bir törenle İstanbul'da, nikâh dairesinde kıydıracaktık ama nihayet benim kulağıma da Eren'in annesiyle büyükannesinin biricik oğullarının iki çocuklu dul bir kadınla evlenmesine itirazları olduğu haberi ulaştı ve anneannemin ısrarının nedeni de böylece belli oldu. Kendi açılarından haklıydılar. Biricik oğullarına onlar da taze gelin istiyorlardı, her ne kadar beni bir zamanlar Fransız'a benzetmiş olsalar da!

Eren'e, "Nikâhımıza annenle anneannen gelmeyecekler mi?" diye sordum.

"Babam gelecek," dedi.

"Bana açıkça söyle, babanla karşılaşmamak için mi gelmiyorlar? Baban olmazsa gelirler miydi?"

"Hayır."

"O halde, İstanbul'da nikâh yok!"

"Saçmalama!" dedi Eren. "Annemle büyükannem nikâha katılmıyorlar diye evlenmeyecek miyiz yani?"

"Evleniyoruz ama burada değil. Annemle babamın kalplerinin kırılmasına, incinmelerine müsaade edemem. Senin annen beni istememekte haklı olabilir ama ben onların biricik kızlarıyım. Dul, çocuklu veya bakire, onlar için değerim değişmez, gözlerinin bebeğiyim. Annenlerin nikâha katılmaması, beni istemediklerini gösterir. Ben annemle babamın nikâh günü konuklarına mahcup olmalarını istemiyorum. Benim yüzümden yeterince acı çektiler. Londra'da, konsoloslukta evlenelim, hiç kimse gelmesin, ne seninkiler, ne de benimkiler."

"Harika fikir!" dedi Eren. "Hemen Londra'da evlenmenin şartlarını araştırıyorum."

Ecvet telefon edip perdelerin hazır olduğunu söyledi. Perdelerin takılacağı gün çocukları yanıma alıp sabahtan gittim Yeniköy'e. Daha önceleri de bir iki kere götürmüştüm çocukları, kocaman bahçede oynasınlar, hava alsınlar diye. Madem bu evde yaşayacaklardı, eve alışsınlar istiyordum. Evde bekçiyle karısı ve on yaşlarındaki kızları vardı. Bize çay yaptılar, yanımda götürdüğüm börekleri, çörekleri mutfak masasının üzerine yaydık.

"Aşağıda ocakta yemeğim var," dedi Halime. "İhtiyacınız olursa seslenin."

Çocuklarla börekleri yedik. Mete'yle Ali bahçeye çıktılar. Evin kurt köpeği Filu'nun uzun zinciri her zamanki gibi mutfağın önündeki ağaca bağlıydı.

"Köpeği çözeyim mi?" diye bağırdı Mete, bahçeden.

"Sakın çözme," diye geri seslendim. "Çözülünce askerlerin arazisine kaçıyor, çok zor oluyor geri getirmek."

Mutfakta yiyip içtiğimiz kabı kacağı toparlamış, yıkıyordum. Suyu akıttığım için hemen duyamadım. Musluğu kapatınca, köpek hırıltıları, oğlanların bağırtıları... Bahçeye fırladım. Önce Mete'yi gördüm. Mutfak kapısına yapışmış, gözleri yerlerinden uğramış, avazı çıktığı kadar bağırarak ağlıyordu. Az ilerde ise Ali ile Filu didişiyorlardı. Köpeğin dişleri Ali'nin kazağına geçmişti. Çocuk korkudan ölmek üzereydi. Ali'yi yakaladım, dişlerini çocuğun kazağından sökemeyen köpek daha beter hırlamaya başladı. Mete'ye, "Aşağı kata koş, Halime'yle kocasını çağır," diye bağırdım. "HAYDİ KOŞ!"

Kımıldamadı bile. Şoka girmişti. Bir sopa bulmak için etrafıma bakındım Bir yandan da bağırıyordum oğluma: "Mete, içeri gir. Yalvarırım içeri gir."

Sopa yoktu, köpeğe vuracak hiçbir şey yoktu. Ben Ali'yi çekiştirdikçe büsbütün azıyordu köpek. Ali'nin ön tarafı benim kucağımda, arkası köpeğin ağzında, yerlerde yuvarlanıyorduk. Avazım çıktığı kadar bağırıyordum. İmdat! Yetişin! Kimse yok mu? Bağırdım, bağırdım, bağırdım. Mete'nin çığlıkları benimkilere karışıyordu. Sonra galiba ayak sesleri duydum. Galiba birileri geldi. Galiba köpeği bizden uzaklaştırdılar. Galiba ağaca yeniden bağladılar. Bizi içeri taşımış olmalılar. Yüzüme su mu döktüler, tokat mı attılar, hiç bilmiyorum. Ben mutfakta yerdeydim, Ali hâlâ kucağımdaydı. Mete hâlâ bağırıyordu. Köpek yoktu.

Eren, Selimiye'de protokol subaylığı yapıyordu artık. Kendime gelir gelmez, önce onu aradım evdeki santralli telefondan. Bana ne olur ne olmaz diye bir telefon numarası vermişti ama daha önce aramaya hiç gerek olmamıştı. Telefonu açan kişiye salya sümük, Eren Teğmen'i çok acil bir vaka yüzünden aradığımı söyledim. Telefonda sanırım ağlıyordum. Hemen geldi telefona Eren. Anlattım. "Kımıldama, geliyorum," dedi.

"Bekleyemem. Çocuğu hastaneye götürüyorum."

"Bekle dedim sana! Herhangi bir hastane olmaz! Kuduz hastanesine gitmek zorundasın. BEKLE!"

Bekledim. Gelişi yarım saatten az sürdü. Arabasına doluşup Sultanahmet'teki kuduz hastanesine gittik. Köpeğin kuduz olmadığı kesindi, aşısı vardı, ev köpeğiydi ama ben o riski göze alamadım. Ali'nin bel hizasında üç diş izi vardı. Çocuğuma karnından bir iğne yaptılar. Köpek gözetim altında tutulacak, kudurmadıysa, üçüncü iğneden sonra başka iğne yapılmayacaktı. Gıkı çıkmadan bekledi iğnesi yapılıp pansumanı bitene kadar. Mete de yavaş yavaş şoktan çıktı, köpeği nasıl çözdüğünü anlattı. Vicdan azabı çekiyordu. İşin en zor yanı ise bu olayı Mehmet'e anlatmaktı. Eren arabasını Birol Apartmanı'nın önüne park etti.

"Sen otur arabada çocuklarla," dedi bana. "Zaten elin ayağın titriyor, ben hallederim."

Çocuklarla bekledik. Az sonra Mehmet ve Eren birlikte geldiler.

"Çocukların bu akşam bende kalmasını istiyorum," dedi Mehmet.

"Yarın gelsinler... Ali belki..."

"Bende kalacaklar, dedim!"

Suçluluk duyguları içinde, hiç sesimi çıkarmadım. Çocuklar indiler, babalarının yanında Birol Apartmanı'na girerlerken Ali döndü, bana baktı, el salladım oğluma. Onun eli de kalkar gibi oldu ve hemen indi, yanına düştü.

Köpek kudurmadığı için Ali'nin tedavisi üçüncü iğneden sonra devam etmedi. Yarası da kapanmıştı. Korkunç olaydan on gün sonra Eren'le birlikte arabayla Londra'ya hareket ettik.

Evlendik ♥ Mutluyuz

Türkiye'de nikâh muamelesi tamamlanmış çiftlerin konsolosluklarda evlenmesi çok kolay oluyormuş meğer! Londra'ya varınca, Harrod's'un arka sokağında bir pansiyona yerleştik, zaten hazır olan evlenme kâğıtlarımızı yanımıza alıp yürüme mesafesindeki Türk Konsolosluğu'na gittik. Semra'nın kayınbiraderi Orhan Conker, Londra'da konsolostu. Benim adımı duyunca makamına buyur etti. Hal hatır sorduktan sonra Eren, "Efendim biz ilk fırsatta sizin konsolosluğunuzda nikâhlanmak istiyoruz. Bütün muamelelerimiz tamam," dedi. "Acaba önümüzdeki hafta olabilir mi?"

Orhan Conker'in gözleri nerdeyse yuvalarından fırlayacaktı. "Çocuklar, ailelerinizin haberi var mı? Burada olduğunuzu biliyorlar mı?" diye sordu.

"Efendim biz reşidiz," dedi Eren.

"Ayşe'nin ailesine karşı sorumluluğum var. Ailesi biliyor mu?"

"Ailem biliyor da, Mete'yle Ali'den izin alamadım, çünkü evlenmenin ne olduğunu idrak edecek yaşta değiller henüz."

"Onlar da kim?"

Gülmeye başladık. Benim Muhittin ve Sitare Kulin'in kızı olduğumu biliyordu ama hayatımın ayrıntılarını takip etmemişti elbette. Eren'in babasını da büyükelçi olduğu için tanıyordu. Bizi evlerimizden kaçmış iki genç çocuk zannetmişti.

"Çok genç duruyorsunuz," dedi samimiyetle.

Orhan Conker bizi akşam yemeğine davet etmekle kalmadı, o akşam evinde yemek yerken, nikâhı rezidansta kıymayı da teklif etti. Acaba kaç kişi olacaktık?

"On kişiyi geçmeyeceğiz," dedik.

"O halde nikâhı öyle bir saate ayarlayalım ki, ardından bir küçük kokteyl yaparız. Kuru bir nikâhla kalmamış olursunuz çocuklar."

"Katiyen zahmet etmeyin," dedi Eren.

"Ne zahmeti! Ayşe bizim akrabamız sayılır," dedi Zafire Hanım.

Bir sonraki işimiz, Eren'in üniversiteden yakın arkadaşı Robin'i aramak oldu. Robin'in annesi, *Rüzgâr Gibi Geçti* filminin efsanevi yıldızı Vivien Leigh'in kuziniydi. Vivien Leigh'den bile güzel, muhteşem bir kadındı. Babası Mr. Bashpai, High Commisioner of India olarak yıllarca görev yapmış bir Hint asilzadesiydi. Robin ise, değil o güne, bugüne kadar karşılaşmış olduğum en yakışıklı erkekti. İnanılmaz güzel, kocaman, derin bakışlı, kahverengi gözleri vardı. Ne yazık ki kanser tedavisi görüyordu ve tam o günlerde iki tedavi arasındaydı; ona hasta demeye bin şahit isterdi. Eren'in nikâh şahidi o olacaktı. Birlikte yemek yediğimiz akşam, gelinlik satın almayı düşünüyorsam, bir arkadaşının dükkânı olduğunu söylemişti. Kısa, yünlü bir elbise giyeceğim, demiştim, sade bir nikâh bizimki!

"Şapkan var mı?"

"Yok!"

"Ayşe, sana mutlaka bir şapka alalım. İnsan hayatında bir kez evleniyor. Şapkasız olmaz."

Eren'le göz göze geldik. Eren hiçbir şey söylemedi.

"İnsan hayatında iki kez de evlenebilir, Robin," dedim.

"Ama siz bir kere evleneceksiniz."

"Biz, inşallah!"

Laf orada kapandı ama benim içime bir küçük ateş düştü. Acaba Eren, benim daha önce evlenmiş olmamdan rahatsızlık duyuyor muydu? Otele döner dönmez, sordum bunu.

"Sana bir fırsat çıkmıştı ama benim daha önce evlenmiş olduğumu söylemedin arkadaşına," dedim.

"Onu değil, sadece beni ilgilendiren bir şey senin bir önceki evliliğin," dedi Eren. "O fırsat sana da çıkmıştı ama sen de bir şey söylemedin. Söylenecekse, o karar sana düşerdi."

Haklıydı. "Sen bundan rahatsızlık duymuyorsun, değil mi?"

"Duysam burada olmazdık."

Yine haklıydı. Aslında, bu kadar genç yaşta evlenmiş, iki çocuk sahibi olmuş ve ayrılmış olmak, benim kompleksimdi! Benim beceriksizliğim, benim hatam, benim aptallığımdı. Beceriksizliğimden utandığımı, utancımı saklamak için Eren'i pençelemeye hazır dolaştığımı fark ettim, sustum.

Benim o sırada Londra Büyükelçiliği'nde diplomat olan kuzenim Selçuk Korkut'la eşini, Robin'le sevgilisini, Robin'in annesiyle babasını, ayrıca bir yıl evvel Oxford'a dönen ve Oxford Belediyesi'nin başmimarı olarak çalışan Yücel'le Dinah'ı da nikâhımıza davet ettik. Eren üniversitesindeki mesleki konferansa katılmak üzere Birmingham'a gittiğinde, ben de Oxford'a gidip Yücellerde kaldım iki gün. Birinci gün, Dinah'la gidip nikâhta giymem için bana bir şapka aldık.

Her şeyi çok güzel planlamıştık ama kafam çok karışıktı. Dinah'la ve Yücel'le iki gece sabahlara kadar konuştuk. Çok mu acele ediyordum? Sonu gelmemiş bir evlilikten yeni çıkmıştım, iki küçük çocuğum vardı, hiç çocuğu olmayan genç bir adamla nasıl yürüyecekti bu evlilik? O güne kadar kendi ailesi içinde el üstünde tutulmuş biri olarak, Eren'in annesiyle anneannesinin tavırlarını kaldırabilecek miydim? Ya yine mutsuz olursam? Ya yürütemezsem? İkinci kez boşanmayı asla göze alamazdım. Acaba bu işe hiç girişmese miydim?

"Bana bak," dedi Yücel, Oxford'daki ikinci ve son günümün gecesinde, saat üçü beş geçe. "Sana saat üç buçuğa kadar müsaade! Şimdi mutfağa çay koymaya gidiyorum. Çayını bitirince son kararını vereceksin! Fikir değiştireceksen, beni ta Londralara kadar, çoluk çocuk boşuna sürükleme. Az yol değil!"

Çayımızı içtik. Yücel karşımda dikildi.

"Son kararın?" dedi.

"Nikâh kıyafetim çok güzel," dedim. "Onu giymek istiyorum."

"Tamam, şimdi git zıbar, dört saat uyu! Saat sekizde alarm çalacak, tam dokuzda yola çıkmış olacağız."

Nikâhımız ertesi gün, konsolosluğun rezidansında, saat beşte kıyılırken o kadar çok güldük ki, ben bu evliliğin neşeli ve mutlu geçeceğine kani oldum. Şapkamı giyememiştim çünkü ben başında şapka, omzunda şal taşıyabilenlerin takımında değildim. Şapka sürekli ya gözümün üstüne düşüyor, ya arkaya kaykılıyordu. Kafam terliyordu. Konsolosluğa varamadan, başımdan çıkarıp elime almıştım. İçeri girdiğimizde bir kenara bıraktım, giderken de yanıma almayı unuttum üstelik. Nikâhı konsolosun kendi değil, yardımcısı olan Yüksel Germen kıyacaktı. Eren'le ben masada Germen'in karşısına oturduk. Robin'le Yücel de masanın uçlarına karşılıklı oturdular. Yüksel Germen, hayatında ilk kez nikâh kıyacağı için biraz heyecanlıydı. Nikâh kıyılırken söylenmesi gereken tüm o lüzumsuz lafları uzun uzadıya söylemeye çalıştı zavallı. Sonra da esmerliğinden dolayı Türk olduğunu sandığı Robin'e döndü, "Dediklerimi duydunuz, şimdi siz bu evliliğe şahitlik ediyor musunuz?", diye sordu. Robin şaşkın şaşkın yüzüne bakınca söylediklerini tekrarladı Germen. Robin'den tıs çıkmadı.

Bu kez, "Bir itirazınız mı var?" diye sordu. Sıkıntıdan yüzü kıpkırmızı olmuştu. Hepimiz gülmeye başladık.

Eren, "Şahidim ne dediğinizi anlayamıyor, çünkü Türkçe bilmiyor," dedi. Yüksel Germen bu kez bize söylemiş olduklarını ıkına sıkına İngilizceye çevirip söyledi. Robin onayını verince, Germen masanın öte ucunda oturan, papyonlu, tüvit ceketli, sapsarı bir İngiliz oğlancığın "daddy" diye kucağına tırmanmaya çalıştığı Yücel'e döndü, yine İngilizce olarak söylediklerini tekrarladı. Yücel tıpkı Robin'in yaptığı gibi boş boş baktı. Bir kere daha söyledi Yüksel Germen. Yücel, gözlerine muzip kıvıltılarla, "Ben Türk'üm," dedi.

Bir kahkaha daha koptu salonda. Sinirleri bozulan Yüksel Germen hepimizden daha fazla gülüyordu.

"Ama İngilizce bildiğim için bir de Türkçe söylemeniz gerekmiyor. Ben anladım. Nikâha şahitlik ediyorum, bizim çılgın vazgeçmeden."

"Pardon?" dedi Yüksel Germen.

Yücel'in ne demek istediğini sadece ben ve Dinah anladık. İşte Eren'le nikâhımız böyle kahkahalar arasında, neşe içinde kıyıldı. Konsolos, nikâh sonrası şerefimize bir şampanya patlattı, eşinin hazırlattığı düğün pastamızı kestik. Robin poz poz fotoğraflarımızı çekti. Birkaç fotoğrafta sırf onun hatırına şapkayı başıma geçirip poz verdim. Konsolosluktaki kutlamadan sonra Yüceller evlerine döndüler, biz de Robin'in babası Mr. Bashpai'ın davetlisi olarak, Oscar Wilde'ın *Getting Married (Evleniyoruz)* adlı oyununu seyretmeye West End'e gittik. Oyundan çıkınca Eren, Park Lane'de o zamanlar çok revaçta olan Annabel's adındaki kulübe yemek yemeyi teklif etti. Karı koca Bashpai'lar, Robin ve Maxine'le birlikte bu çok pahalı lokantada yemek yedik, dans ettik. Eren'e dans ederken hesabın altından nasıl kalkacağımızı sordum.

"Herhalde Mr. Bashpai hesabı bize bırakmaz," dedi. "En kötü ihtimalle, bölüşürüz."

Yemeğin sonunda gelen hesabı, yaşlı bir kişi olması hasebiyle Mr. Bashpai'ın önüne koydular. Eren elini uzatıp, "Müsaade edin," dedi. Mr. Bashpai, hemen müsaade etmez mi! Sırtımdan aşağı buz gibi bir ter indi. Nikâh gecemin bir lokantanın mutfağında bulaşık yıkayarak geçmesi hesapta olmayan bir ihtimaldi. Eren'in kulağına eğilip, "Yanımda sadece 20 pound var," dedim. "Ne yapacağız şimdi?"

"Sen bana bir onluk ver, bahşişi ödeyeyim," dedi Eren. Şaşkın bakışlarımın arasında cebinden bir çek defteri çıkardı, çeki yazdı, benim uzattığım parayı bahşiş olarak bıraktı, çıktık.

"Çekin karşılığı var mı?" diye sordum.

"Halledilir," dedi Eren.

"On pound bahşiş verdiğine göre, yüz pound ödemiş olmalısın."

"Dünyanın en ucuz düğün yemeğiydi. İstanbul'da olsaydık, altı değil, otuz altı kişinin yemeğini ödemek zorunda kalırdım," dedi.

"İstanbul'da olsaydın, babalarımız ödemeyi sana bırakmazlardı."

"Takma kafana bunları," dedi Eren.

Kafasına hiçbir şeyi fazla takmayan, bir Pollyanna karakteriyle evlendiğimi düşündüm pansiyona dönerken, ben para konusunda ne kadar hesaplı kitaplıysam, borçtan ödüm koparsa, kocam da aynı ölçüde hesapsız ve korkusuzdu.

Ertesi sabah ilk iş, biri annemle babama, biri Eren'in annesine diğeri de babasına, üç telgraf yolladık: *"Evlendik. Mutluyuz."*

İki gün sonra, öğle saatlerinde pansiyondan ayrılmak üzere Eren hesabı kapatırken İstanbul'dan bir telgraf aldı.

"Sevgili oğlum, evliliğinizde her ikinize de saadetler diliyorum," diye yazmıştı annesi. Dönüş yoluna bu telgrafın rüzgârında, sevinçli çıktık.

İstanbul'da Sürpriz

İstanbul'a dönüşte, doğruca Yeniköy'e geldik. Arabayı evin garajına park ettik. Bahçıvanla karısı valizleri yokuştan yukarı taşımamıza yardım ettiler. Kapıdan girince, önümde uzanan, antika eşyalarla dolu geniş salona baktım. Burası artık benim evimdi de, perdelerinin dışında hiçbir eşyayı ben seçmemiş, yerleştirmemiştim. Bir önceki hatta iki önceki kuşaktan birilerinin zevkiyle döşenmiş ama artık bana ait olan salonun orta yerinde durdum ve etrafıma baktım. Evi, gerçekten benim eylemek için bir şeyler yapmam gerekiyordu. Birkaç parçanın yerini değiştirmek, rahat, geniş bir kanepe ısmarlamak, avizelerin parlak ışığından kurtulup yerlerine loş ışık veren ayaklı abajurlar koymak, kısacası bir saray odasını andıran salonu, genç ve modern bir havaya sokmak için neler yapabilirim diye düşünürken, bahçıvanın karısı, "Bizim bir ölümüz var, bir haftalığına köye gitmek istiyoruz," diyerek yanıma geldi. Bahçıvanın karısı haftada birkaç gün evin temizliğini yapıyor ama yemek pişirmiyordu. Ne güzel diye düşündüm içimden, yeni evlenmiş bir çiftin ayakları altında kimse dolaşmayacak. Sere serpe yaşayacağız evimizde, harika!

"Elbette," dedim.

Valizleri odanın ortasında bırakmış, bir şeyler yemek için mutfağa geçmiştik. Buzdolabı tamtakırdı. Sadece bir sürahi su vardı içinde.

"Eren, bu insanlar yemek yemez mi?" diye sordum.

"Kimler?"

"Bahçıvanla ailesi."

"Onlar yemeklerini kendi katlarında pişiriyorlar. Bu katla hiç ilgileri yoktur. Musa sadece bahçeye bakar ve evi bekler. Bekçi o," dedi Eren.

"Mutfakta yiyecek hiçbir şey yok!"

"Çıkar, dışarıda yeriz. Yarın sabah alışveriş edersin."

Eren yukarı kata çıktı, yatağa uzandı başucundaki telefondan ailesine, arkadaşlarına dönüşümüzü haber vermek için. Ben girişte duran valizi merdivenlerden yukarı çıkarmayı denedim. Ağırdı, kaldıramadım. Açtım, içinden kollarımla kucaklayabildiklerimi yukarı taşıdım, geri kalanları taşımak için geri geldim ki kapı vuruldu.

"Kim gelmiş olabilir?" diye seslendim Eren'e.

"Açsana, ben telefondayım," diye geri seslendi Eren.

Kapıya yürüdüm. Camın ardında birkaç kişi var gibiydi. Çocuk sesleri geliyordu. Kapıyı açtım. Aman Yarabbi! Kapının önünde dadı, Mete ve Ali! O kadar şaşkındım ki, çocuklara sarılacağıma bakakalmışım. Ali ve Mete onlara uzattığım kollarımın arasından hızla geçerek evin içine doğru koştular.

"Hoş geldiniz de, kimden duydunuz geldiğimizi? Henüz yarım saat bile olmadı," dedim dadıya.

"Anneannenize her gün soruyorduk. Bugün geleceğinizi söyledi."

"İyi, durmayın kapıda, girin," dedim.

"Yok, ben hemen gidiyorum," dedi dadı. "Siz yokken bana izin vermediler. Bir aydır evime gidemedim. Annesi dönsün, telafi ederiz, dediler. Şimdi ben çocukları size teslim ettim ya, izne çıkıyorum. Babaanneleri de seyahate gitti, Badem Badem mi nedir, bir yere gidiyormuş banyolara. Siz de özlemişsinizdir zaten oğullarınızı, haydi Allahaısmarladık," dedi sahte bir gülümsemeyle. "Çocukların eşyaları burada."

Kadının basamakların dibinde bıraktığı valizi ancak o söyleyince gördüm. Valizi alıp eve soktum. Beş ve dört yaşını doldurmamış iki çocuk, *Sevr* vazolarının etrafında daireler çizerek koşuşturuyorlardı. Benim az önce açtığım valizin eşyalarını etrafa saçmışlar, onlara aldığım hediyeleri bulup çıkarmışlardı. Masaların üzerindeki Beykoz camından şekerlikleri açarak ve kapaklarını çat diye kapatarak yiyecek bir şeyler arıyorlardı. Evde sudan başka hiçbir şey yoktu. Bir aydır hava aldırılmamış ev, rutubetli ve soğuktu üstelik. Eren, evine evli olarak ilk adım atışının yirminci dakikasında, merdivenlerin tepesinde durmuş, hayretle aşağıdaki kargaşaya, ne yapacağını bilemeden şaşkın ördek gibi duran karısına ve karısının, kollarını uçak pervaneleri gibi yanlara açmış, vınnnn vınnnn diye bağırarak koşuşan çocuklarına bakıyordu.

İkinci evliliğim böyle başladı.

İKİNCİ
BÖLÜM

Bir Sürpriz Daha Var

Mete'yle Ali, Yeniköy'e sürprizli gelişlerinden itibaren, haziran başına kadar benimle kaldılar. Onları kapıda ellerinde valizleriyle bulmamın onuncu dakikasında anneme telefon etmiştim.

"Anne, çocuklar evdeki antika vazoları tuzla buz etmeden hemen gel ne olursun!"

"Ayşeciğim! Döndünüz demek. Oh oh, ne iyi!"

"Anne, biraz önce geldik eve, daha valizleri bile açmadım. Dadı çocukları bana bıraktı gitti."

"Ne! Eren ne yaptı?"

"Daha konuşamadım Eren'le. Yukarıda o. Seni arıyorum işte. Evin içinde deli gibi koşturuyor benimkiler, bilirsin torunlarını!"

"Ayşe, kocan çocukları azarlayacak filan olursa... Sakın kızım... Her şeyin bir haddi var, evliliğinin birinci gününde olacak iş mi bu! Ben seni bilirim, sakın ters bir laf etme kocana. Sakın!"

Aynı akşam yataklı trene binip ertesi sabah gelmişti annem. Sabahat teyzemle birlikte çocuklara sahip çıkmışlardı, özellikle de benim dergiye gitmem gerektiği günlerde. Allahtan dergi düzene girmişti de eskisi kadar çok vaktimi almıyordu. Eren'in evde olduğu hafta sonlarında ise Sabahat teyzemi, annemi ve çocukları Volkswagen'ına tıkıştıran Bâlâ eniştem, İstanbul'da plajı bulunan semtlerde Mete'yle Ali'ye keyifli saatler yaşatıyordu. "Dalgalı deniz" Kilyos'la, "kumlu deniz" Florya ile böyle tanışmışlardı. Bazen de eniştemin çalıştığı şirketin Beykoz sahilindeki tesisine gidip "vapurlu deniz"e giriyorlardı. Onların keyfi yerindeydi ama çocuklar haziran ayının ortalarında Büyükada'ya geçene kadar, Filu köpeğin zinciri hiç çözülmemişti. Ali'yi ısırmasının bedelini ödüyordu.

Eren'in annesi Londra'dan döndüğümüz günün ertesinde, oğluyla beni Emirgan'daki Abdullah Efendi Lokantası'na götürmüş, bana Eren'in babasının ona evlenirlerken taktığı pırlantalı yüzüğü armağan etmişti. Yüzüğü görür görmez, siz 1936 yılında mı evlendiniz diye sormuştum.

"Aaa, nasıl bildin?" demişti.

"Çünkü yüzüğün tasarımı ve işçiliği, 1936'da evlenirlerken babamın anneme taktığı broşla aynı!"

"O da mı Saran'dan alınmış?"

"Evet! Annem de bana evlenme armağanı olarak broşunu verdi. Böylece manevi değeri yüksek bir takımım oldu. Çok, çok teşekkür ederim."

"Otuzlu yılların yıldız kuyumcusu Saran'dı. Her ikisini de güle güle kullan, kızım," derken çok samimiydi yeni kayınvalidem. Tüm ailesi ve arkadaşları onu Koko diye çağırıyorlardı. Ben de öyle yaptım.

Değerli bir hediye de dayımdan geldi. Ev kadınlığının her inceliğini çok iyi bilen Fethinur yengemle Suat teyzem, Feneryolu'ndaki bahçeli evlerinde her işe koşuşturması için komşularının bekçisinin köyünden bir erkek çocuk getirtmişlerdi yıllar evvel. Durmuş, o zaman on üç, on dört yaşlarındaydı. Bahçeyi sular, avluya hortum tutar, çarşı pazardan dönerken fileleri taşırdı. Zaman içinde Fethinur yengem Durmuş'a yemek, ütü, temizlik yapmasını da öğretti. Son gördüğümde askere gitmek üzereydi Durmuş. Ne çabuk büyümüş diye düşünmüştüm. Askerden döndüğünde iş arayan Durmuş'u, dayım Yeniköy'e gönderdi.

"Ayşeciğim, bu sefer de boşanacak olursan, Allah korusun, kayınvaliden geçen seferki gibi armağanımı alıp evine götüremesin diye sana canlı bir armağan yollamaya karar verdim!" demişti telefonda. Çok gülmüştük.

"Ben ne şanslı biriyim dayı, Suat teyzemle Fethinur yengemin rahle-i tedrisatından geçmiş birine emanet edeceğim evimi. Allah senden bin kez razı olsun," demiştim. Durmuş, bebekliğini bildiği çocuklarıma bile göz kulak olabilirdi icabında.

Haziran sonunda, Koko ve annesi yazı geçirmek için Yeniköy'e taşındılar. Onları odalarını çiçeklerle donatarak karşıladım. Kayınvalidemle hiçbir sorun yaşamadık ama büyükanne o yaz bana kök söktürdü, zavallı kayınvalidem de annesinin yaptıkları karşısında mahcup oldu, arada kaldı.

Eylülün ikinci haftasında onlar Nişantaşı'ndaki evlerine geçtikten sonra Eren'e, "Önümüzdeki yaz büyükannenle aynı evi paylaşmayacağım," dedim. "Yaşlıdır, saygıda kusur etmeyeyim diye dişimi sıktım ama seneye onlar geldiği vakit biz bir otele çıkarız."

"Burası artık bizim evimiz," dedi Eren. "Büyükannem seni kabullenemediyse otele o çıkar." Kocamın beni o anda mutlu etmek için öyle söylediğini zannetmiştim. Fakat Koko ve büyükanne, bir daha yazı geçirmek için Yeniköy'e gelmediler. Ben sadece kayınvalidemle görüşmeye devam ettim.

Koko'yla annesinin kışlık evlerine dönmesinden sonra koca evde ilk kez yalnız kaldık. Havalar serinlememişti henüz. Çocukların odası hazırdı ama Ada'dan ne zaman ineceklerse, o zaman isteyecektim Mete'yle Ali'yi. "Mahkemenin tayin ettiği gün geldi, haydi bakalım, yollayın çocuklarımı," diye tutturmanın hoş kaçmayacağını düşünmüştüm. Varsın kalsınlardı, babaanneleri ve babalarıyla birkaç hafta daha.

O mevsimde Yeniköy'de hayat, sakin bir köyde yaşamaktan farksızdı. Eylülle birlikte yapraklar kızarmaya, yazlıkçılar da kışlık evlerine dönmeye başlayınca, deniz kenarındaki toprak yol, tamamen bana kalmıştı. Peşime takılan sokak köpekleriyle birlikte, artık beni tanımaya başlayan esnafla selamlaşarak, hal hatır sorarak uzun yürüyüşler yapıyordum. Tepelere uzanan dar yollarda bahçelerden kaçan kazlar, bazen bir horoz, ayaklarımın altında çıtırdayan sonbahar yaprakları, kapı diplerinde gerinerek uyuklayan miskin kediler eşlik ediyordu bana. O günlerin hayatımdaki son huzurlu dönem olacağını bilmişim gibi, her dakikasının keyfini çıkarmaya bakıyordum. Ah, ne kadar güzeldi her şey, deniz kenarında tuz kokusunu içime çekerek, salınarak dolanırken. Ne çok zaman vardı okumak, yürümek için, evi nasıl genç görünümlü bir havaya sokacağımı, çocukların odasını ne renge boyatacağımı ve derginin yanı sıra, nasıl bir iş aramam gerektiğini düşünmek için.

"Koleje sor, Mezunlar Ofisi'nde mutlaka iş vardır," demişti Sabahat teyzem.

"Teyze, sen emekli olunca yerine kim alındı? Senin yıllardır yaptığın işe talip olsam?"

"Kolay değildir Milli Eğitim'in bürokrasisiyle uğraşmak. Sen bence başka bir iş bak, kütüphaneye başvur mesela," demişti teyzem.

Bir iş bulmam şarttı. Eren de askerliğinin sonuna yaklaşırken iş aramaya başlamıştı. Kışın Yeniköy'de donmamak için eve kalorifer döşetecektik. Gündüzleri şömine yakarız, geceleri birbirimizi ısıtırız gibi romantik söylemlerle olacak gibi değildi. Çarşaflarımız, çamaşırlarımız rutubetten ıslanıyorlardı dolaplarda. Rüzgârın kuzeyden estiği günlerde evin içinde ıslık çalıyordu poyraz. Mete'yle Ali'nin üşütmesinden korkuyordum. Kalorifer şart olmuştu da nasıl ödenecekti? Ama biz hiç dert etmiyorduk bunları. İş bulacaktık. Çalışacaktık. Ödeyecektik. Yeter ki mutlu olalım!

25 Eylül'e kadar mutluyduk! Eylülün son haftasında, Bashpai'lardan Robin'in ölüm haberini bildiren mektubu aldık. Bir

anneyle babanın biricik evlatlarını kaybetmenin kederinin sindiği satırları okurken dünyada üstesinden gelinemeyecek tek acının evlat acısı olduğunu düşünerek ürperdim. Başsağlığı yazmak için elime kalemimi aldım, kelimelerle arası hoş olan ben, tek bir satır yazamadım. Ne yazsam, ne söylesem boştu! Robin, o kapkara gözlü, güzelim genç adam artık yoktu. Onun çekmiş olduğu nikâh fotoğraflarımız da onunla birlikte yok olup gitti, elimizde tek resim karesi kalmadı, evlendiğimiz günden bize hatıra.

Robin'in ölüm haberi yağmurlarla birlikte gelmişti. Mevsim değişiyordu, birden soğuyan hava karşısında yazlıkçılar biraz da telaşla dönmeye başlamışlardı kışlık evlerine. Bir sabah, ev halkının kahvaltıdan kalkma saatini hesaplayıp Ada'ya telefon ettim, çocukların ne zaman geleceğini öğrenmek için. Mehmet karısıyla seyahatteydi, telefonu eski kayınvalidem açtı.

"Çocukların odası hazır," dedim. "Siz de Ada'dan bugünlerde inersiniz herhalde. Bana bir telefon etmeniz kâfidir, hemen gelir alırım onları."

"Çocukları göndermeyeceğiz," dedi eski kayınvalidem.

"Ekim ayını da mı Ada'da geçireceksiniz?"

"Yoo, haftaya iniyoruz Şişli'ye. Ama çocukları göndermeyeceğiz."

"Herhalde babaları dönmüş olur, bir hafta da onunla kalırlar."

"Kızım hiç göndermeyeceğiz. Bundan böyle Mete ile Ali, balarının evinde yaşayacaklar."

"Nereden çıktı bu şimdi?"

"Mehmet çocukların üvey baba yanında yaşamalarını istemiyor."

"Ben istiyor muyum üvey ana yanında yaşamalarını? Ama biz boşandık ve…"

Sözümü kesti Mehmet'in annesi, "Sen bunları boşanmadan önce düşünecektin!" dedi. "Biz dava açtık çocukları almak için, zaten velayet bizdeydi, şimdi her şey yasanın gereğine göre olacak."

81

"Bu işler o kadar kolay değil efendim," dedim, sesim titriyordu. "Çocuklarımı mahkeme sonlanınca alabilirsiniz ancak! Bakalım karar ne olur!"

"Mahkeme sonucuna ihtiyacımız yok. Tedbir kararı koydurduk."

"O da neymiş?"

"Ne olduğunu kendi avukatından öğren," dedi. Kapattı telefonu. Elim, ayağım, her tarafım titriyordu.

Bir avukat arkadaşımız vardı, onu aradım. Tedbir lafını duyunca sesinin tonu değişti. "Tedbir iyi bir şey değil, Ayşe," dedi. "Sen hemen fırla, adliyeye git, bul o kararı, sonra beni ara. Ne gerekçeyle koymuşlar tedbiri bir an evvel öğrenelim."

"Nasıl bulacağım?"

"Sulh mahkemelerinin kalemlerinde bulursun."

Yatak odama koştum, çantamı kaptım, bahçenin yokuşundan aşağı hızla indim, caddeye çıktım, Tarabya yönünde gelen ilk minibüse durması için el salladım.

Minibüsün ön tarafları dolmuştu, mecburen arka koltuğa geçtim. Savrularak gidiyorduk, bir ara midem ağzıma geldi, kusacak gibi oldum. Kendimi toparlamalıydım, derin nefesler çekiyordum içime. Yolun henüz başındayken asla bu hale gelmemeliydim. Taksim'den Sultanahmet tarafına giden dolmuşa binecektim daha. Yolum uzundu. Adliye binası, babaannemin evinin hemen yanındaydı. Eğer çok kötü hissedersem kendimi, halama uğrarım diye düşündüm. Birkaç ay evvel, eski konağın tümünü kiraya verip Nişantaşı'na taşındıklarını bile unutmuşum o telaşla.

Adliyede, asliye hukukun yerini sorarak buldum. Birinci Asliye Hukuk Dairesi yazılı kapıyı vurdum, içeri girdim. Dar bir odanın yazı masasında iki kadın karşılıklı oturuyorlardı. Adımı verdim, tedbir kararını sordum. Tarih istediler, dosya numarası istediler. Bilmiyordum ki.

"İşiniz zor," dedi kadınlardan biri. "Böyle bulamazsınız ama şu kadarını söyleyeyim, biz bu yakınlarda tedbir koymadık hiç.

Başka kaleme bakın." Oradan çıkıp İkinci Asliye Hukuk'u aradım. Yan yana da değildi mübareklerin yeri. Hepsini teker teker dolaşıyor, eli boş çıkıyordum girdiğim kalemlerden. Kiminin kâtibi tersleniyor, adeta başından savıyor, kimininki yardımcı olmaya çalışıyordu. Yarım saat geçti, ben hâlâ kalem kalem gezmekteydim. Onuncu Asliye Hukuk'a girdiğimde de aynı soruları tekrar ettim, aynı yanıtı bekleyerek. Sekreter, bir an yüzüme baktı. "Çocuklarla ilgili bir karar mıydı bu?" diye sordu. Karşı tarafın avukatının adını söyledim. Yüzünde tuhaf bir ifade belirdi sekreterin, ağlıyor mu, gülüyor mu belli değildi.

"Bir dakika," dedi, kalktı yerinden, duvara çakılı raftaki dosyaları karıştırmaya başladı. Aramızdaki yüksekçe bankoya kollarımı dayamış, bekliyordum. Önüme normal boy bir dosya kâğıdının ancak yarısı büyüklüğünde, daktiloyla yazılmış bir yazı koydu kadın. Okumaya başladım:

"... *anne çocuklarını aç ve bakımsız bıraktığından ... Çocuklarının önünde sevgilileriyle sevişmelerde bulunduğu ve bu esnada çocuklardan Ali'nin bir köpek tarafından parçalanmış olduğu ... Çocuklar bakımsızlıktan perişan ... Çocuklar ölüm tehlikesi altında oldukları için ... tedbir kararı konmuştur!*"

Yok, yanlış gördüm, bir daha okudum, bir daha, bir daha...

"KİM YAZDI BUNU?"

"Bağırmayın. Hâkim yazdı."

"NEREDE O HÂKİM?"

"Ama böyle bağırılmaz burada! Lütfen! Sizin bir avukatınız yok mu?"

"O hâkim nerede? Yalvarırım söyleyin, nerede o?" Fısıldadım bu kez.

"Bembeyaz oldu yüzün kızım. Senin miydi çocuklar?"

Hıçkırıyordum, "evet," derken. Hayvan sesi gibi tuhaf bir hırıltı çıkıyordu boğazımdan.

"Hâkim, şu odada mı?" Kadın, ıstıraptan kasılmış suratıma dayanamayıp gözleriyle evet işareti yaptı. Kapıya gitmedim de uçtum sanki. Bir an sonra, bir başka küçük odada (hayret, kadınmış hâkim) yazı masasındaki dosyaların ardında oturan ufak tefek, bana gözlüklerinin üstünden bakan bir başka kadının karşısındaydım, elimde tedbir kararıyla.

"Siz nasıl yazdınız bunu? Neye dayanarak yazdınız? Bakın, çocuklarını ölüm tehlikesine maruz bırakan o kişi benim! Bir canavara benziyor muyum? Allah aşkına söyleyin, benziyor muyum? Ben bir anneyim. Şu çocukların annesiyim." Sol elimin işaretparmağı, tak tak çocukların adının üzerine vururken, sağ elimin işaretparmağı masanın gerisindeki kadının burnuna doğru uzanmıştı.

"Çabuk çıkın odamdan! Nasıl girdiniz buraya? Ne cüretle? Burada olma hakkınız yok! Hâkimin odasına girilmez!"

"Bana neden bu kararı yazdığınızı söyleyeceksiniz! Neye dayanarak yaptınız bunu? Hiç mi insaf yok sizde? Neden yaptınız?"

"Açıklama mecburiyetim yok! Tedbir kararı bu! Şahit, soruşturma gerektirmez. Avukatınız yok mu sizin? Çıkın odamdan yoksa attırırım sizi!"

Masanın kenarını kavrayan parmaklarım gevşiyor, hiçbir yere çarpmadan, bir tüymüşüm gibi yumuşacık kayıyordum yere doğru... Koşuşmalar... Derinden değişik sesler geliyordu kulaklarıma...

"Nesrin, Hayriye çabuk buraya gelin!" ... "Hasan'ı çağıralım" ... "Bir hademe?" ... "Olmaz, Hasan gelmesin ayıp!" ... "Bende pamuk var" ... "Doktor bulun doktor..."

Birileri beni bir yerlere taşıyor... Birileri kolonya koklatıyor, birileri konuşup duruyor kulağımın dibinde... "İskemleleri yan yana koyalım, uzatalım" ... "Yok yere yatıralım" ... "Kendine geliyor."

"Fenalık geçirdin canım. İyi misin?" Bana gözleriyle odayı işaret eden kadın bu. Doğrulmaya çalıştım.

"Acele etme. İyice kendine gel. Başın döner acele edersen. Sonra koluna girer, tuvalete götürürüm seni."

"Hâkimle konuşacağım, bitmedi söyleyeceklerim," dedim.

"Hâkimin odasına girmek yasak! Başımızı belaya sokmayın. Hâkim size haber vermemizi istedi, hemen bir karşı dilekçe yazıp bırakın. Biz yardımcı olacağız yazmanıza. İşleme alacağız. Siz bir tuvalete gidin gelin hele." Bunu söyleyen odadaki diğer kadın, gözleriyle bacağımı işaret ediyordu. Bacağımdan aşağı ince bir kan yolu vardı, ayakkabımın içine doğru inen.

"Önce dilekçeyi yazayım," dedim. "Olan olmuş zaten!"

Kâğıt getirdiler, tükenmezkalem verdiler elime. Titreyen ellerimle ne söyledilerse yazdım. İmzalayıp bıraktım. Bir tomar pamukla bir limon kolonyası uzattı senlibenli olan kâtibe.

"Yürüyebilecek misin tuvalete kadar, koluna gireyim mi?"

Ayağa kalktım. Biraz başım dönüyordu ama iyiydim. Pamuktan az bir parça koparıp üstüne kolonya döktüm bacağımı temizlemek için. Teşekkür ettim, pamuğun kalanını çantama tıkıştırıp çıktım kalemden. Tuvalete gittim. Muslukta yüzüme bolca su çarptım, iyi geldi. Çıktım adliyeden, bir taksiye bindim, "Teşvikiye," dedim şoföre. Param çıkışmazsa, arabayı bekletir, anneannemden para alır, öderdim taksiyi. Arabayı çalıştırdı şoför, başımı camın kenarına dayadım. Gözyaşlarım yüreğime mi akıyordu yoksa yanaklarımdan mı yuvarlanıyorlardı, farkında değildim. Haksızlığa uğramışların duyduğu isyanın, kötülük karşısındaki çaresizliğin ve kızgınlığın gözyaşları daha senelerce, senelerce akacaktı gözlerimden hep içime, hep yüreğime.

Akşamüstü Eren beni arabasıyla almaya geldi Narmanlı'ya. Anneanneme hiçbir şey söylenmeyeceğini bilmeliydim, benim fenalık geçirdiğimi kocama gammazlayınca apar topar Amerikan Hastanesi'nde buldum kendimi. Tansiyon ölçtüler, idrar ve kan testi istediler. Her hastane gibi, onlar da kafasını kapılarından içeri uzatan hastadan azami kârı elde etmek için bin bir türlü tahlil talebiyle beni dört döndürdüler. Sonra, ödemeyi yaparken bir hemşire geldi yanımıza, merak edecek bir şey olmadığını söyledi.

Merak edilecek değil, sevinilecek bir şey varmış! Sevinmek mi? Ben uzun zaman hiçbir şeye sevinemeyecektim. Yeni bir bebeğim olacağı haberine bile!

Evimize dönerken, yanımda ağzı kulaklarına vararak arabayı kullanan kocama, "Çok erken değil mi?" dedim. "Daha evleneli altı ay bile olmadı. Yeniköy'ün yapılacak bir sürü işi var. Kaloriferi dahi döşeyemedik henüz. Sonra bu mahkeme var önümde. Hem zaten iki çocuğum var benim."

"Benim hiç çocuğum yok!" dedi Eren. "Ayrıca, tüm bu saydıklarının hiçbirine engel olmaz bir bebek. O doğana kadar kalorifer de döşenir, ev de düzenlenir, mahkeme de biter."

Kerim doğana kadar, kaloriferin döşenmesi, evin düzenlenmesi bitecekti ama mahkeme yıllarca sürecekti, gölgesi hayat boyu üstümde kalmak üzere!

Jetler Uçarken Kuşlar Göçerken

Kuşların göçü gecikti nedense o yıl. Kasım başında hâlâ öbek öbek gruplar halinde kâh yükselerek, kâh alçalarak, kâh kocaman bir V harfi çizerek gökte süzülüyorlardı.

"Bak Eren," dedim, "bu yıl kuşlar bahçemizin üstünde kamp kurdular adeta. Çoktan gitmiş olmaları lazımdı ama uçuşup duruyorlar."

"Akılları varsa, bir an önce çeker giderler Mısır'a doğru, bizim gökler karışmadan," dedi Eren.

"Ne diyorsun, hiç anlayamadım."

"Gazete okumuyor musun sen? Kıbrıs'ta olup bitenlerden haberin yok mu?"

"Var. Rum tedhişçiler Türk köylerine saldırmış, bir sürü Türk'ü öldürmüşler. Onu mu diyorsun?"

"Aynen."

"Bundan kuşlara ne?"

"Rahatları kaçacak, çünkü bir gövde gösterisi yapacağız," dedi Eren. "Jetler Kıbrıs üstünde uçacak."

"Sen havacı değilsin Allah'a şükür! Varsın uçsunlar."

"Ayşe... Yeni bir gelişme var. Sakın korkma, üzülme, bizim birliği de cepheye yolluyorlar."

"Ne! Ne cephesi Eren?"

"Çarşamba günü Trakya'ya doğru yola çıkacağız. Trakya'da olası bir Yunan saldırısına karşı mevzileneceğiz."

"Yahu sen asker değilsin ki!"

"Nasıl değilim? Ben yedek subay değil miyim?"

"Öylesin de, savaşmayı ne bileceksin sen? Sana kaldıysa Trakya'nın savunması, vay halimize! Seni niye götürüyorlar, senin hamile karın var."

"Karısı hamile olanları çürüğe mi ayırsınlar?" dedi Eren.

"Şaka yapıyorsun, değil mi?"

"Vallahi ciddiyim. Şaka gibi geliyor insana, böyle durup dururken bir anda savaşa gider olmak ama bu bir gerçek Ayşe. Sen annenlere mi gitmek istersin ben yokken?"

Cevap veremedim kocama. O yokken... O savaşa gitmişken... Kendimi birdenbire, okuduğum bazı romanların kahramanları hatta anneannem gibi hissettim, sevgili kocası savaşta gazi olan... Ya da Allah korusun... Aman düşünmemeliyim böyle şeyler... Evlerden uzak... Gözlerime yaşlar doldu.

Salı akşamı Eren'i annesi, annem ve babamla birlikte Yeniköy'den yolcu ettik. Öpüştük, koklaştık, arabasının ardından kovalarla su döktük. Savaştı bu, bir daha görüşmek mümkün olamayabilirdi. Zor ayrıldık birbirimizden. Annesi kimseye belli etmeden siliyordu gözyaşlarını ama ben hıçkırdım bir ara babamın kollarında. Bildiğim bütün duaları edip anneannemin hep yaptığı gibi üfledim kocamın gittiği istikamete doğru.

"Mâço, lütfen bizimle gel. Tek başına kalma koca evde," dedi babam.

"Durmuş var ya baba!"

"Durmuş en alt katta yatıyor, sen en üst kattasın kızım. Avaz avaz bağırsan duymaz seni. Hamilesin, bir şeye ihtiyacın olur, sen gel bizim evimizde kal. Lütfen!"

"İki gece kalırım sonra evime dönerim, çünkü şu kaloriferciler var ya, onlar işbaşı yapacaklardı, birinin başlarında durması lazım, Durmuş'u dinlemezler," dedim. "Çocuklar gelecek olurlarsa, ev ısınmış olmalı."

"Gündüzleri gelir, akşamları bize dönersin," dedi babam.

Beni Yeniköy'de yalnız kalmaktan çok, üşümek korkutuyordu; odama çıktım, küçük bir valiz hazırladım. Hep birlikte çıktık, bir taksiye binip Nişantaşı'na gittik. Anneannem bana eşyalarını tıkıştırdığı arka odaya hemen bir yatak hazırladı. İki gün boyunca jetler tepemizde kulakları paralayan sesleriyle uçarken aklıma neler gelmiyordu ki! Eren'e bir şey olursa, bebeğimi tek başıma büyütmek zorunda kalacaktım. Allah bir şey bilerek mi bu davayı açtırmıştı Mehmet'e? Beni üç çocuk yerine tek bir çocukla bırakmak için mi? Ya da karşı tarafa, dul kadın üç çocuğa nasıl bakar gibisinden bir koz daha vermek için mi? Allahım, ben ne kusur ettim ki bana bu cezaları reva görüyorsun diye sürekli sorduğum, gözü yaşlı dolaştığım zamanlarda, ev halkı kocam için üzüldüğümü sanıyordu ama benim aklım Eren'de olduğu kadar çocuklarımdaydı da! Bu savaş halinin ve benim tek başıma kalmamın davayı nasıl etkileyeceğini düşünüyordum hep.

Amcam, dayım, teyzelerim, iki gün boyunca bana Allah kavuştursun ziyaretleri yaptılar. Tuhaf bir şekilde ilgi odağı olmuştum. Bana, hamileyken kocası savaşa gitmiş zavallı genç kadın muamelesi yapıyordu herkes! Bir dediğimi iki etmiyorlardı.

Üçüncü günün sabahında, ev halkı hep birlikte kahvaltı ediyorduk, zil çaldı.

"Sabahın bu saatinde ziyaret olur mu, ayol!" dedi anneannem. "Kim bilir hangi münasebetsizdir. Haceeer, açsana kapıyı!"

Hacer kapıya koşup açtı, kapıda asker giysileriyle Eren'i gördüm. Allahım! Vuruldu mu ne oldu? Niye döndü? Fırladım. Sarıldık.

"Niye döndün? İyi misin?" dedim. Gülüyordu.

Babam telaşla koşturdu. "Eren oğlum! Hayrola? Hani siz Tekirdağ'a..."

"Menzile varamadık," dedi Eren. "Yolda döküldük. Ciplerin bazısının lastiği patladı, yedekleri yokmuş, üç teker kaldılar, bazısının motoru bozuldu. Tankların yarısından çoğu yolda kaldı. Kurtuluş Savaşı'ndan beri kullanılmamış alet edevatla yola çıkınca böyle oldu işte! Türk ordusu döküldü efendim. Baktık bu şekilde ilerleyemiyoruz, geri döndük! Şimdi askerler esaslı bir araştırma ve sayım yapıp bir ihtiyaç listesi çıkaracaklar. En kısa zamanda gereğini yapacaklardır ama şu halimizle biz bugün savaşa filan katılamayız."

Bir hafta anca olmuştu gideli; beni toparladı, evimize döndük. Ertesi sabah Eren, işbaşı yapmak için giyinirken ben de kirli torbasını boşaltıyordum ki, bir tabanca düştü çamaşırlarının arasından.

"Tabancanı buraya koymuşsun, giderken unutma," dedim.

"Haa, o mu! Fazladan bir tabanca o," dedi. "Trakya'ya gittiğimiz gece nöbeti devralırken verdiler, geri istemediler. Evde dursun şimdilik. İstediklerinde götürür veririm."

"Ne yapacağız tabancayı evde Allah aşkına?"

"Dağın tepesinde oturuyoruz, kar yağdı mıydı gece kurtlar iniyor, diyorsun. Bulunsun evde bir tabanca!"

"El altında durmasın, iyi bir yere sakla bari. Durmuş filan kurcalamaya kalkarsa... Allah korusun..."

"Haklısın. Ver kasaya koyayım," dedi Eren. Birkaç parça aile mücevherimi saklamam için babamın elleriyle getirip dolabımızın içine, zemine çaktırdığı küçük kasaya koyduk, bir eşarba sardığım tabancayı.

Yeniköy'deki hayatımız koptuğu yerden yeniden başladı!

Cehennemin Kapısında

Yeniköy'deki evime gelenler, "Sen cennette yaşıyorsun," diyorlardı bana. Annem, babam, tüm akrabalarım hep aynı benzetmeyi yapmışlardı: "Burası cennet gibi!" Betin gelmiş, eve de manzarasına da bayılmıştı. Ruhiye teyzeciğim, Boğaz'da yaptığı sabah yürüyüşlerinin birinde, saat dokuz sularında, bir kahve içmek için bana uğramıştı. İlk gelişiydi evime. Her sabah erkenden bir otobüsle Tarabya'ya gidip oradan ta Rumeli Hisarı'na kadar yürüdüğünü bildiğimden, "Bizim evde bir mola ver, hem yeni evimi görürsün, hem de laflarız," demiştim. Sabah saatlerinin iş ve okul trafiği dahi başlamadan gelmişti. Hava pırıl pırıldı. Evin kapısında durmuş, Karadeniz'e doğru eğile büküle uzanan Boğaz'a bakmış, "Yavrum, cennettesin!" demişti.

"Ruhiye teyze, evim cennette ama ben cehennemin kapısında duruyorum. Çocuklarıma tedbir koydurdu Mehmet. Onları görebilmek için ne sıkıntılar yaşıyorum, biliyor musun?" demiştim.

"Ayşeciğim, ölümden başka her şeye çare var!" demişti.

Her şeye çare yoktu ne yazık ki! Yarım sayfalık bir resmi belgenin üzerinde yazanlara dayanarak, çocuklarımı görmem yasaklanmıştı. Benim cennet evim, cehenneme dönmüştü. Eren'le güneye yaptığımız bir gezide, Mersin-Adana arasında bir yerlerde cennet/cehennem diye adlandırılan bir yer gezmiştik bir uçurumun dibinde. Benim hayatımı andırıyordu şimdi. Başını sağa çevir cennet, sola bak cehennem! Cennetin içinde cehennemi yaşama becerisini kazanmam, yüreğimdeki yangını yüzüme yansıtmamam gerekiyordu. Annem ve dayımla tedbir kararının gerekçelerini babamdan saklamaya karar vermiştik. "Muhittin eniştem ya ölür ya da Mehmet'i öldürür," demişti dayım. "Hatta Eren dahi duymasın bu rezilliği. Dövmeye filan kalkar Mehmet'i, başı belaya girer."

Babama ve kocama, Mehmet'in çocukları almak için dava açtığını söylemekle yetinmiştim. Karşı tarafın avukatının, yaşları küçük çocuklarımı almak için düzmece şahitlerle, inanılmaz yalanlarla, insafsız, rezil bir savaş açtığını onlar hiç bilmediler. Bilmediği halde, bana avukat aranırken, "Süreyya'yı ara, bu sefer de senin avukatın o olsun," demişti babam.

"Süreyya ticaret avukatı Muhittin," demişti annem.

"Sitare, bu insanların karşısına yine parayla satın alınamayacak birini bulmak lazım. Siz Süreyya'yı arayın, bir sorun bakalım, kabul eder mi?"

Süreyya Ağaoğlu, yirmi altı yıl önce bir tren yolculuğunda sabaha kadar battaniyede salladığı bebeğin davasını reddetmemişti. Başına geleceklerden o da haberdar değildi henüz. Karşı tarafın şahitlerinin listesini okumuştu bana. "Kim bunlar? Tanıyor musun bunları?" diye sormuştu. Sevimsiz dadının ve evimizde uşak olarak çalışan İsmail'in dışında hiçbirini tanımıyordum.

"Üzülme Ayşe, hepsinin üstesinden geliriz," demişti Süreyya Hanım ama hiçbir şeyin üstesinden gelemedik. Karşı tarafın avukatı boşanma öncesinde, dayımla bürosuna gittiğimizde, bana atacağını ima ettiği iftiraları teker teker hayata geçiriyordu. Mesela şahit olarak bir trafik memuru geliyordu duruşmaya. Hâkimin önünde dikilip giydiği üniformaya yakışmayacak şekilde, "Ben Teşvikiye Meydanı'nda görev yaparken, bir de baktım iki küçük oğlan, sokak ortasında ezilmek üzereler, ağlıyorlar. Yanlarına gittim, anneleri alışverişe dalmış, çocukların kaybolduğunu fark etmemiş bile. Bana adlarını, adreslerini söylediler. Babalarının eviymiş verdikleri adres, oraya götürüp babalarına teslim ettim," diyordu. Bakakalmıştım adama.

"Üç yaşlarında iki çocuk adres verebilir mi?" diye sormayı akıl etmemişti hâkim.

Ben her duruşmaya gidiyordum. Her duruşmada aleyhime şahitlik yapacak şahidin gözlerine gözlerimi dikip bakıyordum. Ah, ne kadar naif ve masummuşum, ne budalaymışım ki, o insanların benimle göz göze geldiklerinde utanacaklarını, yalan söyleyemeyeceklerini sanıyordum. Aradan birkaç ay geçiyordu, bir başka celseye bir başka şahit geliyordu. Hayatımda hiç görmediğim bir genç adam, aileye ait çorap dükkânında çalıştığını, haftada bir Maçka'daki evimize ciğer getirdiğini ve eve her gelişinde beni üzerimde gecelikle, sarhoş bir halde gördüğünü anlatıyordu.

"Bu adamı daha önce hiç görmedim! Evimizde aşçı vardı hep, ciğer getirmek ona mı kalmış! YALAN söylüyor!" diye bağırarak ayağa fırlayıp müdahale ediyordum.

"Konuşma hakkınız yok! Konuşursanız dışarı çıkartırım sizi," diyordu hâkim.

"Otur yerine Ayşe!" Eteğimden çekerek susturuyordu beni Süreyya Hanım.

Yaşananları, anneme ve anneanneme de anlatmamaya başlamıştım artık. Onları üzmekten başka hiçbir şeye yaramadığı gibi, annemin dayanamayıp babama içini dökmesinden de korkuyordum. Konuştuğum tek kişi Esen'di. Esen (Ziyal) Gürel, annemle babamın Ankara'dan aile dostlarının kızıydı. Kolejliydi ve benim Yeniköy'den komşumdu. Nerdeyse her gün Esen'e uğruyordum, şarkının *"Derdimi ummana döktüm, âsumâna inledim"* mısrasında olduğu gibi, Esen'e derdimi dökmek, Esen'e ağlamak için. O beni teselli ediyordu, sakinleştiriyordu ve nasihat veriyordu. "Dayan," diyordu, "her sıkıntının sonu, er geç gelir."

Ben üç ayda bir yapılan her celseye gidiyordum ama Mehmet hiçbirine gelmiyordu. Benim şahitlere gözümü dikmemden bazılarının etkilenebilme ihtimaline önlem olarak Mehmet'in annesi de gelmeye başlamıştı ara sıra. Eski kayınvalidemin sahip olduğu apartmanın giriş katına yeni taşınan bir arkadaşı, gece kulüplerinde kendimden geçecek kadar sarhoş olup striptiz yapmaya kalkıştığımı anlatıyordu benden yana hiç bakmayarak. Yetmiş yaşını geçmiş "yalancı şahite", gençlerin gittiği kulüpte ne aradığı hiç sorulmuyordu. Süreyya Hanım'a, "Bu insanların yalanlarını niye yanlarına bırakıyorsunuz?" dediğimde, "Avukat benim. Karışma işime," diyordu. "Söylenenlerin yalan olduğu o kadar belli ki, tenezzül etmeye değmez! Şimdi sıra onlarda, sonra sıra bize de gelecek. Savunmaya geçtiğimizde ben gösteririm onlara!" Sıra bize gelemiyordu, çünkü çarşaf gibi uzun şahit listesinden, her celseye ancak tek bir şahit getiriyordu karşı taraf. Ya da mazeret belirten şahit, o celseye gelmiyordu. Bir sonraki duruşma üç veya dört ay sonrasına atılıyordu.

Sevimsiz dadı henüz şahitliğe gelmemişti. Ben dedektif gibi çalışarak, son baktığı çocuğun ailesinin adresini bulmuştum. Tek umudum oydu. Diğer şahitleri tanımıyordum ama bu kadın, ailemi yakından tanıyan, benim nasıl biri olduğumu, iki kadeh şaraptan fazlasını içemediğimi bilen dadı, içinde en ufak bir Allah korkusu taşıyorsa, yalan söyleyemez diye düşünmüştüm. Beni sevmiyor olsa bile, sarhoş olurdu, çocuklarını sokaklarda unuturdu, eve erkek alırdı gibi, şeytanın aklına gelmeyecek yalanları sıralayamazdı. Onun katılacağı celseden bir gün önce, sabah erkenden, Rumelihisarı'ndaki apartmanın kapısını çaldım. Kapıyı açan genç kadına, dadıyı görmek istediğimi söyledim.

"Evde değil, izne çıkmıştı. Saat onda gelir," dedi.

"Pekâlâ! Ben apartman girişinde bekleyeceğim."

"Hayrola? Ne vardı, öğrenebilir miyim?"

"Özel bir durum!"

Genç kadın işkillendi. Ne de olsa çocuğunu emanet ettiği biri söz konusuydu.

"Sizin çocuğunuza da mı bakmıştı?"

"Oğullarıma."

Süzdü beni baştan aşağı. "Siz osunuz!" dedi. "O çocukların annesisiniz. İçeri girin, bir çay vereyim size."

Teşekkür ettim, içeri girdim. Bir gün sonra duruşmam olduğunu, yalan söylememesi için dadıya yalvarmaya geldiğimi söyledim. Çok tuhaf bir ifade vardı yüzünde. Dilinin ucunda bir şey var da söyleyemiyor gibiydi. "Hamilesiniz!"

"Evet, beş aylık."

"Madem bir bebeğiniz de olacak, keşke bu işlerin ucunu bıraksanız."

"Yeni bebek, diğer çocuklarımı unutturabilir mi hiç?" Dudaklarım titremeye başladı. Genç kadın halime acımış olmalı ki, baklayı ağzından çıkardı. "Size söylemem gereken bir şey var. Çok güvenmeyin dadıya. Eski eşinizin ailesi, kadının kocasına Teşvikiye Caddesi'nde bir büfe açabilmesi için yüklü para vermiş. Ne söylemesini istiyorlarsa, onu söyleyecek. Bence siz yarınki duruşmaya hiç gitmeyin."

Elim titredi, çayı üzerime döktüm.

"Yaprak gibi titriyorsunuz. Keşke söylemeseydim."

"Tuvalete gidebilir miyim?" dedim. Evin koridorunda ilerlerken ellerimle duvarı tutuyordum düşmemek için. Tuvaletten çıkınca dadıyla karşılaşmadan hemen gidecektim bu evden. İşimi bitirip salona geri döndüğümde dadı kapıdan içeri giriyordu. Beni görünce bembeyaz oldu yüzü.

"Siz ne arıyorsunuz burada? Beni mi?" diye sordu.

"Seninle konuşmak niyetiyle gelmiştim ama vazgeçtim dadı. Seni Allah'a havale ediyorum," dedim.

"Bu dünyada haksızlığa uğrayan tek kişi sen değilsin hanım! Bu böyle bir dünya! Herkesin geçim derdi var."

"O paranın sana hayır getireceğini bekliyorsan yanılıyorsun dadı! Hayrını göremeyeceksin ne yazık ki. Benden söylemesi."

"İsteyerek mi yapıyorum sanıyorsun? Kocama gitmişler, para teklif etmişler, bu yüzden ne dayaklar yedim kocamdan, haberin var mı senin?" dedi son umudum sandığım kadın!

Çıktım evden! Robot gibi, hızla yürümeye başladım. Ancak Kuruçeşme'ye yaklaşırken geldim kendime. Nereye gidiyordum ben, tren gibi dümdüz bir hat üzerinde sağıma soluma bakmadan? Ters istikamete döndüm, bir taksi durdurdum, eve gittim. Kabullenmem gereken bir şey vardı; kaybediyordum savaşımı! Evimizin sağ tarafında, ormana doğru çıkan yokuş, ağaçlarla çevrili bir düzlük oluştururdu yukarı kıvrılmadan önce. Ne ev vardı, ne insan gezerdi orada. O düzlüğe yürüdüm, ciğerlerimdeki tüm nefesimle, Tarzan gibi, bir orman hayvanı gibi, çok acılı bir insan gibi böğürerek, avazım çıktığı kadar bağırdım önce! Sesim yankılandı, bana döndü. Sonra hıçkırarak ağlamaya başladım. Kimse duymadı beni!

Çocuklarımı görme yasağının kaldırılması aralık ayını buldu ama çocuklar bana devredilmedi. Mehmet'in açtığı dava sürüyordu. Davamıza bakan hâkimin annesinin kanser hastası olduğu, çok pahalı ve zor bulunan ilaçlarının Mehmet'in ailesi tarafından yurtdışından temin edildiği duyumlarını almıştım. Şaşırmamıştım. Benim vermiş olduğum şahit listesindeki eşin dostun, ne kadar iyi bir anne olduğumu anlatmaları hâkimde en ufak bir tesir yapamamıştı ki, çocuklar hâlâ benim evimde gece kalamıyorlardı. Ben çocuklarını ölüme terk eden, köpeklere parçalatan, onları aç bırakan ve önlerinde "sevişmelerde bulunan" anneydim. Pahalı ilaçları temin edecek mali gücüm yoktu. Yine de Allah'a şükretmeliydim ki, tüm bunlara rağmen, haftada iki gün oğullarımı birkaç saat görüp babalarının evine geri götürüyordum.

Mete'yle Ali'yi Nişantaşı'nda bir yuvaya vermişlerdi. Yuva üçte kapanıyordu. Saat üçte onları alıp dolmuşla Taksim'e gidiyor, Taksim'den Yeniköy minibüsüne biniyordum. Eve gelmemiz saat dördü buluyordu. Filu, anneannemin ettiği beddualardan olsa gerek, ölmüştü. Yerine iki yavru kurt köpeği almıştık. Çocuklar Yeniköy'e varır varmaz, önce köpeklere koşuyorlardı; onlar peşlerinde bahçede dört dönüyor, ağaçlara tırmanıyor, benim avaz avaz ağladığım, onlarınsa "cennet" adını taktıkları yere kurdukları çadırda oynuyor, çamura bulanıyorlardı. Bu yüzden eve gidince üzerlerine önceden hazır ettiğim giysileri geçiriyordum. Yorulunca içeri geliyorlardı, mutfakta keyifle kahvaltı ediyorduk. Hava kararırken onları yıkıyor, giydiriyordum. Saat altıya doğru Mehmet şoförlü arabasını yolluyordu. Çocuklar gitmek istemiyorlar, evin dört bir tarafına kaçışıp saklanıyorlardı. Şoför ve Durmuş'la birlikte, koca evin içinde onları arıyorduk. Yatakların altına girmişlerse, onları saklandıkları yerden sökmek çok zor oluyordu. Çekeleye bağırta çıkarıyordum yatakların altından çocukları.

"Ağlamayın, susun, babanıza telefon edip izin alacağım."

Telefon ediyordum. "Akşam yemeklerini de yedireyim, ben getirir bırakırım yemekten sonra, olur mu?"

Yanıt, "Olmaz! Bana oraya polis yollatma!" oluyordu.

Çığlıklar atarak, ağlayarak iniyorlardı çocuklar yokuştan. Ben yukarda kulaklarımı kapatıyordum ellerime.

Mehmet ve annesi, bana çektirdikleri çilenin bir başka türlüsünü torunlarına çektirdiklerinin farkında bile değillerdi. Ne de onlara verdikleri zararın. Anneannem durmadan, "Babaanneleri torunlarına düşkündür kızım, konuş onunla," diyordu ama ben konuşmanın faydası olmayacağını biliyordum. Eski kayınvalidem her arzusunun yerine getirilmesini bekleyen insanlardandı. Üçüncü kocasıyla kavuştuğu servet bunu mümkün kılmıştı. O da belki daha önce çektiklerinin acısını çıkarıyordu, intikamını alıyordu başlarda ona hoyrat davranmış hayattan. Bu duygu bence giderek onun karakteri olmuştu. Her şeyin en iyisi, en pahalısı onda olmalıydı! Hiç kimse onunla boy ölçüşmeye kalkmamalıydı! Ben Eren'le evlenip Boğaz'a tepeden bakan görkemli köşke yerleşene kadarki davranışı, oğlundan boşanmış gelinine duyduğu normal tepkiydi. Ama şimdi yaptıklarının nedeni başkaydı. Çocukları getirip götüren şoförlerle dadılardan da bir şeyler duymuş olabilirdi ama yaşadığım eve dair esas bilgiyi, Koko'yu tanıyan müşterek dostlarından almıştı. Şehrin mutena bir mahallesinde, güzel döşenmiş bir apartman katıyla ya da Büyükada'daki herhangi bir köşkle kabili kıyas değildi yaşadığımız ev. Bu evde, en az üç veya dört kuşağın sadece serveti değil, kültür birikimi ve bu birikimin meyvesi olan sanat eserleri de mevcuttu. Para sahibi olur olmaz, müzayedelere koşturup alınan ve evin çeşitli köşelerine serpiştirilen, bir zamanlar başkalarına ait değerli nesnelerden farklıydı bu evdeki eşyalar. Her bir parça en az yüz yıllıktı, aile fertlerince özenle seçilmişlerdi ve bence eski kayınvalidemin, çocukların evimde gece kalmalarına izin vermemekteki ısrarı, benim zar zor geçinen biriyle evlenmiş olmayıp böyle bir eve gelin gitmiş olmamdan kaynaklanıyordu. O değil miydi bana, "Pişman olacaksın! Kafanı taşlara vuracaksın! Sen bizi çok ararsın," diyen! Nereden bilecekti o, döşediğimiz kaloriferi ödemek için ne sıkıntılara düştüğümüzü ve bizi bunca borca sokan kaloriferin evi ısıtamadığını; bu yüzden gündüzleri şöminenin önünden ayrılamayıp geceleri bebeğimizin odasını elektrikli sobayla ısıtmaya çalıştığımızı. Kartal yuvası gibi evde karı koca şahane züğürtleri oynadığımızı. Tamir edemediğimiz damın her yağmurda yatağımızın üzerine aktığını, su borularının sık sık patladığını, cebimizde ancak mutfak masraflarını karşılayacak kadar paramız olduğunu, dergiden ayrıldığımdan beri taksiye binmenin bile bana ağır bir lüks gibi geldiğini, Eren'in kurduğu işin henüz para getirmeye başlamadığını! Beni bir eli yağda, bir eli balda sanan ve buna kızan eski kayınvalidem, herhalde hayatı o yıllarda gezmek tozmaktan ibaret olan oğluna,

"Ben ne diyorsam onu yapacaksın," demişti çeşmeyi akıtan kişi olarak. Ben mutlaka pişman edilmeliydim! Ben bu ana oğula ne söylesem boştu!

Çocukları Yeniköy'e götürmekten vazgeçtim. Onları gittikleri yuvanın çok yakınındaki Narmanlı'ya, anneannemin evine götürmeye başladım. "Niye çocukları kendi evine götürmüyorsun kızım? Bahçen var, temiz hava alır çocuklar," diyen anneanneme, "Yol uzun sürüyor, çocuklar yoruluyor," demiştim. Onları oyalamak için bir sürü kitap ve oyuncak taşımıştım anneannemin evine. "Kızım, salonu yine çocuk odası yapalım, ne dersin? İstedikleri gibi oynarlar geniş odada," demişti anneannem. Benim aileme verdiğim rahatsızlık hiç mi bitmeyecekti?

"Yok anneanne. Onlar hayatlarından memnun. Kocaman bir odada değil, annelerinin yanında oynamak istiyorlar," demiş, mani olmuştum evde yeni bir düzenlemeye. Ama sonra annem ve babam Ankara'dan İstanbul'a taşındılar. Evin odaları yeniden düzenlendi, bu kez de annemin keyfine ve zevkine göre. Babam yeni kurulan İstanbul Nazım Planlama Dairesi'nden iş teklifi almıştı. Annem her ne kadar, "Rüşvete çok açık bu müessesede bakalım bizimki ne kadar dayanacak kimseyle dalaşmadan," diye endişelense de babamın çok keyif alarak yaptığı son işi oldu bu ve emekliliğine kadar Nazım Plan'da kaldı.

Bu arada aylar geçiyor, karnım büyüyordu. Hiç bilmediğim, tanımadığım yeni şahitler gelmeye devam ediyordu duruşmalara. Ben adeta mazoşist bir duyguyla duruşmaların hepsine gitmeye devam ediyordum. İnsanlar ne kadar alçalabilir para için, menfaat için ya da sırf hatır için ne yalanlar atabilir, hepsini duymak, görmek, bilmek istiyordum.

"Karnındaki çocuğa acımıyor musun? Bütün üzüntünü, kızgınlığını ona da geçiriyorsun," diyordu anneannem. "Gitme işte şu duruşmalara!"

Karnımdaki bebek eğer benim yaşadıklarımdan etkileniyorsa, o sırada memlekette yaşananlardan da etkileniyor olmalıydı. Sinirleri benim sinirlerim gibi gergindi ülkenin. Papa VI. Paul'ün Türkiye'yi ziyaretinde Papa'nın Ayasofya'da dua etmesi üzerine olaylar çıkmıştı. Bir grup genç de sonradan aynı mekânda namaz kılmaya kalkışmış, olay büyümüştü. Kayserispor -Sivasspor futbol maçında çıkan kavgada kırktan fazla kişi ölmüştü! Düşündükçe dehşete kapılırım hâlâ, biz Türkler bir maç için bile can vermeye hazır insanlardık! Tevekkeli değil, bir ay sonra, ekim ayında 6. Filo karşıtı mitingler yüzünden, İstanbul'u ziyaret eden Amerikan subaylarını, Yeşilköy'e helikopterlerle taşımışlardı ihtiyaten! Bu arada "NATO'ya Hayır" haftası düzenleyenler, İstanbul'un fetih yıldönümünde Ayasofya'da namaz kılmak isteyenler, özel okullar devletleştirilmelidir diye yürüyüş yapan solcular hiç eksik olmuyordu sokaklardan. Her gün bir arbede, bir yürüyüş vardı. Aynı yıl, ilk kez bir öğrenci ilahiyat fakültesinde, başörtüsü giymekte direnecek, fakülte boykota gidecekti.

Kerim, memlekette siyasi gerginlik her uçta böylesine tırmandırılırken doğdu bir bahar günü.

Kerim: Saadet Çocuk

Kerim, mayıs gülleriyle birlikte geldi bana, yüreğimdeki isyan duygularına ve kedere karınca kararınca su serpti. Karnımdaki yolculuğunda benim sıkıntılarımı, endişelerimi hissettiyse bile bunu yüzüne aksettirmemişti. Güleç bir bebekti. İstanbul'da doğan ilk çocuğumdu ve üstelik Ataman Kliniği gibi köşkten bozma, yüksek tavanlı odaları aydınlık ve ferah, her odasında muhteşem bir çini sobası ve balkonu bulunan, bir klinikten çok bir evi andıran bir yerde dünyaya gelmişti, neşeli bir ortama, daha da çok neşe ve sevinç katarak! Bu doğumda sadece annem değil, ailemin tüm fertleri yanımdaydı. Annem, babam, amcam, dayım, teyzelerim, eniştelerim, yengelerim, kuzenlerim, kuzinlerim... Dolup dolup boşalıyordu odam! Çiçekleri koyacak yer bulamıyorduk. Aynı gün, kolejden arkadaşım Birsen de Kemal'ini doğurmuştu. Ataman Kliniği bu yüzden üç gün boyunca kolejlilerin de buluşma noktası oldu.

Kerim'in doğumunun ertesi günü, annem Mete'yle Ali'yi getirdi hastaneye. Çocuklarım, beşiğinde yatan kedi yavrusu büyüklüğündeki insancığa hayretle baktılar. Mete elini uzatıp yanağına dokunurken anneannem, "Elin temiz mi oğlum?" diye sordu.

"Anneanne, ben Kerim'i Mete'yle Ali için doğurdum. Onları eğlendirsin, meşgul etsin, Yeniköy'e geldiklerinde oynayacakları bir kardeşleri olsun da canları sıkılmasın diye. İstedikleri gibi dokunurlar, karışma lütfen," dedim.

Mete, kocaman mavi gözleriyle bana baktı, "Sahi mi?" dedi.

"Yatağa otur da kucağına vereyim kardeşini."

Ali'yle yan yana oturdular. Mete kollarını uzattı, bebeği kollarına verdim.

"Bu bebek sizin!"

"Bu bebek Mete'nin! Bak onun kucağında duruyor. Bana da yap bir tane," dedi Ali.

İçimden, Allah yazdıysa bozsun, dedim ama Allah'ın o an beni değil, Ali'yi dinlemiş olduğuna inanmak zorundayım. Boşuna dememişler, Allah çocukları duyar diye!

Kerim de ağabeyleri gibi doğumunun üçüncü gününde sünnet olduktan sonra evimize döndük. Bahçemizde güller fışkırmıştı. Annem Kerim'i, "güllerle gelen gül yüzlü bebeğim," diye seviyordu. Benim yüreğimde de uzun zamandan beri ilk kez bir çiçek açmıştı nihayet. Gece uykuya dalmadan önce ve sabah gözümü açtığımda ilk işim mahkemeyi düşünmek; Mehmet'e, annesine ve avukatına giydirmek olmuyordu artık. Rüyalarımda Mehmet'i Çin işkencelerine tabi tutmuyor, sille tokat dövmüyordum. Onu evin altındaki kalorifer dairesine kapatıp aç ve susuz bırakarak ölüme terk etme hayalleri kurmuyordum. Bir sonraki celseye daha iki ay vardı ve ben ilk kez, duruşmaya iki gün kalana kadar, mahkemeyi hiç düşünmeme kararı almıştım. İyi gelmişti bana yeni bebek. Bu nedenle Kerim'e, "saadet çocuk" adını taktım.

Kanlı Pazar

Kerim bana saadet getirmişti ama Türkiye'ye huzur getirmeye gücü yetmemişti. 27 Mayıs darbesiyle siyasi haklarını kaybeden Demokrat Partili siyasetçilere siyasi haklarının geri verilmesinin tartışıldığı yıldı 1968. Bu konu gerginliklere yol açmış, uzun uzun tartışılmış ve nihayet yılın son günü Adalet Partisi'nin kongresinde hakların iadesi kabul edilmişti. Neyse, bir sorunun hayırlısıyla üstesinden gelindi derken yeni sorunlar filiz vermişti. Aksaray'daki Küçük Tiyatro'da *Devr-i Süleyman* adlı oyun oynanırken oyuncularla seyirciler, kırk, elli kişilik bir grubun taşlı, sopalı saldırısına maruz kalmışlardı. Solcular da boş durmamış, Amerikan Büyükelçisi Robert Komer'in Türkiye'ye gelişini protesto için sokağa dökülmüşlerdi. Hatta daha da ileri gidilmiş, Amerikan büyükelçisinin ODTÜ'yü ziyareti sırasında öğrenciler tarafından arabası yakılmıştı. Yetmezmiş gibi, cumhuriyet tarihinin en uzun grevlerinden biri olan Sümerbank grevi başlamıştı. Türkiye diken üzerindeydi, yurdun pek çok yerinde Amerikan 6. Filo'sunun İstanbul'a gelişini protesto eden gösteriler yapılıyordu ki, 16 Şubat günü olanlar oldu.

Olacakları, *Bugün* gazetesinde yazan İslamcı yazar, bir gün önceden haber vermiş meğer!

"Büyük fırtına patlamak üzeredir! Müslümanlar ile kızıl kâfirler arasındaki topyekûn savaş kaçınılmaz olmuştur!" diye

yazmış! Çünkü biliyormuş ki ertesi gün, solcu öğrenciler ve işçiler emperyalizmi protesto etmek için Beyazıt Meydanı'nda toplanacaklar. Demek ki, gazete yoluyla hedef gösterme daha o yıllarda başlamış ülkemizde!

Taksim'e uzak mahallelerde yaşayan, her şeyden habersiz İstanbullular, o akşam radyolarından ve ertesi günün gazetelerinden öğrendi olanları.

Beyazıt Meydanı'nda toplanan solcu grup, saat iki sularında yürüyüşe geçerek, sırasıyla Sultanahmet, Sirkeci, Karaköy ve Tophane'ye gelmişlerdi. Gümüşsuyu'ndan yukarı çıkarak Teknik Üniversite'nin önünde mola vermişlerdi. Aynı saatlerde gericiler de Beyazıt ve Dolmabahçe camilerinde toplanmaya başlamışlar ve ellerinde demirleri ve sopalarıyla Taksim Meydanı'nı kuşatmışlardı. Gümüşsuyu'nda nefeslenen solcular, Taksim'e 400 kişilik bir öncü grup yollamayı doğru bulmuştu. Öncü grubun meydana girmesiyle kan gövdeyi götürmüştü. Sopalar, demirlerle saldıranlar, cihat eyler gibi insafsızca dövmüşlerdi öğrencileri. Canını kurtaranlar, Sıraselviler'e ve Kazancı Yokuşu'ndan aşağı doğru kaçışmışlardı.

Sonuç iki ölü, yaklaşık iki yüz yaralıydı!

Genç Sinemacılar Grubu, bu vahşetin filmini çekip Devlet Televizyonu'na göndermişti ama (o yıllarda tek bir televizyon kanalı vardı) henüz hürriyet havarisine dönüşmemiş olan Başbakan Süleyman Demirel, filmin gösterimini yasaklatmıştı. Kan göletlerinin oluştuğu, parçalanmış giysilerin, sahipsiz ayakkabıların sağa sola saçıldığı, su ve kan içindeki meydanın resimlerini görebilmiştik ancak. Kanlı Pazar'dan benim belleğime yapışıp kalan, gazetelerin birindeki bir fotoğraf karesiydi. Bir gericinin elinde bir bıçakla saldırdığı, tekmelediği genç yerde kıvranırken, toplum polisi hiçbir müdahalede bulunmadan olayı seyrediyordu. Belki de muhafazakâr kelimesine duyduğum alerjinin ardında bu ve bunun gibi resim kareleri yatıyordur! Çünkü yetmişli yıllardan itibaren dayağı hep solcular, devrimciler yedi, kendini muhafazakâr diye tanımlayan dayakçılar, ister derin ister sığ olsun, devlet tarafından hep kollandı.

Ben bu olaydan çok etkilenmiştim. Hatta gereğinden de fazla, çünkü yine karnım burnumdaydı, dördüncü bebeğimi bekliyordum ve haliyle hassastım. Esen arkadaşım hâlâ derdimi dinliyor, duruşmam bir yandan devam ediyordu. Çocukları tam zamanında evlerine dönmeleri için eskisi gibi sıkboğaz etmiyordu babaları. İyi havalarda çocukları annem getirip götürmeye başlamıştı Yeniköy'e. Hava yağmurluysa ben Narmanlı'ya alıyordum onları, akşam babalarının evine bırakmak üzere ama baba evindeki düzen çabuk bozulmuştu. Mehmet'in evliliğinde fırtınaların estiği haberi yayılıyordu. Çocuklarımı bıraktığım ev, bir yuva olmaktan çıkmış, girenin çıkanın belli olmadığı bir bekâr evine dönüşmeye hazırlanıyordu yine.

Bir sabah, Esen'e uğradığımda, "Ne olacak Mete'yle Ali'nin hali?" diye sordum. "Bu durumda çocuklarım tamamen dadı eline mi kalacaklar? Bitmeyecek mi bu mahkeme?"

"Hâkimle konuşsan..."

"Güldürme beni Esen!"

"Ayşe, o da bir kadın neticede, bir anne. Samimiyetle anlatsan, paraca hiçbir beklentin olmadığını bilse, bundan emin olsa..."

"Hâkimin odasına girmek yasak!"

"Odasına girme zaten, evine git."

"Adresini nerden bileyim."

"Ondan kolay ne var," dedi. "Söyle bana adını."

Söyledim. "Sen evine git, ben öğrenip sana haber vereceğim," dedi Esen.

"Telefon rehberine mi bakacaksın?"

"Bulacağım işte. Uzatma."

İki gün sonra sabahın yedisinde, Taksim'e giden minibüsteydim. Taksim'den bir başka dolmuşla Eminönü'ne geldim.

Sultanahmet'e yürürken yağmur çiseliyordu. Tedirgindim ama korkmuyordum. Beni kovarsa geri dönerdim, kaybedecek bir şeyim kalmamıştı. Çocuklarımı kaybetmiştim zaten. Elimdeki adrese bir daha baktım. Babaannemin evinin yakınlarında olmalıydı hâkimin evi, adliye binasının arka sokaklarının birindeydi muhtemelen. Yolda birini durdurup sordum. Yanılmışım, Divanyolu'na daha yakınmış. Yağmur hızlanmıştı. Evi bulduğumda iyice ıslanmıştım. Eski bir binaydı, karanlık ve küf kokulu apartman girişinde ışığı yaktım önümü görmek için. Bir kat yukarı çıktım. Zilin yanında soyadını okudum. Zile bastım. Saat tam yedi buçuktu. Az bekledim, kapının gerisinde ayak sesleri duyuldu. Aralandı kapı.

"Buyurun, kimi aradınız?.. Aaaa!.. Siz şey değil misiniz? Bu da nesi bu saatte? Evime ne cüretle geldiniz?"

Üzerinde pazen sabahlık, alnının tam üzerinde iki adet bigudi, ayağında terliklerle kapıda duruyordu hâkim. O kapıyı yüzüme kapatırken ayağımı kapının içine soktum, elimi kapının yanına dayadım.

"Yalvarırım beni bir kere olsun dinleyin. Bakın ta Eminönü'nden beri yürüyorum, bir soluklanayım hiç olmazsa."

Pardösümden taşan karnıma, kafama yapışmış ıslak saçlarıma baktı, yana çekildi. İçeri girdim. Tahminimden çok daha yoksul bir evdi. Odaların açıldığı karanlık taş holde bir kahvaltı masası kurulmuştu. Demlik masanın üzerinde duruyordu. İçerden, sigaranın sebep olduğu, amcamın öksürüğünü hatırlatan bir erkek öksürüğü duyuldu. Leş gibi sigara kokuyordu ev.

"Söyleyin bakalım, ne istiyorsunuz?"

Masanın etrafında duran iskemlelerden birine çöktüm.

"Hâkim Hanım... Efendim, duruşmalarda kendimi anlatamıyorum. Eminim bana atfedilen suçlara siz de inanmıyorsunuzdur. Ben size buraya bir teminat vermeye geldim. Son celsede karşı tarafın avukatı benim çocuklarımı babalarından nafaka koparmak maksadıyla istediğimi söyledi. Çocuklarımı verin, tek bir kuruş istemiyorum. Ne nafaka, ne başka şey! Okul paralarını da, yemek masraflarını da vermesinler. Lütfen Hâkim Hanım, bakın, babalarının yuvası sallantıda. Bu çocuklar hep dadı elindeler. En iyi dadı dahi bir annenin yerini tutabilir mi? Yalvarırım size, bana inanın."

"Çay içer misiniz?" diye sordu.

"İçerim."

İçeri gitti, az sonra başından bigudileri çıkarmış olarak, elinde bir acem bardağıyla geri geldi. Masada duran çaydanlıktan çay koydu bardağa. "Şeker?"

"Bir tane."

Şekerliği uzattı, "Doğum ne zaman?" diye sordu.

"Nisan sonu dedi doktor."

"Allah tamamına erdirsin," dedi.

"Allah bu duruşmayı da tamamına erdirecek mi bir gün?"

"Bakın kızım... Size kızım diyorum, şey etmezsiniz değil mi? Benim size haksızlık yaptığımı zannediyorsunuz. (İçerden hem öksürmeler, hem de bir ince inleme sesi geliyordu, kanserli annesinin sesi olabileceğini düşündüm.) Muhtemeldir ki, size haksızlık yapmak durumunda kalacağım, çünkü elimdeki delillere bakarak karar vermek zorundayım. Karşı taraf sizi pek çok şeyle suçluyor. Bir köpek ısırma durumu var. Hastaneden kuduz iğnesi yapıldığına dair rapor almışlar. Bu geçerli bir delildir mesela..."

"Hâkim Hanım, evimde perde asıyordum, çocuklar benden habersiz köpeği çözmüşler. Sevişmelerde bulundu diye yazmışlar layihaya. Eşim evde değildi, ben de delil getiririm, askerdeydi..."

"Asker mi kocanız?"

"O sırada askerliğini yapıyordu."

"Onlar sürüyle şahit getiriyorlar. Hepsinin dedikleri kayda geçiyor. Şiddetli ithamlar var. Şahitler var. Hâkimler kanaatle değil, deliller ve şehadetlerle karar verir. Ben sizi haklı çıkarsam, bir üst mahkeme bozar. Siz de babaya ithamlarda bulunun. Şahitler getirin. O size içiyor diyorsa, siz de ona içiyor, deyin. Başka suçlamalarla üstüne gidin ki benim elim kuvvetlensin. Bakın, bunları masumiyetinize inanmasam söylemem. Suç işliyorum şu anda. Bilmem anlatabildim mi?"

"Onun yaptığı gibi yalancı şahit getirin, diyorsunuz bana."

"Ben size söyleyeceğimi söyledim. Çok acı çektiğinizi görüyorum. Hamilesiniz üstelik. Niye geliyorsunuz her duruşmaya kızım? Kocanız... Yani eski kocanız hiç geliyor mu?"

"Benim gözüne bakmaktan utanacağım kimse yok!"

"Size son sözüm şudur: Şahitleriniz onlarınki gibi konuşsunlar. Çayınız bitti, şimdi gidin artık Ayşe Hanım."

Kalktım, "Teşekkür ederim," dedim.

Yağmur durmuştu. Gülhane Parkı'nın önünden Sirkeci'ye doğru yürümeye başladım. Zavallı, zavallı kadın, dedim içimden, zavallı hâkim kadın, kim bilir o kanser ilacı kaç uykusuz geceye mal oldu sana. Gözlerindeki merhamet kıvılcımını görmüştüm.

Annemle, Sabahat teyzemle, Bülent dayımla bir toplantı yaptık. Yalan söyletebileceğimiz tek bir dostumuz yoktu. Kimseye, Mehmet için şunu söyle, bunu söyle, diyemeyecektik. Bırakın yaşlı başlı insanları, ben okul arkadaşlarıma dahi böyle bir teklifte bulunamazdım. Betin gelmişti mesela duruşmama benim ne kadar iyi bir anne olduğumu anlatmak için. Ama bunlar hâkime yetmiyordu, söylemişti işte kadın! Mehmet'i kötülemem lazımdı. Sadece anneannemin arkadaşı Fehime teyze, ben ne isterseniz söylerim, demişti. Ne dedirtecektim pekiyi!

"Hâkimi çok etkileyecek bir şey bulalım."

"Çok içer mi diyelim mesela."

"Yok, daha şiddetli, ezber bozan bir şey! Erkekliğiyle ilgili... Anla işte."

"Fehime teyze! Duymamış olayım! Bu adam benim çocuklarımın babası."

"Onun şahitleri sana o... diyorlar ama! Söyletme beni şimdi, sen onun çocuklarının anası değil misin?"

"O yapsın. Ben yapmayacağım."

Esen'e telefon ettim, "Sultanahmet'e boşuna gitmişim. Hiçbir işe yaramadı," dedim.

"Hiç olur mu, Ayşe! En azından hâkim, nasıl biri olduğunu anlamıştır."

"Onun hakkımdaki kanaatinin değeri yokmuş Esen. Ben bu davayı kaybettim!"

"Ayşe, bir iş üstündeyim. Müthiş bir tesadüf oldu, biriyle tanıştım. Sana bir çıkış yolu buluyorum galiba."

"Nereden çıkış?"

"Hapsolduğun bu çıkmaz sokaktan."

"Davayı diyorsan, unut gitsin."

"Sabret! Ne demişler, sabreden derviş muradına ermiş."

"Ben derviş değilim Esen," dedim.

"Bu çileyle oldun sayılır," dedi Esen. Arkadaşıma hiçbir şey sormak gelmedi içimden. Bıkkındım. Bir sonraki duruşmaya bir ay daha vardı. Hâkim gözlüklerinin üzerinden bana, hani ben sana ne demiştim, gibisinden bakacaktı herhalde! Kafamdan atmaya çalıştım bir sonraki mahkemede olacakları. Güzel şeyler düşündüm. 23 Nisan geliyordu. Çocuklara Yeniköy'de bir hoşluk yapmak istiyordum. Yücel ve Dinah'ın Mete ve Ali'yle aynı yaştaki oğullarını, Betin'le kızını, o yaşlarda çocukları olan birkaç arkadaşımı daha çağırdım çaya. Hava güzel olursa çocuklar bahçede oynarlardı. Güzel şeyler düşünmek uğurlu gelmişti, Mehmet telefon etti akşam. Seyahate çıkıyordu. Çocukların bakıcısı da izin istemiş Paskalya nedeniyle, bir yerlere gidecekmiş on günlüğüne. İstersen çocuklar sende kalsınlar ben yokken, dedi. Gerçekten dedi mi? Yoksa ben mi hayal ettim öyle dediğini? Bir daha sordum. Doğru duymuşum! DOĞRU DUYMUŞUM! Çocukların odası hazırdı. Hep hazırdı. Bir ümitle bekliyordu oda. Odaya koştum daha neler yapabilirim diye! Oyuncaklar alsaydım! Legolar! Yapbozlar! Tabancalar, tüfekler, davullar, zurnalar, kitaplar alsaydım! Anneme, babama, anneanneme, teyzelerime, dayıma, amcama, arkadaşlarıma telefon ettim. Esen'e de. Haber verdim herkese: "Çocuklarım evimde kalacaklar! Hem de on gün!"

Misafirlerim, çocuklarıyla geldiler. 23 Nisan'da hava çok güzeldi, çocuklar önce bahçeye çıktılar. Biz büyükler salonda oturuyorduk. Sonra çocuklar radyoda 23 Nisan şarkılarını dinlemek için içeri girip Mete'yle Ali'nin odasına doluştular. Çay saati geldiğinde, onlar mutfağın önünden aşağı kata inen merdivenlere doğru uzanan koridorda koşuşup duruyorlardı. Bir ara mutfak tarafından bir şangırtı koptu. Durmuş'un çay fincanlarını koyduğu tepsiyi düşürdüğünü zannettim. Mutfağın biri koridora, diğeri yemek odasına açılan iki kapısı vardı. Ben yemek odasından geçip gittim mutfağa, orada kimse yoktu ve tepsi çayları konmuş fincanlarla masanın üzerinde duruyordu. Şaşaladım. Salona geri yürüdüm, salondaki arkadaşlarımın hepsi ayaktaydı.

"Merak etmeyin, çayları dökmemiş Durmuş... Aaa ne var, ne oldu?" dedim yüzlerindeki ifadeyi görünce.

Durmuş'un bir ay önce evlendiği karısı Afi, koridor tarafından koşarak geliyordu. Ben de koridora doğru koştum.

"Hanımım gitmeyin." Tutmaya çalıştı Afi beni. Afi'yi ittim, yürüdüm. Kerim'in doğumundan sonra, aşağıdan gelen soğuk havayı kesmek için yaptırdığımız kapının camı paramparçaydı. Cam kırıklarının üstüne basmamaya dikkat ederek yürümeye çalıştım merdivene doğru, duvarlarda boydan boya kan... Kan... Kan... Bir an, hayal mi gördüm, gerçek miydi yoksa, merdivenlerden aşağı koşan Eren'in kucağında bir çocuk vardı, kolu havadaydı... Kan... Kan... Yerdeydim artık, sırtüstü yatıyordum koridorda... Tavanda kan... Kan... Başıma üşüşmüşlerdi evdekilerin hepsi. Kimi kolonya koklatıyor, kimi burnuma limon dayamaya çalışıyordu.

Fazile, "Bir kaza olmuş Ayşe, çocuklardan birinin kolunu kapının camı kesmiş," dedi.

"Eren'le Hayri, İstinye İlkyardım'a götürdüler onu."

"Kimi?"

Bir ağızdan konuşuyorlardı, anlayamıyordum. Yoksa cevap mı vermiyorlardı bana? "Kaldırın beni." Sırtımdan kucaklayarak, kollarımdan çekerek ayağa kaldırdılar. Arkadaşlarımın kollarında, sendeleyerek salona geçtim. Çocukların hepsi oradaydı. Cengiz, Serra, Esen'in kızları Alev'le Rengin, Kerim Afi'nin kucağındaydı, Ali şaşkın şaşkın bakıyordu. Beni görünce koşup bacaklarıma sarıldı, ağlamaya başladı. Mete yoktu! Mete neredeydi?

"Mete?" Kimse cevap vermedi bana.

"Meteeee!"

"Mete'yi Eren götürdü Ayşe," diyordu Fazile. Ali daha fazla ağlıyordu. İçim çekiliyordu yine... Dizlerim boşalıyordu... Eren'in kucağında görüp hayal sandığım manzara, o eli havadaki çocuk... Aman Allahım! Hayır! Bayılmak yok!

"Beni hemen İstinye'ye götürün," dedim.

"Ayşeciğim, otur şöyle. Onlar şimdi gelirler. Bak sen hamilesin..."

"Biri beni İstinye'ye götürsün!"

Betin'in kocası Ender kalktı yerinden, "Gel, gidelim," dedi. Yokuşu indik. Bahçe girişinin yanındaki garajda, Eren'in arabası yerinde duruyordu. Arkasına, evimizdeki arkadaşlarımızın arabaları park etmiş. Ender, en arkada duran kendi arabasının kapısını açtı.

"Ender, Eren arabasını almadığına göre çok acil bir durum vardı demek ki!" dedim.

"Hayri'nin arabası benimkinin arkasındaydı, ona atlayıp gittiler," dedi Ender.

Ender arabasını İstinye İlkyardım Hastanesi'nin önünde durdurunca hemen inip hastaneye daldım. Giriş katında, kapının yanındaki odada, yüksekçe bir muayene yatağının üzerinde Mete oturuyordu. Sağ bileğinde beyaz bir sargı vardı. Yüzü bembeyazdı ama ağlamıyordu. Koşup sarıldım oğluma. Başını göğsüme yasladı. Gömleği kan içinde biri, elinde uzun saplı bir süpürgeyle yerlerdeki kanlı pamukları, pislikleri süpürüp bir faraşa dolduruyordu.

"Meteciğim, Eren nerede, doktor nerede?" diye sordum.

"Doktor amca bu," diye yerleri süpüren genç adamı gösterdi Mete.

"Ah! Siz misiniz doktor; ne oldu? Kaza olunca beni beklemeden kocam oğlumu alıp fırlamış..."

"Kocanız ödeme yapmaya gitti, şimdi gelir," dedi genç adam. "Oğlan çok yaramaz olmalı, şahdamarını kesmiş, neyse, artık tehlikesi yok, diktim."

"Aman Allahım! Mete nasıl yaptın bunu?"

"Koridorda koşup koşup kayıyor, kaymaca oynuyorduk. Ben duramadım, camdan geçtim. Anne, hiç acımadı ama kan böööyle fışkırıyordu, duvarlara, tavana kadar!"

"Babası akıllı davranmış, kolunu sıkıca bağlamıştı kanın fışkırmasını önlemek için," dedi doktor. "Hemen diktim damarı."

"Uyuşturmadan mı?"

"Elbette! Vakit mi vardı! Hem bugün bayram, kimse yok hastanede, gördüğünüz gibi doktor var mı ki, uyuştursun!"

"Acımadı mı oğlum," dedim Mete'yi bağrıma daha da sıkı bastırarak.

"Bu amca dikerken biraz acıdı," dedi.

Bir kadın sesi yukardan, "Cemiiil," diye bağırdı.

"Hoop!" dedi yerleri süpüren doktor.

"Yukarı gelsene hemen! Hasta tepsisini devirdi."

"Hemşire çağırıyor abla. Haydi size geçmiş olsun!" dedi ve süpürgesiyle faraşını yanına alıp çıktı doktor. Eren'le Hayri geldiler o sırada.

"Bu doktor yerleri de temizliyor anlaşılan," dedim.

"O doktor değil ki, o hademe," dedi Hayri. "Şimdi buradan çıkan adamı mı soruyorsun?"

112

"Mete, kolunu onun diktiğini söyledi ama!"

"O dikti," dedi Eren.

Yer gök oluyordu yine, gök de yer. Başım dönüyordu, oda dönüyordu etrafımda.

"Bayılacağım galiba. Çocuğumun damarını hademeye mi diktirdiniz?"

Bir hemşire giriyordu içeri. "Cemil, en iyi cerrahtan daha harika dikiş atar hanım," dedi bana. "Üstüne yoktur."

"Hademe?"

"Hademe ama ne hademe! Doktorlar bile bazen dikişleri ona bırakırlar."

"Allahım, sen aklımı koru," diyebildim.

"Sen çocuğun damarının zamanında dikildiğine, hayatının kurtulduğuna dua et! Bu gün 23 Nisan! Bayram! Nöbetçi doktor kim bilir nerede! Cemil de olmasaydı, olabilecekleri düşünme bile hanım!"

Gerçekten de olabilecekleri düşünmemeye çalıştım. Çocuğum kurtulmuştu. Daha ne isteyebilirdim ki! Eren'e, "Mete'nin kolunu diken adama bahşiş verdin mi?" diye sordum.

"Verdim," dedi.

"Ben de bir teşekkür etseydim."

"O şimdi yukarda meşgul," dedi hemşire.

Bir bayram günü, servisinde doktor bulunmayan bir ilkyardım hastanesinde, hademenin doktordan daha iyi dikiş attığı şizofren ülkenin bir vatandaşı olmanın ayrıcalığıyla oğlumun sağlam elinden tuttum, Ender'in arabasına bindik. Şimdi bir başka tatsızlık bekliyordu beni; bu kazayı Mehmet'in ailesine açıklamak! Benim de mi şahdamarım kesilseydi, kalbim dursaydı onlarla yüzleşmeden önce! Biz yokken annemle babam gelmiş, salonda, arkadaşlarımın arasında şaşkın şaşkın oturuyorlardı. Annem bizi görünce ayağa fırladı, yanımıza koştu. Mete'nin iyi olduğuna kanaat getirdikten sonra bana, "Başımıza geleni gördün mü kızım," dedi.

"Mahkemeye yepyeni bir koz daha verdik. Birkaç günlüğüne geldiler, şu olana bak! Çocuğunun damarını kesmesine sebebiyet veren anne, diyecekler, neler edecekler..."

Kestim sözünü, "Anne, sen dua et de," dedim, "damarını dikeni öğrenmesinler!"

Ufukta Bir Işık

Temeli ta 1946 yılında atılmış olan Opera Binası'nın açılışı 1969'da, nisan ayının ortalarında yapılmıştı. Bir binanın bitmesi neden bu kadar uzun sürmüştü, başlı başına bir araştırma konusuydu ama nihayet biten ve Kültür Sarayı adını alan opera binasında, hem Verdi'nin *Aida* operası, hem de Ferit Tüzün'ün *Çeşmebaşı Balesi*'nin gösterimleri vardı. Eren, *Aida*'ya bilet almıştı. Ben gitmek istemiyordum. Mete'nin kazasıyla davaya dair tüm umudumu yitirdiğimden beri, canım hiçbir şey yapmak istemiyordu. Kocama artık hamile giysilerime dahi sığamadığımı bahane edecektim gitmemek için. Bunları düşündüğüm sırada Esen telefon etti.

"Seni haftaya bir yere götüreceğim. Çarşamba günü kimseye söz verme."

"Nereye?"

"Sana bahsetmiştim ya, hani davan için birini buldum diye..."

"Kimdi bu?"

"İstanbul başsavcısının çok yakınını buldum. İşte o kadın bize yardımcı olacak."

"Ne yapabilir ki?"

"O bir şey yapamaz ama belki başsavcı yapar. Konuşmakta, derdimizi anlatmakta fayda var. Karşı tarafın yapmadığı yok. Madem yalancı şahit filan götüremiyorsun mahkemeye, sen de yapabildiğini yapacaksın kızım! İşte o kadar!"

Bir ümit ışığı! Birilerinden medet ummak, 23 Nisan'a kadar çok saçma geliyordu ama evimde kaza geçiren oğlum, umudumu sıfıra indirdiğinden beri saçmalık yapmaya da hazırdım. "Ya doğum yaparsam? Doğum bu, günü gününe olmuyor ki! Bugün gidelim o halde."

"Ama ben çarşambaya demiştim..."

"Ne olur Esen, bugün gidelim."

"Bana biraz zaman ver," dedi Esen. "Yine arayacağım seni."

Birazdan tekrar telefon etti. "Yola in, on dakikaya seni almaya geliyorum."

İçine sığabildiğim tek bir giysim kalmıştı. Ruhiye teyzenin diktiği turuncu, bol elbiseyi giydim, saçlarımı aceleyle atkuyruğu yaptım. Kerim'i evdekilere emanet ettim, yokuşu koşarak indim, Esen'i bekledim. Az sonra Taksim'e doğru yola koyulmuştuk. Esen, bana başsavcının pek düşkün olduğu, sözünü ikiletmediği genç kadının da benim gibi, babaları tarafından el konmuş ve annelerine gösterilmeyen iki oğlu olduğunu anlatıyordu.

"Esen, hiç tanımıyoruz bu insanları. Vazgeçsek."

"Bu şansı deneyeceksin!"

Stadın önünden Taksim'e çıktık, Divan Oteli'nin yan tarafına doğru ilerledik.

"Divan'ın önünde duracağım. Git bir kutu çikolata al," dedi. Çikolatayı alıp geri döndüm. Arabayı Harbiye'nin arka sokaklarının birinde park ettik, Pangaltı'ya doğru yürüdük. Anacaddeye paralel akan sokaktan bir aşağıdaki sokağa saptık. Hiç konuşmuyorduk aramızda. Biraz konuşacak olsak, bu işten vazgeçeceğimi bildiğimiz için herhalde, susuyorduk. Apartmanlardan birinin önünde durdu arkadaşım, apartmanın adını okudu, "Burası," dedi. Girdik. Asansör yoktu, üç kat tırmandık. Kapıya geldiğimizde nefes nefese kalmıştım. Esen zili çaldı. Sarışın, balıketinde, genç, güzel bir kadın açtı kapıyı.

"Ben Esen, size haber yollatmıştım hani Nurten Hanım'la..."

"Buyurun. Bekliyordum, geçin içeri."

"Ayakkabılarımızı çıkaralım mı?"

"Gerek yok. Buyurun."

Salona geçip oturduk. Ben elimdeki çikolata kutusunu büfenin üzerine bıraktım.

"Zahmet etmişsiniz," dedi genç kadın. "Kahveleriniz nasıl olsun?"

"İkimize de az şekerli lütfen," dedi Esen. Kadın içeri geçti. Ben etrafıma bakındım. Bulunduğumuz ufak odaya büyük gelen, yaldızlı bir takımın üzerinde oturuyorduk. Sehpalar da yaldızlıydı. Kocaman bir avize asılıydı tavanda. Büfenin üzerinde duran gümüş çerçevede, baş başa vermiş iki oğlan çocuğunun fotoğrafı vardı benimkilerin yaşında. Yerimden kalkıp resmin olduğu yere yürüdüm, çerçeveyi elime aldım. O anda evin bütün rüküşlüğü silindi gözümde. Genç kadın tepsiye koyduğu iki fincan kahveyle salona dönüyordu.

"Sizin çocuklarınız mı?" diye sordum.

"Evet. Uzun zaman oldu, görmedim onları," dedi. Eli hafifçe titrediği için azıcık kahve döküldü tabağa. "Değiştireyim."

"Kalsın," dedim, en az onunki gibi taraz taraz bir sesle. Sonra nasıl oldu bilmiyorum, birden birbirimize sarıldık, birbirini hiç tanımayan iki kadın, sarsıla sarıla, birbirimizin kollarında ağlamaya başladık. Bahçede ağladığım bir eylül gününden beri hep içime akıtmıştım gözyaşlarımı. Şimdi, bir dert ortağı bulmanın rehavetiyle, salya sümük, avaz avaz ağlıyordum.

"Doğuracaksın, kendine gel," dedi Esen.

Ev sahibimle sıraya girip banyoda yüzümüzü yıkadık. Soğumuş kahvelerimizi içtik.

"Bana müsaade edin, bir telefon edeceğim," dedi ve arkaya geçti genç kadın. Sesini hafiften duyuyorduk Esen'le. "Sana bir arkadaşımı yolluyorum canım... Evet, çok makbule geçer, eğer... Evet... Evet... Sağ ol."

Yanımıza döndükten sonra, "Sizi bekliyor. Hemen gidin," dedi. Teşekkür edip çıktık. Arabaya kadar ayaklarımız birbirine dolanarak uçtuk. Esen arabayı çalıştırırken ben nefes nefeseydim. "İyi misin Ayşe?" diye sordu. "Şurama bir ağrı saplandı koşarken." Böğrümü tuttum. "İşimiz bitene kadar doğurmak yok, ha!" dedi Esen.

Başsavcının büyük, görkemli kapısını bir mübaşir açtı, ben ikinci bir kapının önünde dururken arkamdaki kapıyı kapatıverdi. İki kapı arasındaki dar aralıkta, iç yüzleri kapitone, çifte kapıların arasında kaldım. Ne yapıyordum ben? Kalbim o kadar hızlı atıyordu ki, sesi kulağıma geliyordu. Önümdeki değil de arkamdaki kapıyı açar da çıkarsam, eski Ayşe olacaktım. Buradan gidecektim ve hiçbir şey değişmeyecekti hayatımda. Önümdeki kapıyı açtığım an, dönüşü olmayan bir yola girecektim. Karanlığa doğru bir adım mı atacaktım? Uçuruma mı düşecektim? Ne olacağını bilemiyordum. Nasıl bir borcun altına gireceğimi, bu borcu nasıl ödeyeceğimi de... Bugüne kadar alengirli hiçbir işe bulaşmamıştım ne ben ne de ailemden biri! Ter içindeydim. Mete o kazayı geçirmemiş olsaydı, arkamdaki kapıya kadar dahi gelemezdim herhalde. Şimdi ama çaresizdim! Önümdeki kapının tokmağına yapıştım.

Çok geniş bir odada, çok büyük bir masanın gerisinde, beyaz saçlı, renkli gözlü, orta yaşlı, yakışıklı bir adam oturuyordu.

"Buyurun kızım," dedi beni görünce. Bacaklarım titreyerek yürüdüm, masasının önündeki koltuklardan birine oturdum.

"Anlatın bakalım."

Bir çırpıda, ayrıntıya girmeden anlattım.

"Baba kim?"

Adını söyledim eski kocamın.

"Ben bu kişiyi tanıyorum," dedi.

Eyvah, dedim içimden.

"Kızım bu adamı ben gece hayatından tanıyorum. Sen değil de o mu yetiştirecekmiş çocukları? O mu sana iftira atan? Dinime söven Müslüman olsa içim yanmaz derler ya, o misal!"

Mehmet yine bir boşanmanın arifesinde olduğundan kendini bekâr hayatına vurduğunun dedikoduları geliyordu kulağıma. Gazetelerin yeni popüler olmaya başlayan dedikodu sayfalarında resmi çıkıyordu sık sık. Savcı da gezmeyi seviyor olmalıydı onunla pek çok yerde karşılaştığına göre. Şimdi bana Mehmet'in bilmem ne kulübündeki marifetini anlatıyordu savcı. Şarkıcıdan ısrarla ve yüksek sesle bir şarkı mı istemiş, ne! Beni ilgilendirmiyordu anlattıkları, onu dinler gibi yapıyor, sadece iç sesimi dinliyordum. İçimden bir ses, nihayet bir açık kapı bulduğumu fısıldıyordu kulağıma. Ama niye hâlâ bu kadar neşesizdim?

"Ayşe Hanım, ne kadar nafaka istiyorsunuz?"

"Pardon?"

"Nafaka, dedim."

"Hiç!"

"Nasıl hiç?"

"Nafaka istemiyorum. Ben bakarım çocuklarıma. İstediğim, onların benim yanımda kalmaları. Bayramlarda, tatillerde babalarının yanına gidebilirler. Hafta sonları da! Baba istediği zaman görsün çocuklarını. Yeter ki çocuklar evlerine dönsünler. Benim evime yani."

"Böyle olduktan sonra kızım, neyin davası ki bu?"

"Vallahi ben de bilmiyorum," dedim. O kadar yorgundum ki, "bir kaprisin davası" dahi diyecek halim kalmamıştı. Savcı davama bakan hâkimin adını sordu. Söyledim. Telefonu kaldırdı, karşısındaki kişiye, "Kızım beni şu hâkime bağlayıver," dedi.

"Dışarı çıkayım mı?" diye sordum. Başıyla oturmamı işaret etti.

"Sultanım, nasılsın, keyifler yerinde mi? Sayın havacımız da iyiler mi? Oh oh, ne iyi! Şimdi azizim, benim bir ricam var senden. Yakın bir dostumun kızının davası varmış sende. Biraz da uzun sürmüş. Bitirelim artık o davayı, ne dersin?"

Savcı, bir kâğıda yazıp çoktan önüne koymuş olduğum dosya numaramı söylüyordu.

"Şimdi canım, bir kalem var mı elinde? Tamam canım, yazıver şimdi. Çocuklar annenin yanında kalacaklar. Bayramların ilk üç gününü ve hafta sonlarını babayla geçirebilirler. Baba çok varlıklıdır, bu bilginin ışığında, çocuklara verilecek nafakayı senin takdirine bırakıyorum. Hepsi senin takdirinde zaten, o yaşta çocuklar baba yanında olmaz ki! Öyle değil mi, canım? Bitirelim artık bu davayı, gerçekten pek uzamış sultanım. Benim senden tek ricam budur... Kim? Hadi canım! Korkma (avukatın adını söylüyor), hiçbir şey yapamaz. Bana gönderirsin öyle diyecek olursa, ben bilirim ona söyleyeceğimi... Sultanım, şimdi söyletme beni... Bunlar hepimizin bildiği şeyler değil mi? Haydi, teşekkürler canım. Havacımıza saygılar efendim."

Kapattı telefonu savcı. Bana baktı, tuhaf renkli, kedi gözleriyle, "Tamam!" dedi.

"Tamam?"

"Evet kızım. Doğum yakın galiba?"

"Çok yakın."

"Hayırlı doğumlar sana."

Ne yapmalıydım? Teşekkür mü edeyim? Boynuna mı sarılayım? Bu bir mucize mi, diyeyim yoksa, bu nasıl bir rezalet mi, diyeyim? Ben yıllardır niye çektim bu acıları? Çocuklarım niye çekti? Bu mudur adaletin ey devlet? Bu mudur adaletin Tanrım? Ayağa kalktım.

"Size nasıl teşekkür edeceğimi bilemiyorum," diye mırıldandım. "Hakkınızı nasıl ödeyeceğimi de..."

"Estağfurullah!" dedi gülerek. O da ayağa kalkıp elimi sıktı. Çifte kapılardan çıktım. İçim bomboş, içimde ne sevinç, ne korku, ne umut! Bir zombi gibi duygusuz yürüdüm merdivenlere. Esen, basamaklara tünemiş, beni bekliyordu.

"Ne oldu?" diye sordu.

"Hiç!" dedim.

"Nasıl hiç? Yüzün bembeyaz. Arabaya binelim de anlatırsın."

Hafta içinde Eren'e, operadan sıyırtmak için elbiselere sığamıyorum diye mazeret göstermeme gerek kalmadı. Selim ertesi gün öğlen saatlerinde doğdu.

Selim: Moybili

Kız bekliyordum bu kez. Annemin Kerim'in doğumunda hazırladığı beyaz fistolu beşiğe pembe kurdeleler taktırmıştım. Pembe perdeler astırmıştım bebeğin yatacağı odaya. Kendime pembe gecelik, pembe terlikler, pembe sabahlık... Hepsi tamamdı! Üstelik erkek çocuk beklerken hep sivri olan karnım, bu kez yassıydı. Bıçak-makas deneylerinde tam üç kez makasın üzerine oturmuştum. Kız bekleyen anneler çirkinleşirmiş. Çirkinlik, hem de ne biçim! Burnu, dudakları şişmiş, bir küçük ayıydım! Kesin kızdı bebek bu sefer! Bir kızım olacaktı, hayatta benim yapamadıklarımı yapması, tadamadıklarımı tatması için. Benim adıma, yaşayamadıklarımı o yaşayacaktı. Gönlünce. Özgürce. Üniversiteyi bitirecekti, içimde ukde kalan! Üniversiteye kesinlikle ailesinden uzakta bir yerde gidecekti hiçbir bağı olmadan. Yani evli ve çocuklu olmayacaktı ki, üniversitenin insana kişilik, duruş, bakış açısı kazandıran gücünden sonuna kadar yararlanabilsin. Yolculuklara çıkacaktı, dünyayı gezecekti, aşkların içinde yüzecekti. Evlenmeye kalkarsa bir gün, kesinlikle otuzunu geçmiş olacaktı. Bilgiye erişmiş, eğlenceye, ilişkiye doymuş bir genç kadın olarak adım atacaktı evliliğe. Doğru seçim yapacaktı evlenirken. Benim gibi yanlış trene atlayıp arzularının ters yönüne yolculuk etmeyecekti. Benim gibi hızla giden trenden atlayıp yaralanmayacaktı. Benim yanlışlarımı yapmayacak, benim erişilememiş hayallerimi gerçekleştirecek bir kız çocuk bekliyordum.

Allah, beklentilerim yüzünden bir kız çocuğunun hayatını mahvetmemem için bana bir oğlan daha verdi.

Çok çabuk ve çok kolay doğdu Selim. Ali gibi o da gündüz gözüyle geldi bana. Sabah sancılarım hafiften başlayınca kendi arabama binip hastaneye kadar gitmeye kalktım.

"Sen git, ben de yavaştan toparlanır, sancılar sıklaşmadan yola çıkarım," dedim Eren'e.

"Deli misin sen?" dedi Eren. "Çabuk hazırlan, birlikte çıkalım."

Sekiz sularında, Eren beni Ataman Kliniği'ne bırakıp işine gitti. Kolejden sınıf arkadaşım Kler, Lara'sını 23 Nisan sabahı dünyaya getirmişti. Doğuma gitmeseydim, o gün Kler'i tebrike gidecektim zaten. Doğru onun odasına gittim. Sabah kahvaltısını ediyordu. Beni görünce günün o saatinde ziyarete geldiğimi sandı. Şaşırdı. "Erkencisin," dedi gülerek. Biraz sonra hastabakıcı gelip, "Odanız hazır Ayşe Hanım," dediğinde anladı doğuma geldiğimi.

"Yatağıma pembe çarşaf serin e mi! Bu sefer kız geliyor," dedim hastabakıcıya.

Odama çıktım, geceliğimi giyerken sancılandım. Yatağıma yatırmadan doğru doğumhaneye aldı beni doktorum.

"Kızım," dedi, "sen çok tecrübeli bir annesin. Bu maskeyi eline veriyorum. Doğuracağını anlayınca burnuna dayar, derin bir nefes çekersin, e mi."

Maske elimdeydi. Koklamaya, içime çekmeye vakit kalmadan doğdu bebek.

"Nedir?" diye sordum. "Kız mı? Kız mı?"

"Çok sağlıklı bir bebek," dedi doktor. Anladım, kız diyemediğine göre yine erkekti. Maskeyi burnuma dayadım, derin nefesler çektim içime, çektim, çektim...

Rüya görüyordum. Bir oğlan doğuyordu ama, durun bitmedi, ikiz geliyor, diyordu doktorum. İkinci bebek kız oluyordu.

Üst üste kaç kere gördümse bu rüyayı, uyandığımda yatağımın yanında ikinci beşiği aradı gözlerim. Bir şarkı çalıyordu başucumdaki radyoda:

"En güzel bayram bu bayram herkese kutlu olsun / Çok büyük bayram bu bayram herkese mutlu olsun!"

"Ayşeciğim, babasına haber verelim," dedi Doktor Benatar. "Bu kadar çabuk doğacağını düşünmedik, babası öğlen tatilinde uğrayacaktı ama acele etti senin oğlan."

Oğlan! Dördüncü oğlan! Acele eden... İşi hep acele... Her işi acele oğlan. Yerinde duramayan, bir koltukta yirmi dakikadan fazla oturamayan, içi içine sığamayan, ruhuna koca dünyanın dar geldiği, cin ışığı oğlum benim! Arkeoloji diplomasıyla, uluslararası ilişkiler yüksek lisansını çekmeceye koyup *bungee jumping'*le hayatını kazanmaya kalkan, adrenalin delisi, oğlum!

"Adı ne olacak?" diye sormuştu babam bir saat sonra annemle geldiklerinde.

"Fuzuli."

"İyi. O da büyük bir şair olur inşallah!"

"Baba ciddiye mi aldın?"

"Çocuk, çok ciddiye alınması gereken bir şeydir kızım. Senin şaka diye söylediğin, bir gün bakarsın ciddiye binmiş. Pişman olursun ama tahribatı tamire geç kalmışsındır. Böyle yapma."

Babam, beşikten aldığı bebeği kucağıma bırakmıştı. Kundağını açtım, ayak parmaklarına kadar her şeyi tastamam mı görmek için. Minicik, yüzü kurabiye büyüklüğünde, beyaz tenli bir bebecikti.

"Moy bili!" dedi babam, "Beni büyükannem böyle severdi çocukluğumda. Moy bili, Boşnakça, beyazım demektir."

Dizlerimde yatan minik bebeği yeniden kundakladım. Sonra kucaklayıp kokladım, Moybilimi. Mete dururken beyaz sıfatını Selim'e vermek doğru muydu bilmiyorum ama Selim'in aile içindeki adı o andan itibaren Moybili kaldı. Çok sonraları, dört beş yaşına geldiğinde, sürekli bahçedeki ağaçlara tırmanan, fırt orada fırt burada bitiveren oğlumu sevimli bir sincaba benzettiğim için ona Sinci de diyecektim uzun yıllar. İngiltere'de okula gittiğinde ise arkadaşları ona Mobidik adını takacaklardı. Çok isimli bir çocuktu Selim.

Benim her çocuğumun bir adı vardı zaten. Mete, ince uzun bacakları, beyaz uzun yüzüyle ve inadıyla keçiye benzediği için Keçi; Ali, çok çalışkan ve kahverengi saçlı olduğu için Karınca; sürekli hoplayıp zıplayan Kerim, tavşanın kısaltması Tavşi'ydi. Onca kız çocuğu özlemime rağmen, hiçbirini en muhteşem kız çocuğuyla dahi asla değişmeyeceğim oğullarım, hayatım boyunca ömrüme renk, neşe, keyif kattılar. Ve sonsuz endişe! Derslerinden çok, benden uzakta bakımsız kalmalarından, üşütüp hastalanmalarından, içkili araba kullanmalarından, kaza yapmalarından, patavatsız davranıp birilerini incitmelerinden, onları mutsuz edecek sevgisiz kadınlara düşmelerinden koktum. Selim ise başlı başına bir endişe kaynağıydı. Şu anda ben bu satırları yazarken örneğin, diğer çocuklarım gibi bir büroda, masasının başında değil, Antarktika'da, eksi otuz derecede kazanıyor ekmek parasını. Gel de endişelenme! Olsun, bana yaşattıkları onca uykusuz geceye rağmen, hepsi iyi ki varlar. En sivilceli, en çirkin, en ter kokulu, en gürültücü, en ukala, sivri ve çekilmez oldukları yaşlarının dahi özlemini çekiyorum. Bir zamanlar çocuktular ve benimdiler. Şimdi her biri ayrı bir dünya! Neyse ki korktuğum şeyler başıma gelmedi. İyi insanlar oldular, iyi insanlarla evlendiler. Onlar için verdiğim her mücadeleye değdi!

Kısa Süren Zafer

Babam, "Ayşe, bu sefer lütfen duruşmaya gitme," dedi. "Daha lohusa sayılırsın kızım, kırkın çıkmadı henüz. Taş koridorlarda ayaklarını üşütürsün."

"Babacığım, annem mi koydu bu lafları senin ağzına, kırkın çıkmadı filan?"

Güldü. "Lohusaların telaşlanması, üzülmesi ve yorulması doğru değildir. Hem senin işin ne duruşmalarda? Süreyya sinirlenmiyor mu hep peşinde dolaşmana?"

Keşke sana her şeyi anlatabilseydim baba diye geçirdim içimden. Seninle paylaşabilseydim bu davayı, belki de gitmezdim yarınki duruşmaya, çünkü savcıya da gitmemiş oldurdum herhalde. Çünkü asla bırakmazdın beni. Ama yarınki davayı kaçıramam!

Süreyya Hanım'la yan yana oturuyorduk sandalyelerde. Omuzlarımız birbirine değiyordu. Silahsız silah arkadaşlarıydık biz. Mete'nin kazasından dolayı tedirgindi Süreyya Hanım. Karşı masada, karşı tarafın avukatı, ametist yüzük ve küpeler taktığı için gözkapaklarını yeşil yerine mor farla boyamıştı o gün. Sevinçliydi. Yeni kozunu doyasıya kullanıyordu. Çocuğuna bakamayan anneye çocuk verilmezdi!

Her duruşmada küstah bakışlarımı yüzünden ayırmadığım hâkimin tarafına bakmıyordum. Göz göze gelmemeye çalışıyordum hatta. Sadece, onun karnıma bakışını yakalamıştım bir an. Hafifçe gülümsemişti yükümden kurtulmuş olduğumu fark ettiğini belirtircesine. Karşı taraf avukatının uzun süren tiradı bitince Süreyya Hanım ayağa kalkmış, her çocuğun başına gelebilecek bir kazanın abartılmasına itiraz etmişti. Bir anne, her saniye çocuğunun başında bekleyemezdi ki! Erkek çocuklar yaramaz olurdu! Kazalar olabilirdi! Anne o kadar üzüldü, telaşlandı ki, vaktinden önce doğum yaptı, diyordu. O bitirince hâkime geliyordu sıra. Bezgin sesiyle kâtibe yazdırıyordu söylediklerini hâkim. Kulak kesildim!

"Çok uzun süren bir davanın sonunda... Şahitlerin de ifadeleri alındıktan sonra... Annenin düzgün bir yaşam tarzına geçmiş olması, hatta iki doğum daha yapmış olması, bir aile hayatının içinde olması hasebiyle..." Kulaklarım uğulduyordu. Düzgün yaşama geçmişim! Lafa bakın hele!.. *"Çocukların ana şefkatine ihtiyaçları göz önüne alınarak..."* Karşı taraf avukatının bakışları değişti, kıpırdandı oturduğu yerde... *"Çocukların anneye iade edilerek..."* Süreyya Hanım'ın gözlerindeki şaşkınlık yerini sevince bırakırken, karşı tarafın avukatı ayağa fırlayıp itiraz etti.

"Yerinize oturun efendim," dedi hâkim.

Sıra şartların okunmasına geldi. Şartlar dikte edilirken Süreyya Hanım dikeldi iskemlesinde, ben de öyle yaptım. Karşı taraf avukatının sağ omuzu seğirmeye başladı. Benim avukatımın gözlerinde zafer pırıltıları... Karşı tarafın avukatı ayakta, bağırıp çağırıyordu.

"Bende oluşan kanaat böyledir. Sizin şahitlerin ifadeleri geçmiş zamanlara aitti. Anne artık evlidir, iki çocuğu daha vardır, mazbut bir hayata geçmiştir. Burada bağırmayın, itirazınızı temyize yapın Avukat Hanım!" dedi hâkim. Hemen ayağa kalktı. Göz göze gelmedik hiç. Kürsünün arkasındaki kapıdan odasına geçti. Biz, duruşma salonundakiler, birbirimize bakakaldık.

"Nedir şimdi bu böyle?" dedi karşı tarafın avukatı, şaşkınlığını atamamıştı üzerinden.

İskemlesini geriye itip ayağa kalkarken Süreyya Hanım, "Biz insanı böyle yaparız işte!" dedi yavaşça kulağıma. Hayatında o güne kadar hiç şahit olmadığına inandığım ölçüde aşağılık bir duruşmaya katlanmak zorunda bıraktığım aile dostumuza karşı mahcubiyet duydum. Onu, ona hiç yakışmayan bir davaya sürüklemiş, üstelik arkasından iş çevirmiştim. Ellerine sarılıp ona binlerce teşekkür ettim, yanaklarını, elini öptüm.

"Sen çık Ayşe, benim biraz daha işim var burada," dedi Süreyya Hanım.

Sevinçli olmam gerekirken sadece inanılmaz bir yorgunluk hissediyordum. Adliyeye tedbir kararını bulmak için geldiğimde, koşarak çıktığım merdivenlerden inerken düşündüm ki, zaman gibi hayat da geçmişti üzerimden. İnsanlara olan inancımı, iyi niyetimi, safiyetimi götürmüş, teselli mükâfatı olarak bana iki oğul daha vermişti. Yaşlı bir genç kadındım artık. Yirmilerinde görünüyordum ama tam yüz yaşındaydım!

İki Ölüm Bir Ayrılık

Davanın bitmesi ve sonucun benim istediğim gibi çıkması hayatıma huzur getirmişti. Yaz aylarını her zamanki gibi babalarının yanında geçirecek olan çocuklar, eylülde okul başlarken benim yanıma geleceklerdi. Bir seyahate gidecek olursam, çocukları evde yalnız kalmasınlar diye babalarına gönderecektim. O da çocuklar ondayken yolculuğa çıkarsa, bana yollayacaktı oğlanları. Bunları telefonda sakin sakin konuşmuştuk Mehmet'le. Düşman olmamıza hiçbir neden yoktu, Mete'yle Ali ikimizin çocuklarıydı. Madem dava bitmişti, her şey yoluna girmişti, o korkunç mahkeme safhasını unutmalıydım. "Hayat akan bir sudur Mâço," demişti babam. "Su bazen bulanık akar." "Geçenleri hiç düşünme" de demişti, benim filozof babam. "Şimdi artık sadece önüne bak!" Sözünü dinledim, yaşadıklarımı unuttum.

Savaştan çıkmış bir gazinin istirahat ve barış zamanı gibiydi temmuz ayı benim için. Her şeye gülüyordum, hiçbir şeyi kafama takmıyordum. Bana geldikleri hafta sonlarında, aman bir tartışma çıkmasın diye tam saatinde geri yolluyordum oğlanları. Yaz harika geçiyordu annem, babam, çocuklar ve benim için.

Her şey gül gibi giderken bir darbe yedik. Amcam öldü!

Amcamın ölümü sigaradan oldu. Onca ihtara, doktor tembihine rağmen bırakmamıştı sigarasını. Sigaraya bağlı amfizemi ve

129

öksürüğü giderek arttı, nefes alamaz hale geldi, yine bırakmadı. Bostancı'da kaldıkları yalıda bir yaz daveti vermişlerdi, annem babam öğle yemeğine davetliydiler. Eren'le ben yemekten sonra uğramıştık. Bahçe kapısının önünde bir ambulans gördük. Misafirler hüzünlü yüzleriyle evlerine dönüyorlardı. Amcam bahçede babamın kolunda, zorlukla yürüdü kapıya, sedyeye yatmayı kabul etmedi, kızı Semra'yla ambulansın ön koltuğuna, şoförün yanına oturdu, Cerrahpaşa Hastanesi'ne gitti. Biz geride kalanlar, amcamın artık sigaraya veda etmesi gerektiği üzerine akşam saatlerine kadar bahçede oturup konuştuk. Bir yolunu bulmalıydık ona sigarayı bıraktırmanın. Ertesi gün amcamın oğlu Orhan, karısı ve çocuklarıyla Yeniköy'e geldi. Hep birlikte havuza girip öğlen yemeğimizi yedikten sonra hastane nöbetini Semra'dan devralmak üzere toparlandık, yola koyulduk. Biz yokuşu inerken telefon çalıyordu. Durmuş kapı ağzından seslendi: "Hastaneden arıyorlar."

"Yirmi dakikaya kadar orada olacağımızı söyle Durmuş, şimdi yola çıkıyoruz," diye geri seslendim. Günlerden pazar olduğu için trafiksiz yollarda çarçabuk gidecektik.

"Hanımefendi, gitmeyin... Hastaneden arıyorlar... Gitmeyin..."

Koşarak geri döndük. Orhan telefonu kaptı, dinledi, bembeyaz oldu yüzü. Sevgili amcam, sigaraya veda edeceğine bizlere veda etmişti. Önce babamı düşündüm. Ne kadar üzüleceğini, nasıl acı çekeceğini... Allahım, ya ona da bir şey olursa?

Orhan annesine doğru yola çıkarken ben babama koştum. Annemle babam Selim'in doğumundan birkaç hafta önce Narmanlı'dan ayrılıp Topağacı'nda aldıkları küçük daireye yerleşmişlerdi. Oraya vardığımızda, babam acı haberi çoktan almıştı. Kapıyı bize o açtı. Babamın gözyaşlarını, hayatımda ikinci ve son görüşümdü. Amcam ise belleğimde, Selim doğduğunda Ataman Kliniği'ndeki odamda, hayırlı olsun ziyaretindeki sevecen ve hâlâ yakışıklı yüzüyle kaldı. Bir de ben altı yaşlarındayken, kollarımda zorlukla taşıdığım karpuzu, bakalım ne olacak diye yere atmamı söylerkenki muzip gözleriyle.

O yazın ikinci darbesini bize yine Mehmet'le annesi vurdu!

Telefon geldi bir gün eski kayınvalidemden. "Kızım, önümüzdeki hafta çarşamba günü, Şişli'deki eve gel, görüşelim," diyordu.

"Neyi görüşeceğiz?"

"Çocukları elbette!"

"Hanımefendi dava sonlandı. Çocuklar babalarıyla annelerinin arasında, olması gerektiği gibi gidip gelmekteler. İlkokul seçimini siz yaptınız. Daha neyi görüşeceğiz?"

"Gel sen işte! Mehmet'in sana söyleyecekleri var."

"Eren'le konuşayım, haber veririm," dedim.

"Çocuklarla ilgili konularda ona mı danışıyorsun?"

"Mehmet size danışmıyor mu? Konuşmak isteyen o, beni siz davet ediyorsunuz!"

"Aman iyi, uzatma! Ne konuşacaksan konuş, ara beni hafta başında," dedi eski kayınvalidem.

Önce Esen'i aradım. Bana ne söyleyebileceklerini tartıştık aramızda. Gitmezsen, hiç öğrenemezsin, dedi Esen. Sonra annemle babamı ve Eren'i haberdar ettim telefondan.

Hep birlikte, gitmemin ve onları dinlememin doğru olacağına karar verdik.

"Ben de seninle geleyim ya da babanı al yanına," dedi annem.

Yalnız gidecektim. Hakaret etmeye kalkarlarsa, artık her türlü kötülüğü bekliyordum onlardan, annemle babam asla muhatap olmamalıydılar. Telefon edip çarşamba sabahı on birde Şişli'deki evlerine geleceğimi haber verdim.

Yazlıkta oldukları için salonun üzerlerine kılıflar geçirilmiş koltuklarında oturuyorduk. Benim kucağımda elime tutuşturdukları okul broşürleri duruyordu. Mehmet hiç konuşmadı. Konuşmayı baştan sona annesi yaptı. Çok güzel bir okul vardı İsviçre'de. Avrupa'nın en iyi, en zengin ailelerinin çocukları bu okula gidiyorlardı. İran şahından tutun, Gunter Sachs'a kadar bir sürü isim sayıyordu eski kayınvalidem. Bu okulda su gibi üç dil öğreneceklerdi. Spor yapacaklardı. Mete'yle Ali, ayrıcalıklı bir ailede doğmuşlardı, özenli yetişmeleri gerekiyordu.

"Ayrıcalıkları nedir?" diye sordum.

"Sen, bilirim, *Cumhuriyet* okurusundur ama çocuklar, servet sahibi bir ailenin torunları," dedi Mehmet'in annesi.

"Rahmi Koç'un oğulları daha büyük bir servet sahibi ailenin çocukları! Onlar yurtdışında okumuyorlar."

"Yakında onlar da gider, merak etme. Memleket çok karışık!"

"Yaşları çok küçük," dedim. "İlkokulu bitirince giderler."

Eski kayınvalidemin başlardaki tatlı sesi giderek asabileşiyordu. Ben kendimi çok çabuk iyimserliğe kaptırmıştım, bilmeliydim mahkemeyi kazanmakla bu işin bitmeyeceğini!

"Sizin istediğiniz, çocukların benim evimde kalmaması mı, açıkça söyleyin lütfen," dedim.

"Ah Ayşe, ne münasebet kızım! Kalmıyorlar mı çocuklar evinde? Daha mahkeme sonlanmadan yollamıştı sana çocukları seyahate giderken Mehmet. Yalan mı?"

İçimden, madem başınız her sıkıştığında yollayacaktınız, neden onca yalancı şahit taşıdınız, torunlarınızın anasına bunca pis iftirayı reva gördünüz demek, yerimden kalkıp önlerinde ter ter tepinmek, sağı solu tekmelemek, bu işkence hiç mi bitmeyecek diye avaz avaz bağırmak, boğazlarını sıkmak geliyordu. Elimdeki broşürü buruşturup duruyordum sadece.

"Bizim tek istediğimiz, çocuklarımızın iyi tahsil alması."

"Mehmet gibi!"

"Buraya kavga etmeye çağırmadık seni," dedi Mehmet. İlk kez konuşuyordu. "Adam yerine koyduk, çağırdık, adam gibi konuşalım."

"Adam gibi konuşacaksak, benim de söyleyeceklerimi dinleyin. Çocuklar sizin seçtiğiniz Maçka İlkokulu'na gidiyorlar. İyi bir seçim yaptınız, hiç itirazım yok. Benim evime uzak, sizinkine yakın ama olsun, ben gocunmadan getirip götürürüm onları. Bir yabancı ülkede yatılı okumak için çok küçükler. İlkokul bitsin, yine sizin seçtiğiniz bir okula giderler."

"Elbette biz seçeceğiz okullarını, biz baba tarafıyız," dedi Mehmet'in annesi.

Yanıt vermedim. Biraz daha oturduk sessizce, karşılıklı bakışarak.

"Sen bu broşürleri al, tetkik et. Düşün taşın, bize haber ver, kızım."

"Ben size kararımı söyledim, efendim."

"O zaman çok zorlu bir döneme daha hazır ol!"

"Mahkeme kararıyla mı yurtdışına çıkacak oğullarım?" Güldüm.

"Hayır. Ama çıkacaklar! Prenses İra gibi peşlerinde dolaşırsın artık..."

"Anlamadım?"

"Şöyle söyleyeyim," dedi eski kayınvalidem. "Gönül rızasıyla bırakırsan, tatillerde görürsün. Türkiye'ye geldiklerinde sende kalırlar. Rosey'e (bu, seçtikleri okulun adıydı) gitmelerine engel olursan, yurtdışına çıkmalarına izin vermezsen başka yollardan çıkarırız, hiç göremezsin, eziyet çekersin."

Vay vay vay! Ben neye bulaşmışım on sekiz yaşındayken!

Mehmet'e baktım, "Babanın bu konuşmadan, bu plandan haberi var mı?" diye sordum.

"Babamı karıştırma," dedi.

"Elbette! Çünkü bilse, yüreğine iner!"

Kalktım, kapıya yürüdüm. Elinde broşürle koştu annesi.

"Al bunları, evde annene, babana, kocana da göster. Aklın yolu birdir kızım, yine yıllarca yemeyelim birbirimizi. Ne yapıyorsak çocukların iyiliği için. Hani senin hiç başka çocuğun olmasa, anlayacağım ama iki oğlun daha var. Ne düşkünlük bu böyle! Bırak dünyanın en iyi okulunda okusunlar, sen de burada diğerleriyle şey et. Genç kadınsın, kocan istiyor mu bakalım evinin içinde iki azgın çocuk? Ya yarın öbür gün burasına gelirse, maazallah yuvan bile yıkılabilir. Bu ne inat be kızım!"

O hep konuşuyordu ben merdivenlerden inerken. Kolumun altına sokuşturduğu broşürler kayıp yere düştü. Eğilip aldım, çantama attım, bakacağımdan, ikna olacağımdan değil, yere attığımı, onlara karşı terbiyesizlik ettiğimi zannetmesinler diye. Şişli'den hızlı adımlarla Topağacı'na yürüdüm.

"Mâço! Biz de seni merak ediyorduk annenle. Konuşma nasıl geçti kızım? Neymiş dertleri?" diye sordu bana kapıyı açan babam.

"Baba," dedim, "Türkiye'nin tüm çıkış noktalarına tedbir koydurmalıyız. Havaalanları, karayolu çıkışları, limanlar, bunların her birine çocukların resimlerini, isimlerini yollamalıyız. Kaçıracaklar oğullarımı... Aa anne! Anne!.. Dur dur, bayılma, Allah aşkına... Ben abarttım anne... Vallahi billahi ben abarttım... Baba... Baba, tut annemi!"

Biz böyleydik de, ülke de karışıktı yine. Bir temmuz gecesi, Kayseri'de iki camiyle bir imam hatip okulunun yakınında tahrip gücü yüksek bir bomba patlatılmıştı. Şehirde bu olayı protesto için düzenlenen gösteriler bitmek bilmiyordu. Yaklaşık bir hafta sonra, bu kez yine Kayseri'de, Öğretmenler Sendikası'nın kurultayında, Alemdar Sineması ateşe verilip öğretmenlerin kaldığı oteller basılmıştı. Birileri sürekli kaşıyordu ülkeyi. Demirdöküm işçileri direniş başlatırken, sayıları beş bini bulan çelik işçileri Ereğli'de greve giderken, Elazığ ve Tunçeli valileri, Pir Sultan Abdal oyununun sahnelenmesini yasaklıyor, Alparslan Türkeş, Mudanya'da ülkücü yetiştirmek için komando kampı açıyor, Bülent Ecevit aynı günlerde, "Toprak işleyenin, su kullananındır," diye bir slogan atıyordu ortaya. Dalgalı bir denizde yalpalayan, derme çatma bir tekne gibiydi Türkiye. Su alıyordu sağdan soldan.

Babam tüm çıkış kapılarına tedbir koydurmuştu. Çocuklar anne babalarının arasında süren savaştan habersiz, gidip geliyorlardı iki evin arasında. Mete'nin aklını çelme operasyonu ise çoktan başlatılmıştı. Sekiz yaşındaki çocuk, İsviçre'de bir okulda, çocukların ders yapmak yerine hep kayak kaydıklarını ve futbol oynadıklarını anlatıyordu bana. İsviçre'yi de tam telaffuz edemiyor, İsviçe diyordu.

"Anneciğim, sen hiç İsviçe'ye gittin mi? O okulu gördün mü?"

Çocuk böyle diyordu, babam, "Bu ülke muz cumhuriyeti değil, burada yasalar var!" derken, amcamın karısı Ecla yengem, "Ayşe, gençliğin çocuk peşinde koşmaktan zaten heba oldu. Bırak götürsünler, tatillerde sana gelirler. Eren'i de bıktıracaksın sonunda," diyordu. Benim korkumsa, Eren'in bıkması filan değildi, ben yorgundum. Kendimde üç yılı aşkın bir mücadelenin sonunda yeniden savaşacak gücü bulamıyordum. Mali külfeti nasıl olacaktı bu işin? Evin damını onaramayan kocamdan mı isteyecektim avukat ve mahkeme masraflarını? Yurtdışında mı dava açacaktım? Orada dedektifler mi tutacaktım?

Çocukların bahçemizde "cennet" adını taktıkları, kamplarını kurdukları cehennemimde saatlerce oturuyor, gaipten gelecek ve bana yol gösterecek bir ses, bir işaret bekliyordum.

Yücel'in karısı Dinah'la bir öğleden sonra sinemaya gitmek için buluşmuştuk.

"Sana bir şey söylemem lazım Ayşe," dedi. "Mehmet yine boşanıyor. Karısı boşanma davası açmış. Sana benimle bir haber yolladı, lütfen Ayşe, Yücel bile bilmiyor, aramızda kalsın söyleyeceklerim, yoksa çok zor duruma düşerim."

"Kimseye söylemem Dinah. Söz!"

"Mehmet, sen izin vermediğin takdirde çocukları kaçırmak için plan yapıyormuş. Ayşe'ye söyle, önlemlerini alsın diye benimle haber yolladı sana."

"Ona çok teşekkür ettiğimi söyle," dedim. "Hem verdiği bu haber için, hem de yaramaz oğullarımın kahrını üç yıldır gıkı çıkmadan çektiği için. Yolu açık olsun."

Arka bahçemize bir havuz yaptırmıştık Kerim bir yaşına basarken. Caddenin altından döşediğimiz bir borunun ucuna küçük bir motor taktırmıştı Eren, havuza deniz suyu çekiyorduk. Senenin altı ayı, hayatımız uyandığımız andan itibaren o havuzun başında geçiyordu. Hafta sonları arkadaşlarımız çocuklarıyla geliyorlar, bazen gece yatısına da kalıyorlardı. Hafta içlerinde yaz günleri, çocukları görmek isteyen annemle babam, Sabahat teyzemle eniştem ve kızları Filiz, Yeniköy'de oturan arkadaşlarım eksik olmuyorlardı havuz başından. Annem yola çıkmadan telefon ederdi şehirden bir şey isteyip istemediğimi sormak için. Annemin gözünde, şehirdışıydı yaşadığım yer. Elinde paketlerle gelirdi. Eren'in eve dönme saatinden çok önce, onca ısrarıma rağmen kalmaz, giderlerdi.

Havuz başında gazete okuyordum. Durmuş seslendi anneniz arıyor diye. Uzandığım şezlongdan kalkıp eve kadar yürümeye üşendim. "Söyle anneme, bir şey lazım değil. Hiçbir şey getirmesin," diye geri seslendim.

"Sizi istiyor. Diyeceği varmış!"

Söylene söylene kalkıp eve yürüdüm. Telefonu açık bırakmış yazı masasının üzerinde, mutfağa gitmiş Durmuş.

"Alo anne, hiçbir şey getirme. Çocukların meyvesi filan var. Ne!.. Ne zaman?.. Nasıl?"

Yere çöktüm. Raif amcam ölmüş! Raif amcam... Hıçkırmaya başladım. Onu ihmal ettim. Ona gerektiği kadar ilgi gösteremedim. Raif amca, beni affet! Beni affet!

Koşarak geldi Durmuş, "Hanımefendi! Ne oldu? Babanıza mı bir şey oldu?" Durmuş da yere, yanıma çöktü.

"Yok, Allah korusun! Raif amca vefat etmiş."

"Çok yaşlıydı," dedi Durmuş. "Allah rahmet eylesin." Fazla etkilenmemişti. Niye etkilensin ki, birkaç kere bizi ziyarete geldiğinde görmüştü onu sadece. Onun nasıl bir insan olduğunu bilmez. Annemle babamın evlenmesine vesile olduğunu bilmez. Benim hayatımın yapbozunda ne önemli bir parça olduğunu da bilmez. Nasıl öldüğünü hiç bilmez. Bilmeyecek de. Söylemeyeceğim çünkü. Çok az insan anlayabilir Raif amca için onurlu bir hayatın ne demek olduğunu.

Kör oluyordu Raif amca. O zamanlar hastalıklar bugünkü kadar gelişmiş tekniklerle ve tedavilerle durdurulamadığı için hızla kör oluyordu. Yanına işlerini görmesi için genç bir çocuk almıştı. Bir gün, artık hiçbir şeyi hayal halinde bile göremeyeceğini ve o yıllarda her gün heyula gibi büyüyen enflasyonun yüzünden iyice geçim sıkıntısına düşeceğini anlayınca, bütün dostlarına müşterek bir mektupla vakar ve haysiyetini kaybetmeden ölmek istediğini belirterek veda etmiş, sonra da evindeki asansör boşluğuna bırakmıştı kendini. Kurtarmışlardı. Şişli'de özel bir hastanede tedaviye almışlardı. Gitmek, ona sarılmak, sakın bir daha böyle bir delilik yapma Raif amca, ben seni buradan çıkarıp evime götüreceğim. Kuşların ve rüzgârın sesini dinleyerek bahçede oturacaksın. Çocuklarım etrafında koşuşacak, diyecektim. Ama vakit olmadı. Allah'ın cezası davanın peşinden koşarken hiçbir şeye vaktim olmadı. Aklım hep o davaya, o şahitlere, o duruşmalara takılıydı. Rüyalarımda bile gördüğüm duruşmalara! Başka hiçbir şey umurumda olmamıştı yıllarca. Ne kimsenin derdi kederi, ne kimsenin sevinci! Kendi derdime o kadar odaklanmıştım ki, ben ona gidemeden, ona sarılamadan, bu dünyada onu çok seven birinin olduğunu ona söyleyemeden, Raif amca penceresine kadar yürümüş ve kendini bu kez hastanenin camından bahçeye bırakmıştı!

Hiçbir ölüm beni böylesine sarsmamış, bu kadar çok vicdan azabı çektirmemişti.

Telefonu kapatıp bahçeye çıktım, gizli köşeme yürüdüm. Başımı dizlerime dayayıp uzun süre oturdum orada. Eve geri geldiğimde kararımı vermiştim. Çocukları bırakacaktım, götürsünler. Eğer, tüm tatillerini yanımda geçirebilmelerini garanti edebiliyorsam, götürsünler! Ben ömrümün geri kalan kısmını, sevdiğim diğer insanları göz ardı ederek, ağlayarak, bekleyerek, beddua ederek geçiremeyecektim. Mehmet'e telefon ettim. Anneannemin Narmanlı'daki evine çağırdım. Geldi.

"Ali kışı benim yanımda geçirecek," dedim. "Okula ben götürüp getiririm onu. Mete'nin bu Allah'ın cezası okuldaki ilk tatili aralık ayına denk düşüyor. İstanbul'a gelecek ve benimle kalacak. Çocuğuma soracağım, geri dönmek istiyor mu, istemiyor mu diye. Eğer mutsuzsa, geri dönmek istemiyorsa, gitmeyecek. Buradaki okuluna devam edecek. Zorla götürmeye kalkarsan ya da tatilde getirmeyecek olursan, sana dört çocuğumun üzerine yemin ediyorum Mehmet; seni öldüreceğim. Seni kaçsan da saklansan da bulup öldüreceğim. Sen mezara, ben mahpusa! Mahkeme beni ağır tahrikten beraat ettirir, ben çıkarım hapisten ama sen mezardan çıkamazsın! Bunu bil ve sakın palavra attığımı sanma!"

Cevap vermedi Mehmet.

Mehmet'in söylediklerime inanıp inanmadığını bilmiyorum. Yaz sonunda, Mete'nin yurtdışına çıkarılması için onayımı verdim. Ali yanımda kaldı, o kışı Yeniköy'de bizimle geçirdi.

Yeni Bir Sayfa Hayatımızda

Mete gitmişti! Onu Kerim ve Ali'yle birlikte yolcu etmiştik. Sekiz yaşında küçücük bir oğlancık, tek kelimesini bilmediği bir dilde eğitim yapan bir okula yatılı gidiyordu. Korkudan titriyordu ama korktuğunu belli etmemek için elinden geleni yapıyordu. Oğlum gitti. Göçmen kuşlar da gittiler. Hava soğudu. Ali, Yeniköy'ün yüksek tavanlı odalarında ilk kez yalnız kaldı. Ben, Eren, sık sık uğrayan annem, evdeki diğer insanlar ve sevdiği kardeşleri, Mete'nin yerini dolduramıyorduk. Belliydi bu. Dünyaya geldiğinden beri hep iki kişi yaşamıştı kendinden sadece on bir ay büyük olan ağabeyiyle, tıpkı ikizler gibi. Mete, onun gövdesinin bir uzantısı gibiydi de sanki bir parçası kopmuştu çocuğun. Her akşam derslerini bitirince Mete'ye mektup yazıyorduk. Her sabah bahçedeki posta kutusunda mektup arıyorduk.

Biz pazar sabahı yatak odamızın kapısı vuruldu.

"Alimoli, sen misin?" dedim.

"Ben Durmuş, efendim."

"Hayrola Durmuş!"

"Bir dakika kapıya gelseniz!"

Eyvah, dedim, yine çocuklardan birine bir şey oldu. Üzerime sabahlığımı geçirip kapıyı açtım. Durmuş elinde bir gazeteyle dikiliyordu. "Bakın, Alimoli'nin babası evlenmiş, gazetede resmi var. Ben sakladım gazeteyi ne olur ne olmaz diye. Ağzını aradım,

'Hayır, öyle bir şey olsa babam bana söylerdi,' diyor." Çektim aldım gazeteyi Durmuş'un elinden. Başucu ışığımı açtım. Evet, Mehmet'in sinema dünyasında ünlü eşiyle evlenme haberi, resimli olarak ikinci sayfadan verilmişti.

"Ne var, yine ne oldu?" dedi yeni uyanan Eren. "Kim ölmüş?"

"Mehmet evlenmiş."

"Ne iyi! Bizimle uğraşmaktan vazgeçer."

"Alimoli'ye haber vermemiz lazım."

"Biz niye veriyoruz? Babası versin bu haberi."

"Çocuk gazeteden öğrenmemeli," dedim. "Çok üzülür sonra."

Mehmet'in evinin telefon numarasını çevirdim. Uşak açtı. Önce, beyefendi uyuyor, diyerek telefonu kapatmaya yeltendi, oğulların annesi olduğumu söyleyince gitti, haber verdi.

"Alo," dedi Mehmet.

"Tebrik ederim," dedim. "Gazetede okudum."

"Teşekkür ederim."

"Mehmet, ben şimdi telefonu kapatınca sen bizim evi ara ve Alimoli'yi telefona çağır. Ona evlendiğinin müjdesini ver. Haberi ilk senden duysun. Senin telefonun gelene kadar gazeteleri saklayacağım. Geç kalma, başka birinden duymadan ara, senden duysun, lütfen." Kapattım telefonu. Birazdan telefon çaldı, Durmuş'un, "Aliii, baban arıyor!" diye bağıran sesini duydum. On dakika sonra Ali kapımızı vuruyordu. Girdi odamıza, suratında tuhaf bir ifade vardı, "Babam evlenmiş, anne!" dedi.

"Aman ne kadar iyi! Çok sevindik," dedik Eren'le.

"Mete'nin haberi var mı?"

"Önce sen duydun işte! Oğlum, Mete burada değil ki, ona da haber verecektir baban."

"Ben şimdi bu kadına ne diyeceğim? Anne mi?"

"Bana baba mı diyorsun? Aşk olsun Alimoli!"

"Sana Muki diyorum," dedi Ali.

"İnsanın annesi de babası da biriciktir. Bir isim buluruz, merak etme," dedim.

O gün, Kerim'le Selim'i de yanımıza katıp Belgrad Ormanları'na ağaç almaya gittik Ali'yle. Bütün gün Noel ağacı süsledik çocuk oyalansın diye. Akşamüstü çay içiyorduk salonda, şöminemiz çıtır çıtır yanıyordu, Ali'nin yüzü ateşe dönüktü. İnce boynunu öne eğmiş, Mete'ye mektup yazıyordu. Küçücük omuzlarına arkadan baktım ve o cılız omuzlara, henüz yedi yaşında olmasına rağmen ne ağır bir yük yüklediğimizi düşündüm, ne endişeler ve ne hasret!

"Allah senin de benim de cezamızı versin Mehmet," dedim içimden!

Ekim başında Mete'yi görmeye Le Rosey'e gittim. Geniş arazilerin üzerine serpiştirilmiş, iki katlı binalarda hem yatıp kalkıyorlar, hem ders görüyorlardı. Mete henüz sökememişti Fransızcayı ama hayatından memnun gözüküyordu. Dersler saat ikide bitiyor, çocuklar beşe kadar futbol başta olmak üzere çeşitli sporlar yapıyorlardı. Çocuklara, bahçedeki geniş yüzme havuzunda yüzmekten, çok yakındaki Leman Gölü'nde kürek çekmekten tutun, atletizme kadar bin bir çeşit etkinlik yaptırılıyordu ve oğlumu okula bağlayan da zaten bu spor saatleriydi. Dört kişilik odalarda kendi yaşıtlarıyla kalıyorlardı. Odaları sıcak ve sevimli, yemekleri besleyiciydi. Mete'yle derslerden sonra yürüyüş mesafesindeki Rolle kasabasına gidip bir kafede oturduk. Yegâne marketten ihtiyacı olan birkaç parça eşya aldık. Okulun yakınındaki tren istasyonuna birlikte gittik. "Metegom, gerçekten mutlu musun burada? Benimle geri dönmek istemez misin?" diye sordum. "Mutluyum," dedi. Tren kalkarken bana el salladı uzun süre. Okuldan içim rahat, kalbim buruk ayrıldım.

Mete kış tatilinde, kararlaştırdığımız gibi Yeniköy'e gelmek üzereydi. Kerim'le Selim, ağabeyleri geliyor diye sevinçten deliye dönmüşlerdi. Alimoli, aralık ayına girdiğimizden beri bastığı yeri görmüyordu zaten. Heyecandan yemeden içmeden kesilmişti. Her gün çocuklarla Mete geldiğinde neler yapacağımıza dair hayaller kuruyorduk. Nerelere gidecektik, hangi oyunları oynayacak, hangi filmleri görecektik? Mete'yle Ali, Nisa Serezli tutkunuydular, tiyatro biletlerini çoktan hazır etmiştik. Bir hafta sonu belki Polonezköy'e de giderdik. Mete'ye harika bir tatil yaşatacaktık. Ali, köfte, barbunya fasulyesi ve Durmuş'un domates salçalı makarnası en başta olmak üzere, kardeşinin sevdiği yemeklerin listesini çıkarıyordu sırayla pişirtmek için. Benim içimde bir endişe filizleniyordu; Mete İstanbul'da bütün ailesini bir arada görünce dönmek isteyecek miydi bakalım? Çocuk geri dönmek istemez ise ne olacaktı? Mehmet, bizimle kalmasını asla kabul etmeyecekti. Ben, Mete'yi dönmeye zorlarsa, Mehmet'i öldürmeye yemin etmemiş miydim? Ne yapacaktım acaba? Nasıl? Ne ile? Nerede? Esen, bütün sükûnetiyle, önce Mete'nin seçimini bekle, demişti, gitmek istemezse, o zaman düşünürsün bunları!

Mete geldi, kardeşleriyle, ailesiyle unutulmaz bir tatil geçirdi. Bir günümüz vardı ki, hiçbirimiz unutmadık. Dört çocuğum, annem ve babamla, arabama tıkış tıkış binip karşı yakaya geçmiştik. Boğaz'ın Anadolu tarafında, tam evimizin karşılarına isabet eden bir salaş balıkçı lokantasında oturuyorduk. Karşı kıyıda evimizin kırmızı damı gözüküyordu bahçemizdeki ağaçların arasından. Kış güneşine aldanıp dışarıda oturmuştuk. Soframız mezeyle donatılmıştı ama çocuklar patates kızartmasına saldırmışlardı. O kadar mutlu ve keyifliydik ki o anda, hep birlikte, babamın bardağındaki biradan Mete'nin birkaç yudum içtiğini görmezliğe gelmiştik. Bira iki yudumla da olsa, Mete'ye vurmuş olmalı ki, aynı annemin sesini taklit ederek, "Muhittinciğim, şuradan limonu uzatıversene," demişti babama. "Buyur Sitareciğim," diyerek, limonu uzatmıştı babam. Kahkahalarla gülmüştük. Hayatta kendimi en mutlu hissettiğim ve hiç unutmadığım ender anlardan biriydi; yanımda dört çocuğum, annemle babam, denizin öte yanında, muhkem bir kale gibi evim, başımın üzerinde içimi ısıtan kış güneşi, tabağımda balık!

Son gecesinde, bir yanımda o, diğer yanımda Alimoli, yatağımın üzerinde yan yana uzanıyorduk. "Rosey'e dönmek istediğinden emin misim canım?" diye sordum. "Burada hep birlikte yaşamamızı istemez miydin Metego?"

"İsterdim ama şimdi okula dönünce, biliyorsun, dağa gideceğiz anneciğim. Her gün kayak kayacağım. Keşke hepiniz gelseniz de orada kayak kayarak, hep beraber yaşasak," dedi oğlum. Bunları bir önseziyle mi söylemişti acaba, daha fazla acıya sebebiyet vermemek için? Her ne için söylediyse, okulundan hoşnut görünüyordu.

Ben ve Mehmet, ölmekten, öldürmekten paçayı kurtardık böylece!

Ertesi yıl, üçüncü sınıfı bitiren Ali de ağabeyinin yanına yollandı. Hiç olmazsa Metecik artık yapayalnız kalmayacak diye düşündüm, iki kardeş birbirlerini kollar, birbirlerine destek olurlar. Öyle yaptılar, ömür boyu.

Hayat Akan Bir Sudur

Hayatımda celse, mahkeme, duruşma düşünmediğim, huzurlu, mutlu bir dönem başladı. Büyük çocuklarımın ilkokul üçüncü sınıftan itibaren, babalarının baskısıyla yurtdışında okumaya başlamalarını kabullenmeyi becerebilmiştim. Hiç olmazsa birkaç dili aynı anda ve çok iyi seviyede öğreniyorlar diye teselli buluyordum. Kış aylarında, küçükleri de alıp onlarla birlikte kayak yapmak için İsviçre'ye gidiyorduk. Yaz başında, Bodrum'dan kiraladığımız teknelerle mavi yolculuklar yapıyorduk. Eylül ayını mutlaka Londra'da geçiriyorduk. İyi, güzel, keyifli bir yaşamdı ama bu arada evimizin şiddetle tamire ihtiyacı vardı. Eren, gezmeye, eğlenmeye, her yıl değiştirmekten geri kalmadığı arabalarına para harcamaktan hiç gocunmuyordu ama evin tamirine verecek parası yoktu nedense!

Bir kış tatilinde, yine çocukları bir araya getirecek tatilin planlarını yaparken, ben, "Yatak odasının, yatağımın içine akan damını tamir ettirtmezsen, kayağa gitmeyeceğim," dedim kocama.

"Bu sene kalsın, seneye bakarız," dedi.

Nasıl kalabilirdi ki seneye! Suları topladığımız leğenlerden yürüyecek yer kalmamıştı odada!

"Kararım kesin! Ya tamir ya da ben yokum!"

Zannettim ki, birkaç gün içinde birtakım işçiler gelecek, damı onarmaya başlayacaklar. Öyle olmadı. Kocam, çocuklarınkini ve kendi valizini hazırlamaya başladı.

"Ne yapıyorsun?" diye sordum.

"Kayağa gitmek için işte... Valizleri topluyorum. Mete'yle Ali'ye de söz verdik!"

"Dam aktarılmazsa ben kayağa gelmiyorum, demedim mi sana?"

"Dedin."

"Eee, ne valizi yapıyorsun o halde?"

"Ben çocuklarla kendi valizimi yapıyorum. Biz gidiyoruz. Sen istemiyorsan gelme," dedi Eren. Bir an şaka yaptığını düşündüm. Hayır, ciddiydi! Onlar gidecekti, ben şıp şıp taslara damlayan su sesini dinleyerek, tek başıma çile dolduracaktım bir türlü ısıtamadığım evimde! Yukarı kata nasıl fırlayıp kayak giysilerimi çekmecelerden nasıl süratle çıkardığımı bir ben bilirim.

Kayağa gitmek ve çatı tamiri, tek çatışma noktamız değildi şüphesiz. Eren'le önceliklerimiz her alanda farklıydı. Birçok yere borcumuz varken, çocuklarla benim pek çok ihtiyacımız beklerken, arabamızın illa ki Jaguar olması, hiç gerek yokken arabaların sık değiştirilmesi, deniz evimizin önündeyken, her bahar çocuklarla güney kıyılarına tatile gitmenin neredeyse mecburiyet halini alması, benim aklımın almadığı şeylerdi. Şikâyetçi olduğum konuları bir başkasına söylesem, annem başta olmak üzere bana ya deli ya da şımarık, derlerdi, dert ettiğin şeye bak! Dert ettiğim şeylerin ardında sorumsuzluğun durduğunu sadece babam anlardı. Babamı üzmektense, derdimi yok saymayı tercih ettim. Ayrıca, kafama uymayan her kocayı boşayamayacağıma göre, ben bu deveyi güdecektim. Eren'in araba, tekne ve lüks yaşam sevdasının yüzünden çektiğim parasızlıkla başa çıkmak için çalışmaya karar verdim. Cep harçlığımı kendim kazanacaktım. Çalışacağım yer evim olmalıydı. Yapabileceğim işler de sınırlıydı zaten. Yazı ya da çeviri!

Önce Abdi'yi yokladım. Abdilerle birkaç yaz önce Foça'daki Club Mediterane'de tesadüfen karşılaşmış, bir haftalık tatilimizi birlikte geçirmiştik. Mehmet'ten ayrıldıktan sonra onlarla ilk karşılaşmamdı. Abdilerin yanında hep birlikte gezdiği arkadaşları Ercüment Karacan ve Semiramis (henüz evli değillerdi), Engin ve Saba, Demet ve Uygun vardı. Bizim yanımızda ise hep birlikte gezdiğimiz arkadaşlarımız Hayri'yle Fazile ve Koray'la Rengin. Tatil boyunca hep birlikte o kadar çok eğlenmiştik ki, İstanbul'a dönünce haftada en az bir kere buluşmaya başlamıştık. Bu dostluğa güvenerek gazetede bana bir iş imkânı olup olamayacağını sordum. Sosyal hayatında inanılmaz komik ve keyifli olan Abdi, gazete söz konusu olunca ceberrut kesilirdi.

"Sen her yıl Londra'ya gidiyorsun," dedi. "Kraliçeyle bir röportaj yapabilirsen, sana iş veririm."

"Vermem demen daha kolay olurdu Abdi," dedim.

"Gerçekten bir gazetede çalışmak istiyorsan, ne yapar eder, kotarırsın bu işi!"

"Sağ ol! Vazgeçtim!"

Biraz gücenmiştim ama Abdi haklıydı. İyi bir gazetecinin bu söyleşiyi en azından denemesi gerekirdi. Ama ben ne iyi bir gazeteciydim, ne de girişken bir insandım. Saat ondan önce ve sonra en yakınıma bile telefon etmeye çekinen, birilerini rahatsız etmekten hep korkan, mahcup sayılabilecek yaradılışta biriydim. Gazetecilik yapma imkânını bulduktan sonra dahi hakkını verememiştim bu mesleğin gönül kırma korkusundan! Abdi'den yüz bulamayınca bu kez bir başka yakın arkadaşım Selçuk'a başvurdum. Selçuk Erez, jinekolog doktordu ama eli hiç durmaz, sürekli bir şeyler yazar, araştırırdı. Araştırmaları ve yazıları sadece tıp üzerine değildi. O kadar geniş bir dünyası vardı ki, bir sokak arasındaki dükkânında lamba şapkaları yapan bir ihtiyar Rum'dan İstanbul'un kim bilir kaç kilometre uzağında içinde yarasalar uçuşan bir metruk mağaraya kadar her şey ilgisini çekerdi onun. Derdime çareyi de o buldu.

"Milliyet Yayınları, 20. Yüzyıl Dosyası başlığı altında, ansiklopedik bir tarih serisi yayımlamak istiyor. Git görüş onlarla," dedi. "Milliyet Yayınları'nın başında Altemur Kılıç var."

"Aaa, ben bu adı tanıyorum," dedim,

"Kılıç Ali'nin oğludur."

"Benim kolejde bir sınıf arkadaşım vardı Solmaz diye. Onun annesi Berrin de benim annemin sınıf arkadaşıydı, yine kolejden. Berrin teyzenin akrabası olur, Altemur Kılıç. Onlarda görmüştüm."

"Daha iyi ya, ne duruyorsun? Koş, yarın git görüş bir başkası işi kapmadan," dedi Selçuk.

Ertesi gün Altemur Kılıç'ın karşısındaydım. "Sitare'nin kızı mısın sen yoksa?" diye sordu.

Fazla uzatmadık. İki hafta içinde ilk bölümünün Türkçesini istediği Roderick Kedvard'ın *Anarşistler* kitabı kolumun altında evime geldim. Daktilomu uzun bir aradan sonra önüme çektim, yanıma *Redhouse*'un İngilizce-Türkçe sözlüğünü ve yığınla dosya kâğıdı koydum. "Bir Dönemi Sarsanlar" altbaşlığının birinci bölümünü okumaya başladım. Kitapta 1880-1914 yılları arasındaki dönem anlatılıyordu. Bu yıllar, otomobil, sinema ve uçağın icat edildiği, çocukların bisikletlerine atlayarak evlerinden kaçmaya başladıkları, yığınla kentlinin trenlere binerek akın akın deniz kenarlarına gittikleri ve İngiltere Kralı VII. Edward'ın hafta sonu kavramını ortaya attığı yıllardı. Anarşistlerin Avrupa ve Amerika'daki altın çağı! "Git, Öldür, Dua Et ve Öl" çağı! Bir de şarkıları vardı anarşistlerin, tarihin tekerrürden ibaret olduğunu vurgulamak adına, buraya koymaktan kendimi alamadığım.

Yürüyün Hıristiyan askerler, göreviniz kolay
Ya sen komşunu öldür ya da o seni vursun
Öldür, çal, tecavüz et, kır, dök, böl
Bu bir Tanrı emridir, Tanrı sizi korusun,
Allah aşkı için git, öldür, dua et ve öl.

Kim demiş cihat Müslüman icadıdır diye! Ölmeyi, öldürmeyi tüm tektanrılı dinlerin emrettiğinin en güzel kanıtıydı Türkçeye çevirdiğim şarkı. Burnumu evimden çıkarmadan gece gündüz çalıştım. Üçüncü günün sonunda ilk bölüm bitmişti. Dördüncü gün tercümeyi Altemur Kılıç'ın önüne koydum. "Ben seni arayacağım," dedi. "Bir iki kişi daha yapıyor da tercümeyi, aranızda iyi olan kazansın!"

Bir hafta sonra aradı. "Gel anlaşmanı imzala, avansını al, hemen başla çevirmeye!"

"Ne kadar zamanda istiyorsunuz?"

"Bir ay yeter mi sana?"

"Yeter!"

"İki ay olsun. Sıkma kendini. Ayşe, sana bir itirafta bulunacağım, kızmak yok ama."

"Buyurun."

"Sana bu kitabı ilk verdiğim gün var ya, işte o gün içimden, bu *"playgirl"* ne çevirisi yapacak acaba diye düşünmüştüm. Senden özür diliyorum."

"Altemur Bey, benim dört tane çocuğum var, niye *playgirl* olayım? Neden öyle düşündünüz?"

"Sarışın kızlara önyargı vardır biz erkeklerde," dedi.

"Değiştirin önyargınızı. Bugünlerde gerçek sarışını ayırt etmek öyle zor ki, çok günaha girersiniz!"

Ertesi gün, anlaşmam ve avansımla Milliyet Yayınları'nın kapısından çıkarken söz verdim kendime, Altemur Bey'in önyargısını yıkmak için bir ay bekletmeyecek, yirmi günde çevirecektim kitabı. Beceremedim. Yirminci günün sonunda hâlâ boğuşuyordum en iyi ifadeyi yakalamak için. Altıncı haftanın sonunda çevirim hazırdı. Bense uzun zamandır hiç olmadığım kadar mutluydum. Beynimle parmaklarımın arasındaki iletişim tekrar harekete geçmişti. Yazmaya başladığım an, çikolata yemişim gibi tatlı bir mutluluk sarıyordu beni. Ayaklarım yerden kesiliyordu, dünyayla irtibatım kopuyordu, bulutların üzerinde dolanan, huzur içinde bir ruh gibi hafif ve bahtiyar hissediyordum kendimi.

Raspa Yasak

20. Yüzyıl Dosyası, benim dünyamı değiştirdi, ufkumu genişletti. Hem para kazanıyor, hem de yakın dünya tarihi hakkında ayrıntılı bilgi ediniyordum. Yarım yamalak devam ettiğim üniversitede derslerine girdiğim konular tesadüfen önüme gelmişti. Büyük bir heves ve ciddiyetle çalışmaya başlamıştım. Çevirdiğim kitaplar roman ya da öykü kitapları değildi, tarihi anlatan kitaplardı ve hata kabul etmezdi. Bu yüzden, bir cümlenin anlamı hakkında şüpheye düştüğüm anda ansiklopediye başvuruyordum. Konu ilgimi çektiyse, o konuda birkaç kitap daha ediniyordum iyice bilgilenmek için. *Anarşistler* kitabının çevirisini, *Kayzer'in Almanyası*, *Rusya Ayaklanıyor* (1905 Ayaklanması), *Amerika Sahnede* (Wilson Devri), *Bir İmparatorluk Çöküyor* (Habsburgların Çöküşü) kitapları takip etti. İlk kitabı çabuk çevirmiştim ama diğerlerini sindire sindire, başka kaynak kitaplardan mukayeseli okumalar yaparak çevirdim.

20. Yüzyıl Dosyası'nın çevirilerini bitirdiğimde, Avrupa yakın tarihini nerdeyse bir yüksek lisans tezi yazabilecek kadar ayrıntılı öğrenmiştim.

Başka şeyler de öğrenmiştim bu çalışmalarım sırasında kocama dair. Eren eve adımını attığı andan itibaren raspa yasaktı! Raspa, aramızda, benim daktilo makinemin tuşlarına basarken çıkardığım sesti. Esasta ise tersanelerde, gemilerin üzerindeki eski boyaları sökmek ya da tekne dibine yapışmış pislikleri çıkartmak için işçilerin küçücük çekiçlerle vururken çıkarttıkları tık tık sesiydi. Bu sesi tersanesinde sabahtan akşama dinleyen Eren, eve gelince duymak istemiyordu. Evimiz büyüktü, onun bu sesi duyamayacağı bir odada çalışmam mümkündü, ama hayır, Eren eve adımını attığı anda raspa istemiyor ama beni yanında istiyordu. Eren eve adımını tam beşi çeyrek geçe atıyordu. Saat beşte paydos yapan Büyükdere'deki tersaneden Yeniköy'deki evine varması, en yoğun trafikte dahi on beş dakikayı geçmiyordu. Saat beş oldu muydu, evde bir panik başlıyordu. Durmuş, evin beyine çayla birlikte vereceği yumurtaları kırdığı sahanı ocağın üzerine sürüyor, çocuklar savsakladıkları ödevlerini bitirmeye çabalıyor, ben çevirimi kaldırıyordum. 24 saatlik bir günün, 17:00'den 24:00'e kadar geçen 7 saati içinde ben çalışamıyordum! Eren gazete ya da kitap okuyordu, ben çalışamıyordum. Eren saatlerce telefonda konuşuyordu, ben çalışamıyordum. Eren daha sonraki yıllarda televizyon seyrediyordu, ben çalışamıyordum. Çünkü raspa yasaktı! Bu yasak beni müşterek hayatımız hakkında düşüncelere sevk etmişti. Başka yasakları da vardı kocamın. Onun hoşlanmadığı kimselerle görüşmüyorduk. Onun sevmediği yemekleri pişirmiyordum. Arkadaşlarımızı Eren seçiyordu, tatil programlarımızı Eren yapıyordu, bir davetten veya akşam yemeğinden kalkış saatimizi Eren tayin ediyordu. Hiç farkına varmadan, ben kocamın gölgesi olmuştum. Çevirilerimden kazandığım parayı kendi keyfimce harcamak da mümkün olamıyordu. Burada bir yasak söz konusu değildi ama evin o kadar çok eksiği, gediği vardı ki, benim ihtiyaçlarıma sıra gelmiyordu. Eren'in istekleri öncelikliydi ve pahalıydı. Bir şey söylemeye kalkışsam, "Tekneyle arabada ben tek başıma mı geziyorum?" diye soruyordu. "Her ikisini de ailece kullanmıyor muyuz?" Gelecek yanıtın nitelikli mallar üzerine çekilecek uzun bir nutuk olacağını bildiğimden, teknenin sık yenilenmesi ya da araba markasının Jaguar olması şart mı diye sormuyordum. Şikâyetçi olmamalıydım, hayat bana erkeklerin ne kadar bencil, benmerkezli, başkalarının ihtiyaçlarına karşı duyarsız olabileceklerini öğretmekteydi. Öğrenmek, iyiydi. Ne demişti bana babam: "Bir şey oluyorsa iyidir, bir şey olmuyorsa yine iyidir!"

Benim kendimi çevirilere kaptırdığım sıralarda, Cevdet Sunay Cumhurbaşkanı, Süleyman Demirel Başbakan'dı. Necmettin Erbakan adında, fıldır fıldır gözlü, tombalak, muhafazakâr bir vatandaş Milli Nizam Partisi adı altında kurulan bir partinin genel başkanı olmuş ve Türkiye'nin Ortak Pazar'a girmesine karşı çıkmıştı. Demirel, iki de bir istifa ediyor, yeniden seçiliyordu. Gediz'de meydana gelen depremde, binin üzerinde insan ölmüş, doksan bin kişi evsiz kalmıştı. Gerçi bu deprem, 1966'daki Varto depremi kadar hasar yaratmamıştı ama halkın içinde, Demirel'in düztaban olup Başbakanlığının grizu patlamalarına, depremlere davetiye çıkardığına dair bir söylenti yayılmıştı CHP'lilerin arasında. (Marmara depreminden sonra da, benzeri söylentileri dinciler de çıkaracaktı, askerler ve laikler hakkında.)

Gediz depreminden bir ay sonra, Ulvi Uraz topluluğu, Elazığ'da *Nina* oyununu oynarken olaylar çıkmıştı. Geleneklerin eğlenmesine izin vermediği tutucu Anadolu halkı, sıkıntıdan olsa gerek, her bahaneyle tiyatro basar olmuştu. Haziran ayındaysa, işçi yürüyüşü muazzam bir protesto hareketine dönüşerek, İstanbul ve çevresinde hayatı felce uğratmış, İstanbul'da, İzmit'te sıkıyönetim ilan edilmişti. Ankara'da ve İzmir'de Amerikalıların bulunduğu binalarda bombalar patlıyordu. Kısacası, ülkemizde ya doğal deprem oluyordu, ya toplumsal deprem. Hiç rahat duramıyorduk yerimizde.

1970 yılının Kasım ayında, Harbiye'de müzikli bir lokantada Yücel, Dinah, Koray ve Rengin'le akşam yemeği yiyorduk, birden müzik durdu, insanlar masalarında ayağa kalkmaya başladılar. Bir yangın lafı dolandı ortalarda, panik başladı. İtiş kakış dışarı çıktık ve ancak o zaman öğrendik, yapımı yirmi altı yıl süren opera binasının yanmakta olduğunu. Koşar adım Taksim Meydanı'na yürüdük. İnsanlar meydana toplanmışlar, opera binasının her tarafında dans eden alevleri seyrediyorlardı. İtfaiye araçlarının sirenlerinden birbirimizi duymak mümkün değildi ama o araçların sıktığı cılız suyla korkunç yangını söndürmek de mümkün değildi. Hortumların deliklerinden fışkıran su, Taksim Meydanı'nı göle çeviriyor ama hortumun ağzına ulaşana kadar alevlerinin harını alacak gücü kaybediyordu. İhmalin, beceriksizliğin, kıymet bilmezliğin sergilendiği meydanda, üzülerek, ağlayarak, ibret alarak yangını seyrettik. Birkaç saat sonra, İstanbul Operası'ndan geriye çelik bir iskelet kalmıştı.

Eve içimde bir hiçlik duygusuyla döndüm. Yaptığını yıkan, en büyük şehrindeki yangını dahi söndürmekten aciz bizlerin, bir ay sonra 1971 yılına girdiğimizde, İstanbul'da artık bir opera binamız yoktu. Aynı yılın mart ayında, bir askeri müdahale daha yaşanacak, yeni bir hükümet kurulacak ve meclise ilk kez bir kadın bakan girecekti! Sağlık ve Sosyal Yardım Bakanı Türkân Akyol!

Tarih Tekerrür Ediyor!

12.3.1971 tarihinde, Silahlı Kuvvetler'in verdiği muhtıra üzerine Süleyman Demirel, Başbakanlık görevinden istifa etti. TRT'nin özerkliği (o günden bugüne dek) kaldırıldı ve Nihat Erim Hükümeti kuruldu. Bu olay, cumhuriyet tarihimize 12 Mart Muhtırası adıyla geçti. Ben yirmi dokuz yaşındaydım. Gördüğüm ikinci darbeydi. Birincisinden dersimi almış olduğumu sanıyorum, çünkü gazeteleri takip eder, kulaklarımı dikmiş radyo haberlerini dinlerken bir demir pençe yüreğimi sıkıyordu. Biliyordum ki, iyi şeyler değildi askeri müdahaleler! Ve biliyordum ki yine, meclise bir kadın bakan sokmak gibi medeni cesaret isteyen işler, en çağdaş yasalar, nedense hep silahların gölgesindeyken mümkün olmakta. Ne tuhaf bir çelişkimizdi bu!

Yeni hükümet, göreve gelişinin birinci ayında Balyoz Harekâtı başlatmıştı. Yani, aşırı uçlardaki yapılanmaların üzerine balyoz gibi inilecekti. Dev-Genç, balyozdan nasibi ilk alanlardan oldu, kapatıldı. *Akşam* ve *Cumhuriyet* gazeteleri süreli, *Bugün* ve *Sabah* gazeteleri süresiz kapatıldı. Bir süre sonra *Akşam* gazetesi de süresiz kapatılanlar arasına girdi. TİP ve DİSK kapatıldı. Ankara AST Tiyatrosu, Brecht'in faşizmi yeren bir oyunu nedeniyle kapatıldı. Babama telefon ediyordum sabahları: "Baba, bugün ne kapatıldı?"

Mutlaka bir gazete, bir dergi veya dernek kapatılmış oluyordu. Babam bir keresinde, değişik bir haber verdi, "Mâço, Robert

Kolej'i devletleştirmişler, adı Boğaziçi Üniversitesi olacakmış. Bir zamanlar, Boğaziçi Lisesi diye bir lise vardı Boğaz'da. Bana onu hatırlattı. Hayırlısı olsun," dedi.

"Başka hayırlı haberin var mı?"

"Var! Boğaz Köprüsü'nü taşıyacak anakabloların çekilmesine başlıyorlar bugün. O da hayırlı olsun."

"Benim de sana bir haberim var. Deniz Gezmiş'le on yedi arkadaşı hakkında idam kararı çıkmış."

"Okudum."

Derin bir sessizlik oldu aramızda. Her ikimiz de bir süre konuşmadık. (Yıllar sonra, 80. yaş gününü kutlamak için ona yazdığım şiirdeki, *İçimizde ince bir hüzün/ağır bir yürek/ ve onca beceriksizliğimiz/Aramızda bir duvar gibi şimdi, sessizliğimiz.* mısralarında o günlerin izdüşümleri vardı.)

Babam, boğuk bir sesle, "Çocuklardan haber aldın mı?" diye sordu nihayet.

"Aldım. İyiler. Sizin mektubunuzu da benim zarfıma koymuşlar. Gelirken getireceğim," dedim.

"Çeviri nasıl gidiyor?"

"İyi. *Kayser'in Almanyası*'nı çevirirken senden yardım isteyeceğim baba. Almanca ansiklopedilerini annem atmadı, değil mi?"

"Atamadı. İyi yere sakladım onları," dedi babam.

"Atacak olursa haber ver, Kız Koleji'ne bağışlayacağım ansiklopedileri, Almanca sınıfları kullanabilirler."

"Senin okulunun adı artık Kız Koleji değil, Mâço," dedi babam.

Haklıydı, Arnavutköy Amerikan Kız Koleji, aynı idarenin Bebek'teki erkek okulu olan Robert Kolej'le birleşmiş, Robert Kolej adını almıştı. Kolejli kızlarla oğlanlar, birbirlerinin okulunda konsere ve oyuna gitmek için otobüs parası vermekten kurtulmuşlardı böylece! Ama oğlanların alınmasıyla birlikte okulun pırıltısı sönmüş, içi tamamen değişmişti. Onuncu mezuniyet yılımızda, Marble Hall'da buluşup yatakhanelerimizi gezdiğimizde içim burkulmuştu. Yatakhanelere giden koridor, ter ve lastik ayakkabı kokuyordu, hoyrat bir koca elinde, zamanından önce yaşlanıvermiş bir kadının yüzü gibiydi okulun içi. Sınıflar eskisi gibi temiz, bakımlı, özenli değildi; bizim beyaz örtülü masalarda yemek yediğimiz yemekhane, plastik sandalyeli kafeteryaya dönüştürülmüştü. Kütüphane modernleştirilmiş, ihtişamını kaybetmişti. Asma katındaki muhteşem orguyla toplantı salonumuz ise artık asma katı olmayan, yüksek tavanlı bir spor alanıydı. İki kez diploma aldığım Assemby Hall'un başına gelenleri görünce kendimi tutamayıp ağladığımı hatırlıyorum.

Kolejde okurken, dürüstlüklerine, insancıllıklarına ve bireye verdikleri değere hayran kaldığım hocalarımın yüreğimdeki iyi hatıraları süratle siliniyor, Amerikalılara karşı duyduğum tepki her geçen gün büyüyordu. Bu nedenle, bir yıl önce Türk Hükümeti'nin, Amerika'nın Türkiye'de haşhaş ekimini yasaklamasını kabul etmemesine çok sevinmiştim. Sevincim uzun sürmedi, on ay sonra Türkiye tüm yurtta haşhaş ekimini yasakladı. Ailece üzüldük. Bir Türk kızı, Filiz Vural'dı galiba adı, Avrupa Güzellik Kraliçesi seçildi. Bir sevindik, bir sevindik!

"Kimse Dünya Güzeli Keriman Halis'in yerini alamaz," dedi anneannem.

"Aman anne, Günseli Başar'dan beri ilk defa yüzümüzü güldürdü bir kız. Sen de bizim gibi sevinsene!" diye sitem etti annem ama onun sevinci de uzun sürmeyecekti. 1971 yılının çıkmasına ramak kala, Tepebaşı Tiyatrosu da tıpkı opera binası gibi, yandı, kül oldu!

1972 yılı daha da uğursuz olaylara gebeydi. Mart ayında, bir süredir aranmakta olan devrimci gençler, Mahir Çayan ve arkadaşları, rehin aldıkları üç İngiliz teknisyenle birlikte saklandıkları Kızıldere köyünde öldürüldüler. İki ay sonra da haklarında idam cezası verilmiş olan Deniz Gezmiş, Yusuf Aslan ve Hüseyin İnan, Ankara'da cezaevinde idam edildiler.

Türkiye, artık yaralı bir ülkeydi. Eli, genç insanların kanına bulanmıştı. Huzuru asla yakalayamayarak, tuhaf bir şekilde cezalandırılıyordu sanki. Hükümet sürekli değişiyordu. İstikrar hayal olmuştu. Nihat Erim Hükümeti gitmiş, yerine Ferit Melen Hükümeti gelmişti. Erbakan'ın Milli Nizam Partisi kapatılmış, yerine Milli Selamet Partisi kurulmuştu. Hiçbir evde huzur yoktu. Kimse hayatından memnun değildi. Taze bir rüzgâr estirmek gerekiyordu iyimser olmak için. Çare bulundu, yeni nesilleri güzel günlere yetiştirmek umuduyla, ilkokul öğrencilerinin her pazartesi sabahı, yeni haftaya başlarken, *"Türk'üm/Doğruyum/ Çalışkanım/Yasam, küçüklerimi sevmek, büyüklerimi saymaktır/ Vatanımı her şeyden üstün tutmaktır/Varlığım Türk varlığına armağan olsun!"* diye içtikleri anda *"Ey bugünümüzü sağlayan Ulu Atatürk, açtığın yolda, kurduğun ülkede, gösterdiğin amaçta, hiç durmadan yürüyeceğime ant içerim. Ne mutlu Türk'üm diyene!"* sözleri de eklendi.

Başka anlamlı, önemli işler de yapılmıyor değildi. Örneğin, yönetmenliğini Yılmaz Güney'in yaptığı *Baba* filmi, Adana 4. Altın Koza Film Festivali'nde en iyi film seçilmişti. İki gün sonra yeniden toplanan festival jürisi, Yılmaz'ın filmini ideolojik bulduğunu belirterek ödülü geri almış ve birinciliği Yılmaz Duru'nun *Kara Doğan* adlı filmine vermişti. Aynı yılın son ayında, ne işe yaradığı hiç anlaşılamayan bir de parti kurulmuştu: Türkiye Ulusal Kadınlar Partisi.

Tutarlı ve iyi işlerin de yapılabileceğinin en iyi ispatı ise 1973 yılında kurulan İstanbul Kültür ve Sanat Vakfı oldu. Bu vakıf, kurulduğu yıl, İstanbulluları, 39. yılını 2011 yazında kutlayacağımız müzik festivalinin ilkiyle tanıştırdı. Festivalin ilk seferinde delilere döndüğümüzü hatırlıyorum. Rampall flüt konserine geliyordu, Rubinstein piyano çalacaktı, Rus Devlet Balesi... Londra Filarmoni Orkestrası... Topkapı Sarayı'nda seslendirilecek Saraydan Kız Kaçırma Operası... Görmemişin oğlu olmuş misali, her konsere ve gösteriye bilet aldık. On beş gün boyunca, İstanbul'un bir ucundan öteki ucuna, konser salonlarına koşuştuk, Abdi, Sibel, Hayri ve Fazile'yle birlikte. Festival bittiğinde biz de bitmiştik, hem maddi açıdan, hem de yorgunluktan. Bu kadar yoğun ve muhteşem bir müzik ve gösteri bombardımanına ne yazık ki bir daha hiç maruz kalamadım. Daha sonraki yıllarda, daha seçici olmayı öğrenecektik.

Fahri Korutürk'ün Cumhurbaşkanı seçildiği, Naim Talu'nun Başbakan olduğu 1973'ün en kayda değer olayı, Boğaziçi Köprüsü'nün ulaşıma açılmasıydı. İstanbullular, iki yaka arasında çalışan araba vapurlarında o kadar çok eziyet çekmişlerdi ki, ilk gün, Anadolu yakasından Avrupa'ya köprüden 28 bini aşkın taşıt geçti ve üzerinde yürüyen yayaların yüzünden köprü yıkılma tehlikesi atlattı. Cumhuriyetin 50. yılında, ülkeye güzel bir armağandı bu köprü. Kısa bir zaman için de olsa, neşe kattı İstanbulluların hayatına.

Benim de yaram sarılmış, Mete ve Alisiz yaşamaya alışmıştım sonunda. En büyük tesellim çocuklarımın gittikleri okulda gerçekten mutlu olmalarıydı. İlkokuldan sonra benim de yatılı okulda okumam, çocuklarımın benden uzakta kalışlarını kabullenmemi kolaylaştırmıştı. Hayatımızı her üç ayda bir çocukları görebilecek şekilde düzenlemiştik. Okul, sonbahar ve ilkbahar aylarında Rolle'de, kış aylarında ise öğrencilerin kayak yapabilmeleri için Gstaad'da eğitim veriyordu. Ben çocuklarımı görmek için ekim ayında Rolle'e gidiyordum. Kış tatilindeyse, Eren'le birlikte Kerim'le Selim'i de yanımıza alıp çocuklar hep birlikte kayak yapsınlar diye Gstaad'daki okula yakın bir küçük otele gidiyorduk. Paskalya ve yaz tatilinde Mete'yle Ali İstanbul'a geliyor, kardeşleriyle Yeniköy'de buluşuyorlardı.

Kerim'in doğduğu yıl, Ali'nin dile getirdiği çocukça isteği gerçekleşmişti ve ben Kerim'i Mete, Selim'i de Ali için dünyaya getirmiştim sanki. Onların kendi deyimiyle, Kerim Mete'nin tayfasıydı, Selim de Ali'nin. Havuzda büyüklerin küçükleri, kronometre tutarak yarıştırdıkları yetmezmiş gibi, suyun altında yüzmece, ağaca tırmanıp inmece, bahçeyi fırdolayı dönmece, birinci kat balkonundan sarmaşıklara tutunarak aşağı inmece gibi çeşitli çılgın yarışmalarda da tayfaların gücü deneniyordu. Kerim'le Selim, bundan gocunacaklarına delice eğleniyor, ağabeyleri yurtdışındayken dört gözle yollarını bekliyorlardı. Neden sonra öğrenmiştim ki, bu hasretle beklemede, büyük çocukların kardeşlerine kendi harçlıklarından belli bir miktarı haftalık olarak vermelerinin de payı vardı. Paralar saklanıyor, biriktiriliyor, doğum günümde bana bir armağan alınıyordu. Mete'yle Ali, Kerim'le Selim'in hem ağabeyleri, hem arkadaşları, hem de başları sıkıştığına başvuracakları hamileri gibiydiler. Çok sıkı bağlarla bağlanmış dört çocuktular. Bu bağı kimse çözememişti. Babalarının evinde, babaannenin gözüne girmek için Mete'yle Ali'yi doldurmaya yeltenen dadı takımı dahi! Onlara, küçük kardeşleriyle aslında aynı soyadını taşımadıkları için kardeş olmadıklarını söyleyen dadı, yedi sekiz yaşındaki oğlanlardan tekmeler yemişti bacaklarına. Dadının şikâyeti üzerine çocuklara kaba davranışlarının hesabını soran anneanneme, "Nene," demişti Mete, "bizim soyadımız değişik olduğu için Kerim'le Selim kardeşimiz değilmiş, öyle söyledi dadı, biz de ona tekme attık."

"Ayaklarınız dert görmesin oğlum," demişti anneannem. "Şimdi beni dikkatle dinleyin, kardeş sözü nereden gelir, bilir misiniz? Karındaş'tan gelir. Karındaş ne demektir? Aynı karnı paylaşan kişi demektir. Siz dördünüz annenizin karnını, bu dünyaya gelmek için paylaştınız. Bu yüzden soyadınız aynı olsa da olmasa da siz karındaş, yani kardeşsiniz! Bir şey daha diyeceğim size, şimdi anlamazsınız ama aklınızın bir kenarında hep dursun. Bir insan ölünce cenazesinde imam, o ölen kişinin duasını anasının adını anarak okur, babasının değil. Çünkü hayatta tek mutlak, annedir. Babanın kim olduğunu bazen anne bile bilemez. Sadece Allah bilir. Şimdi siz gidin, bu söylediklerimi o dadı karıya böylece anlatın. Bir daha böyle abuk sabuk laf etmesin, yoksa bu sefer ben onun ağzını kulaklarına kadar yırtarım!"

Anneannemin sözleri mi etkili oldu bilemeyeceğim ama ne dadı ne de bir başka kimse, şu satırları yazdığım bugüne kadar benim dört çocuğumun arasına nifak sokmayı başaramadı. Onlar birbirlerini hep çok sevdiler, birbirlerine arka çıktılar ve hayatın hoyrat rüzgârlarına birlikte göğüs gerdiler. Benim hayattaki en büyük başarım, çocuklarımın yüreklerine birbirleri için serptiğim sevgi oldu.

Zor Yıllar

Bülent Ecevit'in Başbakanlığındaki ilk CHP-MSP koalisyonu 26 Ocak 1974 tarihinde kurulmuştu. Solcu bir partiyle dinci bir partinin birlikteliğinden sağlıklı bir çocuk doğabilir miydi? Abdi'ye sormuştum bunu? O çok umutluydu. Bu koalisyonu gerçek demokrasiye bir adım olarak görüyor, destekliyordu. Hayırlı ve hayırsız işaretlere inanan bana soracak olursanız, yeni hükümet henüz ikinci ayındayken, Paris'te Orly Havaalanı'nın yakınlarına düşen ve 347 kişinin ölümüyle sonuçlanan THY kazası, yürüyemeyecek birlikteliğin habercisiydi!

İstanbulluların benzin başta olmak üzere pek çok gıda maddesinin kıtlığıyla ve elektrik kesintileriyle tanıştığı yıldı bu. Kesintilere rağmen, elektriğe bir de büyük zam gelmişti. Zam ve yokluk kol kola girmiş, halkın boğazını sıkıyordu. Benzin yokluğu, yakıt yokluğu, yağ yokluğu, pirinç yokluğu! Bir önceki kuşağın deyimiyle, sanki harp içindeydik. Dürüstlüğü, açıklığı ile tanınan Başbakan Ecevit'in koalisyon ortağı parlamentoya getirilen her konuyu, partisi lehine bir pazarlığa dönüştürüyordu. Bir yandan sanata yatırım yapılırken, Muhsin Ertuğrul gibi bir sanat adamı, İstanbul Şehir Tiyatroları Genel Yönetmenliği'ne atanırken, Gençlik ve Spor Akademisi kurulurken, diğer yandan da MSP'li İçişleri Bakanı, Karaköy Meydanı'ndaki "Güzel İstanbul" heykelini, Türk anası hayâsızca teşhir ediliyor, diyerek kaldırtıyor,

Turizm Bakanı ise ahlaka aykırı olduğu gerekçesiyle üç önemli turistik projeyi engelliyordu. Çetin Altan'ın *Bir Avuç Gökyüzü* adlı kitabı müstehcen olduğu gerekçesiyle toplattırılıyordu.

MSP, bağımsız tavırlar takınmaya başlayınca koalisyonun sonu gelir gibi oldu ama imdada Kıbrıs olayları yetişti. Kıbrıs'ta Rumlar Enosis ilan etmişler, Kıbrıs Türklerine yönelik katliamlar başlamıştı. Ecevit, Kıbrıs üzerinde söz sahibi üç garantör devletten biri olarak, diğer garantör devlet İngiltere ile çözüm aramak için Londra'ya gitti ama aradığını bulamadı. Batı dünyası Türkiye'nin bu oldubitti karşısında savaş ilan edebileceğini aklının ucundan dahi geçirmiyordu. Ama Türkler, neyi başaracakları hiç belli olmayan, sürprizlerle dolu bir halktı. 20 Temmuz'da Türk Silahlı Kuvvetleri, Kıbrıs'a o an çok başarılı olduğuna inandığımız bir çıkarma yaptı. Bu çıkarma, koalisyon hükümetinin bir süre daha devamını sağladı. İki gün boyunca havada ve karada süren bir savaştan sonra, Birleşmiş Milletler'in çağrısına uyularak savaşın sona erdirildiği bildirildi. Gerçekten sona erdirilebilseydi, Kıbrıs Çıkarması Türkiye'nin zaferi olabilirdi. Ama hayır, 14 Ağustos günü yeni bir saldırıyla Ada'nın kuzeyi tamamen kontrol altına alındı.

Başbakan Ecevit'e bu başarı müthiş bir prestij sağlamıştı. Koalisyon ortağı Erbakan ise ısrarla başarının kendisine ait olduğunu iddia ediyordu. Ecevit, her konuyu yokuşa süren Erbakan'dan kurtulmak, prestijini oya dönüştürmek ve tek başına iktidar olmak için eylül ayında istifa etti. Ne çare ki, bu istifa Ecevit için bir hüsran oldu, azınlık hükümetini kuramadı. Ecevit'in diplomatik temaslarla halletmeyi düşündüğü Kıbrıs sorunu ise siyasi rant elde etmek isteyenlerin elinde, bugüne dek, tam 37 yıldır çözülemeyen, çözümü her geçen gün daha da zorlaşan bir müzmin yara haline geldi.

Hiçbir partinin hükümet kuramadığı bunalımlı bir devreden sonra Cumhurbaşkanı Korutürk, Prof. Sadi Irmak'ı Başbakan olarak atayarak geçici bir hükümet kurdurdu.

Karanlıkta Yaşamak

Türkiye'nin çivisi çıkmıştı bir kere, kimin başbakanlık koltuğuna oturacağının da hiçbir önemi kalmamıştı. Elektrik kesintileri bütün yurda yayılmış ve resmileşmişti. İç ve dış borçlar 71 milyarı aşmış, korkunç bir zam furyası başlamıştı. Milyonlarca kişi işsiz geziyordu. Amerika, Kıbrıs yüzünden Türkiye'ye silah ambargosu koymuştu. Kaçakçılık tavan yapmıştı. Türkiye Eurovision yarışmasına ilk kez Semiha Yankı ile katılmış, sonuncu olmuştu. 27 Mayıs Darbesi'yle kaybettikleri siyasal haklarına yeniden kavuşan 43 eski Demokrat Partili parlamenter, törenle Adalet Partisi'ne geçmişti.

Süleyman Demirel, AP-MSP-MHP-CGP partileriyle bir koalisyona giderek Milli Cephe'yi oluşturdu ve hükümeti devraldı.

Bu dönemde, bana keyif veren tek bir şey hatırlıyorum, Halit Refiğ'in çektiği ve TRT'de yayınlanan *Aşk-ı Memnu* dizisi! Televizyon haberlerinin yüreklerimizde yarattığı karamsarlığı birkaç hafta için de olsa hafifletmişti. İlk televizyon dizimizdi ve çok başarılıydı. Sonra hayatımızda yeni bir olumsuzluklar zinciri baş gösterdi. CHP'li Ankara Belediye Başkanı Vedat Dalokay, Milli Cephe'nin mali kısıtlamalarını protesto amacıyla üç günlük açlık grevi başlattı. İzmir'de binlerce işçi tarafından Emeğe Saygı mitingi düzenledi. Ve yetmezmiş gibi, eylül ayında, Lice'de iki bin kişinin canına mal olan bir deprem meydana geldi.

Bizim evimizi de bir deprem yavaştan sallıyor gibiydi. Elektrik kısıntıları, her işi elektriğe bağlı tersaneyi zora sokmuştu. Eren'in işleri iyi gitmiyordu. Ben kocamın giderek artan huysuzluğunu buna bağlıyor, hep alttan alıyordum. Eve bir barut fıçısı gibi döner olmuştu. Gelme saati yaklaştı mıydı, tüm ev halkı telaşa kapılıyorduk, az sonra içeri burnundan soluyan birinin girip, bir neden bulup, bağırıp çağıracağı için. Paraya en çok ihtiyacım olduğu sırada ben de işsiz kalmıştım, çünkü Altemur Kılıç'ın Amerika'ya tayini çıkmış, yerine Robert Kolej'den abim olan Ülkü Tamer gelmişti.

Bir gün telefon çaldı, baktım telefonda Ülkü, beni konuşmaya yayınevine çağırıyor. Yeni çeviriler vereceğini umarak sevinç içinde Cağaloğlu'na koşturdum. Ülkü Tamer, küçük odasında, dudağının ucunda bir sigarayla ve asıkça bir yüzle oturuyordu.

"Elindeki işi ne zaman teslim edeceksin?" diye sordu.

"Yaklaşık on gün sonra. Sonra da sıradaki kitaba başlayacağım."

"Ben de seninle bunu konuşacaktım Ayşe. Yayınevinin yayın ve çeviri politikasını değiştiriyorum. Bu serinin kitaplarını değişik arkadaşlara dağıtacağım."

"Benim çevirilerimden şikâyetçi misin?"

"Hayır, güzel yapmışsın eline sağlık ama başkalarına da bir şans tanımak lazım, öyle değil mi?"

"Bir serinin tüm kitaplarının aynı üslupla yazılması gerekmez mi?"

"Gerekmez," dedi Ülkü Tamer. "Sana bugüne kadar yaptığın güzel işler için teşekkür ediyorum. Yardımına ihtiyacımız olursa, haber veririz."

Yayınevinden çıktım. Şaşırmıştım. Üzülmüştüm. Doğru Topağacı'na, çeviri yaptığıma çok sevinen babamla dertleşmeye gittim.

"Onun kapısında iş için bekleyen kim bilir kaç arkadaşı vardır, Mâço," dedi babam.

"Baba, bu benim de işimdi ama! Benim de paraya ihtiyacım var."

"Herhalde diğerlerinin daha çok ihtiyacı var," dedi babam.

"Aldırma kızım, bir kapı kapanınca bir başkası açılır."

İlahi sevgili babam! Kapıların herkese kapalı olduğu bir zaman diliminde yaşıyorduk. Sokak terörü azmış, bu arada Ankara'da Hacettepe Üniversitesi işgal edilmiş, çıkan arbedede bir kişi ölmüştü. Birkaç gün sonraki komando saldırıları ve öğrenci olaylarında ise üç öğrenci öldürülmüştü. Sağcı ve solcu öğrenciler, küçük çocukların evlerinin önündeki sokaklarda oynadıkları savaş oyunlarını pervasızca gerçeğe dönüştürmüşlerdi. Her gün silahlar patlıyor, otobüsler taranıyordu.

Bu arada babam, Nazım Plan'dan emekli olmuş, bir üniversitede mühendislik dersleri vermeğe başlamıştı. Her akşam telefon ediyordum evlerine.

"Anne, babam döndü mü?"

"Döndü ama yine okulda bugün cam çerçeve inmiş, sıraları paramparça etmiş öğrenciler. Çok korkuyorum Ayşeciğim, baban kim vurduya gidecek diye!"

"Baba, istifa et! Başına bir şey gelecek bu haytaların arasında," diye yalvarıyordum.

"Kızım, genç çocukların canı giderken benim bu yaşta ölümden korkmam çok ayıp olur," diyordu ve her gün ya sağdan ya da soldan birkaç genç çocuğun canı gidiyordu. Nasıl da insafsızca kıyıyorlardı birbirlerine. Arada, ne sağcı, ne solcu olduğu halde, serseri kurşunlarla vurulup ölen vatandaşlar da cabasıydı! Ölümlerin yanı sıra, onca cam çerçeve, sıra, kapı, yol üzerindeki bankolar, dükkân vitrinleri parçalanıyor, arabalar yakılıyordu. Bir yangın yerine dönmüştü memleket. Yürüyüşlerin yapıldığı, cinayetlerin işlendiği sokaklarda, yaşı altı ve on iki arasındaki çocuklar, ellerinde kaçak Amerikan sigaralarıyla, "Marlboro Eve, Marlboro Eve," diye bağrışarak kaçak sigara satıyorlardı.

Marlboro'yu anlamıştım da, "Eve" neyin nesiydi? Merakımı yenememiş, Nişantaşı'nda bir çocuğu durdurup sormuştum.

"Marlboro'yu evlere mi götürüyorsun?"

"Yoo, sokakta satıyorum."

"Niye eve diye bağırıyorsun o halde?"

Yüzüme sen de ne ahmak şeysin gibisinden bakmış, "Abla, Eve bir sigaradır yahu, senin gibi karılar içer, ince uzundur, uçları parlak olur, al bir paket de gör," demişti. Böylece dersimi almıştım sigara içmeyen bir cahil olarak. Allahtan yakalanmamıştım bu kısa sohbet esnasında. Çünkü gümrük kapılarından demonte edilmiş fabrikalar, makineler, her türlü alkollü içki ve lüks madde, "hediyesi" verilip içeri sokulurken, bir kaçak sigarayla yakalanan kişinin canına okunuyordu.

Sonra, ikinci Kanlı 1 Mayıs yaşandı! DİSK'in İstanbul'da, Taksim Meydanı'nda kutlamak istediği İşçi Bayramı, kimliği belirsiz kişilerin bazı binaların pencere ve damlarından açtıkları ateşle bir savaş meydanına döndü. 1969 yılının Kanlı Pazar'ını mumla aratacak bir gündü. Bir ana baba günüydü. Mahşer günüydü. Bu sefer, güzel günler hayal ederek yürüyen gençler yoktu Taksim Meydanı'nda; çatılara tünemiş, kimden emir aldıklarını hâlâ doğru dürüst bilemediğimiz emir kulları vardı. Anlatmaya dilim varmıyor, sadece bilançoyu vermekle yetineyim! 34 ölü, yüzlerce yaralı! Bu facianın sonrasında, dört yüzün üstünde insanın gözaltına alınmasıyla ve karşılıklı karalamalarla süren bir ay geçirdik ve seçimlere gidildi. Halkın bu kez seçime katılımı oldukça yüksek oldu.

Bülent Ecevit, 1977 Haziran'ında yapılan seçimlerin sonunda, oyların yüzde 41'ini alarak, solun cumhuriyet tarihi içinde ulaştığı en büyük yüzdeyi sağlamıştı. Azınlık hükümetini kurmakla görevlendirildi. Beş gün sonra, İstanbul'da elektrik kısıntısının günde iki saat daha uzatıldığı haberini aldık. Şehir, sabah

8.30'dan akşam yediye kadar ışıksız kaldı. Demirel'in her gelişinde ya grizu patlıyor ya da deprem oluyordu ama Ecevit'in her gelişinde de önce ışıklar gidiyordu. Ecevit'in azınlık hükümeti güvenoyu alamayınca, Demirel temmuz ayında 2. Milliyetçi Cephe Hükümeti'ni kurdu.

İlk on beş gün içinde 26 siyasi cinayet!

Cinnet geçiriyordu Türkiye. Nitekim aralık ayına gelindiğinde, yerel seçimlerde öyle bir tablo çıktı ki, güven tazelemesi şart oldu. 31 Aralık'ta bu kez de Demirel hükümeti güvenoyu alamayarak düşecekti.

İşte o günlerin birindeydik, çocukların Etiler'deki okulundan telefon geldi. Ya Kerim ya da Selim bir kaza geçirdi diye düşündüm. Çünkü yaramaz çocuklarımın hiçbirinin başından kaza eksik olmazdı. Özellikle bahçede oynadıkları yaz aylarında, para cüzdanımı ve araba anahtarımı hep kapının yanında belirli bir yere koyardım ki, acil durumda cüzdanı, anahtarı ve kaza geçiren çocuğu kaptığım gibi hastaneye koşturabileyim. Kazalar, şahdamarı kesmekten (Mete) kafaya köpek (canlı değil, kurdukları çadırın bezini yukarda bir yerde tutturmak için kullanılan kocaman bir demir köpek) düşmesi sonucu kafa patlaması (Selim), hızla koşarken kapı sapının kolun iç kısmına, ta kemiğe kadar saplanması (Ali), tuvalet tahtasına ne biçim atlanarak oturulduysa, tahtanın kırılıp kıça batması neticesi dikiş (Kerim) gibi çeşitler içeriyordu.

Alacağım yanıttan korkarak, "Hangisi kaza geçirdi?" diye sordum müdireye. "Kerim mi, Selim mi?"

"Allah'a şükür çocukların hiçbirine bir şey olmadı. Öğretmenleri hemen hepsini yere, sıraların altına yatırmış, çatışma bitene kadar kımıldamamışlar yerlerinden. Ama gerçekten Allah korudu çocukları Ayşe Hanım, sınıfa vızır vızır kurşun yağmış. Kovanları toplayıp polise teslim ettik. Bir kurban kestireceğim ilk fırsatta..."

"Neden bahsediyorsunuz siz?" dedim dilim damağım kuruyarak.

"Ah sormayın, solcular bizim okulun hemen yanındaki evlerden birinde oturan bir Amerikalıyı sıkıştırmışlar, adam bizim okula doğru kaçmaya başlayınca...." Müdireyi duymaz oldum, kulaklarım uğuldamaya başladı. Ben babam ve kocam için endişelenirken, benim ufacık oğullarımın sınıfında vızır vızır kurşunlar... Aman Allahım!

O akşam Eren, bu kez haklı bir sebeple burnundan soluyarak geldi eve.

"Ayşe," dedi, "olayı haber aldıktan sonra çok düşündüm. Çocukları yurtdışında okutmak istiyorum. Bu memlekette çocuk büyütülmez."

Boğazıma bir tıkaç oturdu. Ben bu kâbusu daha önce görmemiş miydim? "Ne diyorsun Eren, onlar henüz küçücük çocuk!"

"Şimdi değil. İlkokulu bitirince giderler. Çocukların zaten özel dershanelerde yetiştirilip yarış atları gibi sınavlara sokulmasını hiç tasvip etmiyorum. Oğullarıma bu stresi yaşatmayacağım."

"Daha onların ilki bitirmesine zaman var Eren, vakti gelince konuşur, birlikte karar veririz," dedim.

"Şimdiden düşünmeliyiz ki, ilerisi için iyi bir okul ayarlayalım."

"Daha erken."

"Böyle diyorsun ama bak Cengiz'e ne oldu!"

Verecek cevabım yoktu, sustum. Dinah'la Yücel, boşandıktan sonra, Cengiz babasıyla İstanbul'da kalmıştı, Almanca tedrisat yapan İstanbul Erkek Lisesi'ne gidiyordu. Henüz ortaokul öğrencisiydi. Davranışlarında bir tuhaflık başladı. Bir müddet sonra anlaşıldı ki, Cengiz okulda oluşturulmuş bir hücreye girmeye zorlanmıştı. Ya onların her dediğini yapacak, hücrenin bir askeri olacaktı ya da...

Yücel mi abarttı yoksa işler artık çığırından çıkıp o boyutlara mı varmıştı bilmiyorum ama babası oğlunu bir gece sabaha kadar birlikte kilitlendikleri bir odada sorguya çekip ertesi sabah elleriyle İngiltere'ye giden bir uçağa bindirdi ve büyükbabasının yanına yolladı. Uzun yıllar yurda geri getirmemek üzere. Bizler de sadece yüksekokullara musallat olduğunu zannettiğimiz ideolojik kamplaşmanın ortaokullara kadar indiğini böylece öğrenmiş olduk.

Yağmurlu bir gündü. Çocukları okuldan aldıktan sonra annemlere uğramış, babamın ders verdiği okuldan dönmesini beklemiştim. Babam geldikten biraz sonra şemsiyesini yolda uğradığı bir yerde unuttuğunu fark etti. Hayatı boyunca tüm şemsiyelerini, eldivenlerini ve gözlüklerini hep bir yerlerde unutmuş olan annem, inanılmaz bir dırdıra başladı. Babam da ben de şaşırdık.

"Madem unutacaktın, ne diye yanına aldın şemsiyeyi?" diye ter ter tepiniyordu.

"Sitare, sen ısrar ettin bana, hava bulutlu, ıslanırsın diye peşimden koşturup sen verdin elime!"

"Unut diye mi verdim!"

"Anne olan olmuş, mesele çıkarmaya değer mi bir şemsiye için?"

"Dünyanın parasıydı o şemsiye! Bizim başımıza gökten para yağmıyor kızım, baban bu yaşta hâlâ ekmeğini taştan çıkarıyor. Dershanelerde nefes tüketiyor saatlerce para kazanmak için. Daha yeni almıştık! Yepyeniydi şemsiye!"

"Yarın gider bulurum Sitare, merak etme sen."

"Çalmışlardır. Güzelim şemsiyeyi bırakırlar mı hiç!"

"Uzattın sen de Sitare!"

Babama göz kırptım susması için. Annemi ilk defa böyle sudan bir şey için mesele çıkarırken görüyordum. Annem söylenerek odasına yürüyünce babama, "Ne oluyor kuzum? Nesi var annemin?" dedim.

"Yaşlanıyor Mâço," dedi.

"Yaşlanınca böyle mi olunuyor, baba?"

"Huysuzlaşıyor insan. Sadece o değil, ben de huysuzlaşıyorum. Aradığım bir şeyi bulamıyorum mesela, sinirleniyorum. Dert etme sen, günlük halleri bunlar yaşlıların."

"Biz de mi böyle olacağız, Eren'le?" dedim. "Bak baba, ben Eren'in bir de huysuz halini hiç çekemem."

"Çekersin yavrum," dedi babam. "Birlikte yaşlanan insanlar, birbirlerinin her halini çekerler."

Biz Eren'le birlikte yaşlanamadık.

Ben Eren'in beni aldattığını öğrendiğim günün ertesi sabahı gittim.

Bir daha dönmemek üzere!

Pek çok kadının olağan karşılayacağı, büyütmeye gerek görmeyeceği bir durumu, genlerime çapkın kocalara sabretme yetisi yüklenmemiş olduğu için kabullenemediğimi söylüyordu bir arkadaşım. O kadar haklıydı ki! Ailesine bağlı tek eşli dedelerin, büyükbabaların ve karısına, kızına düşkün bir babanın evinde büyüyen bir kız çocuğunun özgüveni içinde, bir an dahi düşünmemiştim kocamın beni aldatabileceğini. Esen'in baktığı iskambil fallarında, Feride'yle Betin'in imalarında bana yapılmakta olan uyarıyı da fark etmemiştim. Her aldatılan eş gibi en son ben öğrenmiştim hayatımızdaki üçüncü kişiyi.

Kocamın açıklamaları, verdiği sözler, aile büyüklerinin nasihatleri, arabulucuların çabaları beni geri döndüremedi. Evliliği yürütmeyi becerememiştik ama ayrılığın travmasını çocuklarımıza bulaştırmamayı becerdik. Ağız dalaşı yapmadık. Birbirimize bağırıp çağırmadık. Ne çocuk kavgası yaptık, ne de mal mülk. Belki de bu dünya yüzünde ayrılmayı en medeni şekilde halleden çift bizdik.

Ben evi terk edince Londra'ya gitmiştim. O yıllarda Londra'da yaşayan Kler'in evinde kaldım bir süre. Çocuklarım burnumda tütüyordu. Onları her gece rüyamda görüyordum. Telefonda seslerini duyduğumda ağlamamak, neşeli sesle konuşmak için akla karayı seçiyordum. Tavşanımla sincabım benim, "Anneciğim seni çok özledik. Ne zaman geliyorsun?" diye soruyorlardı. "Yakında," diyordum her seferinde. Ben ne berbat bir anneydim ki, hayatımı gururum yönetiyor, izzetinefsim çocuk özlemimin bile önüne geçiyordu. Yeni yıla on gün kala pes etti Eren, eve dönersem Yeniköy'de kalmayacağının sözünü verdi. Ertesi gün döndüm. Bir kere daha konuştuk.

Ben boşanmakta ısrar ettikçe Eren, "Ben boşanmak istemiyorum. Dava açmayacağım. Sen açacak olursan, hâkime boşanmak istemediğimi söyleyeceğim," diyordu.

Ben de sonunda, "Aynı evde yaşamadığımız sürece canın ne isterse onu yap. Yalnız şunu hiç unutma, senin Ayşe diye bir karın artık yok!" demiştim. Bunu söylerken o kadar kararlıydım ki, bir an acaba ben çok mu duygusuz biriyim diye endişelendiğimi hatırlıyorum.

Ben çocuklarla Yeniköy'de oturmaya devam ediyordum ama Eren'e artık kendisinin eşi olmadığımı söylediğime göre, boşanmamış da olsak, ondan para isteyemezdim. Zaten o yıllarda işleri kötü gidiyordu ve ben uzun zamandır çevirilerimle kendi cep harçlığımı kendim kazanmıştım. İş aramaya başladım. Gazetelerde, yayınevlerinde, yazı ile hayatımı kazanabileceğim yerlerde iş aradım. Birkaç görüşmeye gidip eli boş döndüm kimini benim gözüm tutmadı, kimileri de beni yeterli bulmadı. Umudumu kaybetmek üzereyken bir iş buldum. Tamamen tesadüfen!

Hayata Vizörden Bakmak

Rahmetli Sacide teyzemin küçük kardeşi olan Akgün ağabey, zaman içinde "abi" sıfatından kurtulup sadece Akgün olarak yakın arkadaş grubuma katılmıştı. Telefon etti bir yaz günü.

"Yahu Ayşe, sana bir şey soracağım," dedi. "Bir kereye mahsus olmak üzere, bana yardımcı olur musun? İş aradığını biliyorum, sıkıntıda olduğunu da biliyorum, bu senin aradığın tür bir iş değil ama parası fena sayılmaz."

Akgün bir reklam şirketinde çalışıyordu o sırada.

"Beni şampuan reklamına mı çıkaracaksın?"

Güldü, "Senden sanat yönetmeni olmanı isteyeceğim."

"Ne! Aklını mı kaçırdın Akgün?"

"Dinle önce. Bir sofra örtüsü reklamı çekeceğiz. Benim üç ayrı sofra kuracak birine ihtiyacım var. Sofraların biri akşam yemeği, diğeri çay sofrası olacak. Bir de simit ve ince belli bardakta, vatandaş usulü çay sofrası! Yapar mısın?"

"Neyini yapacağım ben bunun?"

"Sofraları kuracaksın işte!"

"Ay Akgün, Allah iyiliğini versin. Gelir kurarım sofralarını, bunun için para mı verilir insana!"

"Senin yapacağın işin adı sanat yönetmenliği! Piyasada bunu yapmak için insanlar sıraya giriyor ama henüz bu sektörde doğru dürüst sofra kurmasını bilen biri yok, yani çatal hangi tarafa konur, peçete nasıl katlanır filan gibisinden."

"Bütün iş bu mu?" dedim. "Üç ayrı sofra kurmak mı?"

"Evet."

"Yaptım gitti. Para filan istemiyorum. Sen benim arkadaşımsın, Sacide teyzemin de kardeşisin. Ruhu muazzep olur bu iş için senden para alırsam."

"Kız ne cahilsin be! Parayı sana ben vermiyorum ki, sofra örtüsünün reklamını yaptıran firma veriyor."

"Kaç saat sürer bu iş?" dedim.

"Sabah saat onda başlayacağız, kapalı mekân stüdyo çekimi olduğu için çok sürmez. Sen sofralarını kurunca gidersin."

Bana Ayazağa'da bir adres verdi. Yazdım bir kenara. Bu işe iş olarak bakmadığımdan kimselere de söylemedim. Çekimin yapılacağı akşam, saat sekizde bir arkadaşıma da söz verdim akşam yemeğinde buluşmak için. Bu hatayı ancak bir kez yaptım Hanya'yla Konya'yı bilmezken! Başlangıç saati belli olan çekimin ne zaman biteceğini kimse bilemezmiş meğer!

Akgün bana sofranın üzerinde kullanılacak çanak çömleği kiralamam için bir miktar para vermeye kalktı.

Kulaklarıma inanamadım. "Kiralamak mı? Nasıl yani?"

"Gidip dükkâncılarla konuşacaksın çay takımını kiralamak için. Elbette kırdığımız parçaları hemen ödeyeceğiz."

Hayatımda böyle acayip bir şey duymamıştım. "Akgün, ben evden kendi porselen takımımı getireyim," dedim.

"İstersen getir, parayı sana öderiz," dedi Akgün. "Ama kırılacak olurlarsa, nasıl telafi edeceğiz. Senin takımın anneannenin verdikleri değil mi? Devamı yoktur ki o takımın Ayşe, antika onlar."

Ben Beyoğlu'nda bir züccaciyeci dükkânına girip, sizden çay takımları kiralamak istiyorum, diyeceğime kırılmalarını göze alıp kendi çay takımımı götürmeye razıydım. Nitekim öyle yaptım. Rosenthal çay takımımla kristal çay bardaklarımı sarıp sarmalayıp sete götürdüm. O gün bir şey daha öğrenmiş oldum: Evden hiçbir şey sete götürülmez!

Set dedikleri yer, kocaman, bembeyaz bir odaydı. Orta yerine bir masa konmuş, bir tarafına beş altı tane ayaklı lamba yerleştirilmişti. Bizlere oturacak doğru dürüst bir yer bile yoktu. Bir kenara iliştim.

"Birinci sofranı kur lütfen," dedi Akgün. Ben bir piknik sepetine özenle yerleştirdiğim çay takımını çıkarırken birileri de reklamı çekilecek örtüyü ütülüyorlardı. Dört ucundan tutarak getirip masanın üzerine yaydılar.

Fincan takımını özenle yerleştirdim masaya. Gümüş çaydanlığı, şekerliği, pastayı ortasına oturttuğum yuvarlak tabağı... Kimsede bir hareket yoktu!

"Ne bekliyoruz?" diye sordum Akgün'e.

"Işıkları," dedi. Beş dakikada biteceğini sandığım ışıkların düzenlenmesi bir saatten fazla sürdü. İçime fenalıklar bastı. Nihayet yönetmen geldi, ne zamandır bir kenarda dikilip duran kadınla konuştu, benim özenle yerleştirdiğim sofayı tarumar etti ve kendi kafasına göre yeniden düzenledi.

"Madem bu herif düzenleyecekti sofrayı, beni niye çağırdın?" diye fısıldadım Akgün'ü bir köşeye çekip.

"Ayşeciğim, yönetmenin sofra örtüsünün üzerinde göstermek istediği işlemeler, örtünün markası filan var. Herhalde Aysel Hanım uyardı onu," dedi.

"Aysel Hanım şu kadın mı?" Başımla işaret ettim kadını. "O kursaydı sofrayı madem!"

"O müşteri temsilcisi canım! O, sofra kurmaz! Haydi şimdi git vizörden bak, her şey tamam mı gör."

"Vizör de nesi?"

Akgün beni kameranın arkasına geçirdi, gözümü vizör dediği yere dayayıp baktım.

Çevremi vizörden ilk görüşümdü. Sonra, on beş yıl boyunca hep vizörden bakacaktım ben, hem mecburiyetten, hem de bana çok keyif verdiği için. Oysa o gün, saatler geçtikçe, hiç bilmediğim bir denizde yüzdüğümü anlamaya başlamıştım. Bana göre işler değildi, saatlerce ışıkların kurulmasını beklemek, müşteri temsilcisi kadınların ağız kokusunu çekmek. Şu çekim bitsin, bir an önce evime döneyim, diyordum. İş bitmek bilmiyordu. Sofranın çekimi bittikten sonra, sofra örtüsünün dört tarafına bağladıkları iplikleri, yüksek bir yere çıkarak aynı anda çekip örtü sanki uçuyormuş gibi göstermek istiyorlardı. Saydım, tam yirmi yedi kere aynı planı çektiler. Biri daha türemişti etrafımızda. Onun sıfatı da özel efektçiydi; örtünün uçuyormuş veya çatalın masanın üzerine gökten düşüyormuş gibi gözükmesini sağlayacak kişiydi yani! Ben saat beşte evde olacağımı hesap etmiştim. Saat yedide arkadaşımı aradım, akşam yemeğini iptal ettim. Nihayet eve gittiğimde saat on ikiye çeyrek vardı ve ben pestil gibiydim.

Bir hafta sonra Akgün aradı. Ofisinin adresini verdi, gidip muhasebeden paramı almalıydım.

"Kaç para verecekler?" diye sordum. "Ta Yeniköy'den kalkıp Taksim'e inmeye değecek mi bari? Gecenin on ikisine kadar çalıştırdılardı, biliyorsun!"

"Bu işler saatle ödenmiyor," dedi Akgün. "Senin kaleminde ne yazıyorsa, onu öderler."

Ertesi gün homurdanarak Akgün'ün reklam ajansına gittim, muhasebenin yerini sordum, muhasebeciye adımı söyledim.

"Neydi sizin işiniz?" dedi adam.

"Sofra kurdum," dedim.

Ters ters baktı yüzüme gözlüklerinin üzerinden. "Kızım, asistan mısınız? Nesiniz? Necisiniz?"

Akgün'ün bana biçtiği sıfatı hatırlamaya çalıştım.

"Şeyim... Sanat şeyiyim."

"Sanat yönetmeni?"

Gülmemek için dudaklarımı ısırdım. "Evet, oyum!"

Çekmecesinden bir makbuz ve bir miktar para çıkardı. "Buyurun, makbuzu imzalayın, parayı alın." Yaptım dediklerini.

Parayı saymadım ofisin dışına çıkana kadar. Binadan çıkmadan merdivenlere tünedim parayı saymak için. Aman Allahım! Aman Allahım! Bu ne çok para! Ben elli, yüz lira bir şey alacağımı sanıyordum sayıyordum, sayıyordum, bitmiyordu liralar. Nerdeyse geri dönecektim ofise, bir yanlışlık oldu diye. Makbuza bakmayı akıl ettim. Evet, miktar doğruydu!

Vay be! Ben neymişim! Eve dönerken, arabama benzin doldurdum, öyle çeyrek depo filan değil, "doldur," dedim anasını satayım, "fulle!" Bakkalın önünde durdum, borcumu ödedim. Az yürüdüm, manavı ödedim. Hızımı alamadım, kırtasiyeye girdim, çocuklara ne zamandır istediklerini aldım. Kerim'e pergel takımı, Selim'e pastel boya ve kocaman bir resim defteri.

Üç gün sonra bir telefon geldi, tanımadığım bir Tunca'dan. Tunca Yönder! Pek de yabancı değildi ismi. Nereden duymuş olabilirdim? Bir zamanlar AST'ta oyuncu değil miydi bu Tunca? Sordum. Evet, öyleymiş. *Ayak Bacak Fabrikası* oyunundaki inek! O muhteşem inek!

"Buluşup konuşabilir miyiz?"

"Buluşmadan konuşsak Tunca Bey? Yani neyse konu, bana anlatsanız telefonda."

"Pekâlâ! Ben kendime bir sahne yapımcısı arıyorum. Duydum ki sizin bu tür çalışmalarınız varmış."

Çalışmalarım varmış benim! İyi ki bir sofra kurmuşum geçen hafta. Gülmemek için zorluyordum kendimi. "Eeee? Siz de mi sofra kurmamı isteyeceksiniz?"

"Pardon?" Bir sessizlik oldu. Geveze ben!

"Şey... Geçenlerde birkaç sofra kurmuştum da..."

"Yoo, hayır. Ben size sürekli bir iş teklifinde bulunmak istiyorum."

"Nasıl yani?"

"Şöyle: Ben bu aralar çok fazla reklam filmi çekiyorum. Bir setten diğerine koşmam gerekiyor. Bana çekim yapacağım seti hazır edecek birine ihtiyacım var. Mesela önümde bir çekim var, şık bir oturma odası dekoru gerekecek. Bana mekân aramalarımda yardımcı olacak, evi dekore edecek biri lazım. Bizim çocuklarla olmuyor bu iş malum. İstiyorum ki, sahne yapımcıma güvenebileyim. Bilgisi, görgüsü olsun. O kişi bana her şeyi hazır etsin. Ben sete gelip motor diyeyim. O kişi siz olur musunuz?"

Boğuk bir sesle, "Kaç para veriyorsunuz bu iş için?" dedim.

"Ben yönetmen, siz yapımcı olacaksınız. Yani yapımcı ücreti alacaksınız," dedi Tunca Yönder. "Aslında kasayı da sizin tutmanız, oyuncuları ve set işçilerini de sizin ayarlamanız gerekiyor ama ben o işleri asistanıma yaptıracağım."

"Ben zaten anlamam kasa tutmaktan filan," dedim. "Benden istediğiniz iş için kaç para vereceksiniz?"

Söyledi.

"İsterseniz ben bir düşüneyim," dedim. "Sonra buluşur, tekrar görüşürüz."

"Yarın arayın beni."

"Yarın çok erken."

"Şu an bile çok geç. Yarın arayın lütfen."

Telefon kapandı. Ben yatağımın üzerine oturdum. Bana söylediği rakamı bir daha evirip çevirdim kafamda. Benim için büyük paraydı. Bu işi kabul etsem, acaba bir zaman sonra, yıllardır başıma akan damı tamir ettirebilir miyim diye düşündüm. Sadece damın tamiri mi? Artık alışverişi veresiye yapmama da gerek kalmayacaktı. Bütün giysilerimi arkadaşım Duygu'nun dükkânından almama da! Borçlu olduğumuz esnafın önünden geçmemek için Tarabya yönüne dönüp yolu uzatmama da!

Evimizin ihtişamına, Eren'in arabalarına ve yaşam tarzımıza bakan biri bizi milyarder sanırdı haklı olarak. Evet, ev müstesna bir evdi ama sadece dış görünüşüyle. İşte şimdi, şahane evin züğürdü olmaktan kurtulabilmem için bir fırsat çıkmıştı karşıma! Akgün'e telefon açıp danıştım.

"Tunca şu sıralar yıldızı en parlak yönetmen. Bir saniye bile düşünme," dedi.

"Vizörün ne olduğunu öğreneli bir hafta olmadı, Akgün."

"O sektörde çalışanların hepsi alaylı. Öğrenirsin. Tepme önüne çıkan fırsatı Ayşe. Sıkıştığın zaman ben sana yardım ederim."

Akgün'ün telefonunu kapatıp Tunca Yönder'in bana verdiği numarayı çevirdim.

Bu ikinci telefonla hayatımda on beş yıl sürecek yepyeni bir sayfa açtım.

Hiç tanımadığım bir dünyaya adım atmıştım. Renkli, uçuk, korkunç, şahane bir dünyaya!

Bu dünyada tempo, telaş, hareket, ayyaşlar, genelevden çıkma kadınlar, işsizler, sefalet, ısıtılmamış mekânlarda saatlerce çalışma, uykusuz geceler olduğu kadar da neşe, eğlence, kahkaha, müzik, ekip ruhu, birlikte bir iş kotarmanın verdiği dostluk ve dayanışma duygusu, yurtiçi gezileri, bol yeme içme ve müthiş bir heyecan vardı!

Reklam dünyasının içindeki birinci yılımın sonunda, bana tekdüze yaşamımdan kurtulma imkânı verdiği için yuvamı yıkan arkadaşıma müteşekkirdim.

ÜÇÜNCÜ
BÖLÜM

Hayatın Boyunca Hep Çok Çalışacaksın

Yıllar yıllar önce ben mutlu ve tasasız bir çocukken, "Ayşe Sultan, hayatın boyunca hep çok çalışacaksın ama bundan hiç gocunma," demişti bana öldüğü günün gecesinde rüyama giren dedeciğim. "Allah çalışanları sever!"

Londra'da on bir ay arayla doğan çocuklarımı büyütürken sabahlara kadar uykusuz kaldığım gecelerde, Yeniköy minibüslerinde aşırı yaramaz oğlanlarla baş etmeye çalıştığım zamanlarda, daha sonraları dört çocuğa yemek yedirip, yıkayıp, zar zor yatağa sokup, alelacele süslenip, yorgunluktan dökülerek kocamın peşinde eğlenceye gittiğim akşamlarda, hele de küçük teknemizde Eren'in davet ettiği arkadaşlarımıza önce sabah içkisi, sonra öğlen yemeği, çay saatinde çay, akşam saatinde yine içki ve peşinden akşam yemeği çıkardığım, her yenen içilenin ardından bulaşık birikmesin, sinek gelmesin diye bulaşık yıkadığım ve ayrıca çocuklarla da meşgul olduğum hafta sonu gezilerinde, yorgunluktan geberirken hep bu rüyamı hatırlardım!

Meğer dedem o sözleri bana, 1978 yılında başlayacak olan yaşamım için söylemiş!

Reklam filmi çeken ekibin ne gecesi vardı, ne gündüzü. Geceler gündüzlere karışıyor, gündüzler hiç ara vermeden gecelerin içine akıyordu. Sabah okula giden çocuklarımdan önce koyulu-

181

yordum yola. Çünkü Tunca'nın başlarda bana söylediği gibi, bir odayı ya da seti dekore etmekten, bir yemek masası hazırlamaktan ibaret değildi işim. İlk birkaç film boyunca sadece çevrenin görüntüsüyle ilgilenmiştim ama bir yapımcının sorumluluğunda başka hiç kimsenin yapamayacağı işler vardı. Onlar da üstlenilmedikçe iş eksik kalıyordu. Bu bir başak burcu insanının kabullenebileceği bir durum değildi. Görev duygusunun öncelik aldığı eylül ayında doğmuştum ben. İşimi iyi yapmalıydım, üstelik tüm sorumluluğu da alarak. Zaten birkaç çekimden sonra, Tunca kasayı bana teslim etmişti. Ödeneklerin ödenmesi, masrafların karşılanması, hesabın tutulması... Ah hele o hesabın tutulması... Babam yardımcı olmasa, nasıl kalkardım altından bilmiyorum ama kasa tutmanın da ötesinde, çok meşakkatli bir işti yapımcılık. Osmanlı ordusunun lağımcı taburu gibiydi. Bir sete önce yapımcı girer, en son yapımcı çıkardı! Ben asistanımla birlikte tüm ekipten önce olmalıydım çekim yerinde. Işıkçıların, şaryoyu döşeyecek arkadaşların, makyözün vaktinde gelmelerini sağlamalıydım. Sonra sökün edecek figüranların makyajları, üstleri başları, hazırlanmaları... Sette bulunan herkesin sabah çayları, simitleri, poğaçaları, senaryonun gözden geçirilip mekânın senaryoya göre düzenlenmesi, şaryo raylarının döşenmesi, ışıkçıların yer tespitleri... Saatler sonra, başoyuncuların bitmek bilmeyen kaprisleriyle birlikte buyurmaları, onları yüzümde gülücüklerle ağırlamak, her ne yemek içmek istiyorlarsa temin etmek... Nazlarını niyazlarını çekmek, yönetmenimizin boynuna bağladığı kaşkolu uçurtarak ve her zaman biraz gecikerek sete nihayet buyur etmesi!

"Nasılsınız arkadaşlar! Her şey hazır mı? Her şey yolunda mı?"

İçimden, "Elbette her şey hazır, Yönetmen Efendi. Siz uyurken biz geldik buraları hazırladık, ettik, haydi sallanma da işine başla," dışımdan, "Her şey hazır Tunca Bey. Sizi bekliyoruz, buyurun!" dediğim sabahlar... Saatlerce süren yakın planlar ya da patlayan ampuller gibi, hiç beklenmedik anlarda çıkıveren terslikler yüzünden ertesi güne sarkan çekimler, bitkinlik, bıkkınlık, insanı uykudan eden, her bir kemiğimi ayrı sızlatan yorgunluk! Yine de şikâyete hiç hakkım yoktu ne Tunca'dan, ne de çekimlerden.

Tunca, paraya en muhtaç olduğum dönemde, bana hem bol para kazandıran, hem de beni bin bir hayat bilgisiyle besleyen bir kapı açmıştı önüme. Çok değişik yapılarda insanlar olmamıza rağmen, iyi dost olmuş, birbirimizi çok kollamış, çok sevmiştik. Tunca işini hiç ciddiye almazmış gibi davranırdı. Başlarda bu hali, geniş yürekliliği, iş söz konusu olduğunda disiplin kumkuması kesildiğim için sinirime dokunmuştu. Çekim sırasında ben hep gergin olurdum. Hiçbir şey aksamasın isterdim. Tunca ise yaptığı işi oyun oynar gibi, sanki umursamadan yapardı ama hep çok iyi netice alırdı. Zamanla çalışma tarzına alıştım, ona güvenmesini öğrendim.

Çekim sonralarındaysa, eğer çalışırken sabahlamamışsak, çoğu kez hep birlikte yemeğe çıkardık. Bütün ekibin bir arada gülüp eğlendiği hatta ara sıra da dansa gittiği, ki bu beni hep çok sevindirirdi, neşeli gecelerin keyfine doyum olmazdı. Gecenin bir geç saatinde, ertesi gün erken kalkılacağı için suçluluk duygusuyla dönerdim eve. Sabah uyuyakalmamak için kuş uykusu uyurdum. Ertesi sabah erkenden kalkar, önce çocukların ödevlerini kontrol eder, kahvaltılarını hazırlardım, sonra yine işbaşı! Bu yorgunluğa nasıl dayanırdım, gerçekten bilmiyorum.

Ben uykusuzluğa da, sabah erken kalkmaya da, oyuncuların kaprislerini çekmeye de razıydım. Zor olan, o yıllarda mantar gibi bitmeye başlayan ve birbirleriyle rekabet eden bankerlerin yüzlerce kişilik figüranla çekilen reklam sahneleriydi. Oyuncuların sayısı otuzu geçtiğinde, sabahın erken saatlerinde, kiraladığımız otobüsle İstiklal Caddesi'nin arka sokaklarındaki kahvelerden figüran toplardık. Kalabalık sahneler çekilirken en az parayla çalışacakları bulurduk ki, bütçe açık vermesin. Onları çekim mekânına götürür, makyajlarını yapar, üzerlerine bir şeyler giydirirdik. İşte bu insanları idare edebilmek çok zordu. Diyelim ki, senaryo gereği bir sokakta toplanırlardı, yönetmenin koş emriyle bankerin işyerine doğru hızla koşacaklar. Neden? Çünkü o banker en yüksek faizi veriyor. Bir an önce gidip paralarını yatıracaklar. Ellerinde tuttukları sahte paraları sallayarak koşmaya başlarlardı fakat öyle bir güruhtu ki bunlar, ne durdan anlarlardı, ne duraktan. Yönetmen, "Durun!" diye bağırırdı, duymazlardı. Hepimiz ellerimizi kollarımızı sallayarak peşlerinden koşardık, önlerine geçip durdurmaya çalışırdık, ezer geçerlerdi bizi. Onlara koşun komutu verilmiş ya, koşuyorlardı işte! Kapalı mekânlarda sigaralarını yerlere atarlar, parkelerde yanıklar oluşurdu. Çekim sonrası hasarın hesabını vermek bana düşerdi. Bir lokantada figüranlık yapıyorlarsa, dekor olarak konmuş yemekleri yerler, "Yahu arkadaşlar, yapmayın etmeyin onlar, yemeğin dekorları, biz size öğlen yemeği çıkaracağız," diye ter ter tepinirdim. Kendi açılarından haklıydılar. Her Allah'ın günü, setlerde yedikleri kupkuru pizza ve tostlardan, lahmacunlardan gına getirmişlerdi. Çekim biterdi. Yönetmen hemen, oyuncularla figüranlar da paralarını alır almaz giderlerdi. Geriye toz toprak, çamur, yemek artıklarıyla dolu leş gibi bir çekim meydanı kalırdı. Benim sorumluluğumda temizlenecek bir set, zimmetime alınacak malzeme ve aksesuvar, ödenecek mesai, fazla mesai, yol paraları! Saat gecenin kaçı olmuş ama şimdi de çekilen filmler, sabaha kadar çalışan stüdyoya teslim edilecek! İşte böyle bir işti, benim üstlendiğim!

Bu meşakkati çekilir kılan durumlar vardı. Kalabalık sahneler çekilirken topladığımız figüranlar arasında hayatın kıyısında yaşayan insanlar olurdu. Hayat laboratuvarı gibiydi kalabalık setler. Şarapçılar örneğin, aldıkları üç beş kuruşu akşam ucuz şaraba yatıracak olanlardı. Kim bilir hangi nedenle içerlerdi! Aralarında felsefe okumuş biri vardı örneğin, tüm servetini kumarda kaybetmişler vardı. Töre yüzünden köyünden kaçıp geneleve düşmüş, yıllarca kahır çekmiş ve nihayet yaşlandığı için meslekten atılmış, yaşlı ve yıpranmış kadınlar, eşcinselliğinden dolayı köyünü, çevresini terk etmiş, yaşamını arka sokaklarda sürdüren, güzel yüzlü genç çocuklar olurdu aralarında. Biraz deşilmeye görsünler, nehirler gibi akardı acıklı hikâyeleri! Ben onları konuştururum, dinlerdim. Dinledikçe, yıprak yüzlerinin ardında yatan korkunç dramlarla tanışırdım, hayatı öğrenirdim onlardan, ibret alırdım. Yaşları yetmiş civarında olanı da, benden genç olanı da, "abla" derdi bana. Gerçek bir abla gibi onları bağrıma basmak, saçlarını okşamak, acılarını dindirmek isterdim ama onları hoş tutmanın ötesinde fazla bir şey gelmezdi elimden.

"Ne acayipsin Ayşe," derdi Tunca. "Niye yemeklerde bizimle değil, onlarla oturuyorsun?"

Tunca'ya onların benim hayat okulum, üniversitem olduklarını elbette söylemezdim. Sonradan yazdığım öykülere çok izdüşümleri oldu bu insanların. Allah onlardan razı olsun, yazmaya başladığımda esin verdikleri karakterlerimi samimi, içten ve canlı kıldılar.

Bu anlattıklarım işimin manevi boyutuydu. Diğer iyi yanı, hiç durmadan çalıştığımız için iyi para kazanmamızdı. Damı aktarmamıştım ama Yeniköy esnafına hiçbir borcum kalmamıştı. Çocukların üstü başı için Koko'nun eline bakar olmaktan kurtulmuştum. Butiğinden sürekli taksitle alışveriş ettiğim Duygu arkadaşım da böylece benden kurtulmuştu. Beğendiğim bir giysiyi, parasını hemen oracıkta bastırıp almanın keyfi ne büyükmüş meğer! Hele çocukları arabama doldurup Bodrum'a tatile götürmenin, annemle babamı ısrar kıyamet yemeğe çıkarmanın, tiyatroya, operaya davet etmenin tadına doyum olmuyordu!

"Kazandığın parayı bize harcamanı istemiyoruz Mâço!" diye tutturuyordu babam.

"Babacığım, kazandığım para bundan ibaret değil ki!"

"Olsun. Sen çok sıkıntı çektin. Paranı sadece kendine harca. Bak kış geliyor, evi ısıtmak kolay değil... Ben bilirim seni, şimdi

Eren orada oturmuyor diye yakıt parasını ona ödetmemeye kalkarsın sen."

"Adamı evden atmışım. Bir de yakıt parası mı ödesin içinde yaşamadığı eve baba?"

"O evden neden atıldığını unuttun mu kızım?" diye lafa dalardı annem. "Sana bir başka ev açacak parası olsa, merak etme, seni orada oturtmaz, kendi otururdu."

"Sitare! Temcit pilavı gibi hep aynı şeyleri söyleme lütfen!" Babam bunu, ben aldatıldığımı hatırlayıp üzüleceğim için anneme yavaşça söylerdi ama ben duyardım. Yanılıyordu aslında, üzüldüğüm filan yoktu artık. Üzülmeye vakit de yoktu zaten. Bir filmin ardından diğerini çekiyorduk. Birinin montajı sürerken bir başka filme başlıyorduk. Böyle giderse sadece damı değil, evin tümünü tamire sokabilecektim. Cebimde ömrümün hiçbir gününde, döneminde olmadığı kadar çok para vardı ve her bir kuruşunu kendim kazanıyordum.

O günlerde sadece ben değil, pek çok insan, mantar gibi biten bankerlere parasını yatırıyor, faizler her gün biraz daha yükseldiği için kolay yoldan para kazanıyorlardı. Azıcık birikimi olan orta sınıfın yüzü, cebine giren para miktarından dolayı gülüyordu. Biz de kapılmıştık bu furyaya. Anneannemi, yaklaşık kırk yıldır oturmakta olduğu Narmanlı Apartmanı'nda, ömrünün sonuna kadar oturtabilmek adına, Laleli'deki apartmanını satmış, parasını Meban adında bir yatırım kuruluşuna yatırmıştık. Her aybaşı, babam anneanneme tomarla para getiriyordu. Anneannemin kurumundan geçilmiyordu. Anneme, bana, benim oğlanlara para saçmaya başlamıştı. Annemler, Caddebostan'da, Suat teyzemin evine yakın bir yazlık kiralamışlardı bu sayede. Yüksek faiz gelirleri sayesinde orta sınıf rahat nefes almaya başlamıştı ama henüz göremediğimiz, bir süre sonra hepimizi bin pişman edecek bir başka yüzü daha vardı madalyonun!

Uluslararası Af Örgütü

Yaz gelmiş, geçiyordu. Ecevit Hükümeti sırasında, nihayet kurulabilmiş olan Uluslararası Af Örgütü'nün kurucu üyesi olarak, eylül ayında Cambridge'e davet edilmiştim. Yol masraflarımı örgüt karşılıyordu. Benimle birlikte toplantıya örgüt üyelerinden biri daha gözlemci olarak katılacaktı ve elbette örgütün yönetim kurulunda bulunan Mümtaz Soysal Hoca da Cambridge'de olacaktı. Ama onun, yönetim kurulunda olduğu için toplantılara katılıp kurallar üzerinde yapılacak değişikliklerde oy kullanma hakkı yoktu. Bu yüzden bütün toplantılara ben katılacak, ben oy kullanacaktım.

Cambridge'de, öğrencilerin kaldığı üniversite binalarından birinde kalıyorduk.

Açılış toplantısında ben, önceden kararlaştırmış olduğumuz gibi söz alarak o yıl gösterime giren ve içinde Türkiye ile Türkleri çok aşağılayıcı unsurlar barındıran *Midnight Express* filminin gala gelirinin, Uluslararası Af Örgütü'nce bağış olarak kabul edilmesine duyduğum üzüntüyü belirttim. İnsanların onurlarını da korumayı görev edinmiş bir yapılanma için çok talihsiz bir seçimdi bu film. Açılışta yaptığım konuşma, beş günlük mücadelemin ilk savaşıydı. Kıbrıs'ın Türk işgali altında bulunduğu bir sırada, her girdiğimiz toplantıda Yunanlılarla ve Kıbrıs Rumlarıyla karşı karşıya geliyordum. Daha doğrusu, boğaz boğaza geliyordum. En

187

alakasız konular konuşulurken, örneğin eşcinsellerle ilgili bir oylama yapılacakken dahi bir pundunu bulup sözü Kıbrıs'a getiriyorlardı. Her toplantının en az on beş dakikası böyle geçiyordu.

Yine Rumlarla dalaştığım bir toplantıdan alı al moru mor, neredeyse gözyaşları içinde çıkmış, bir başka toplantıya koşuyordum ki, bir gece önce yemekte yan yana oturduğum kuzguni siyah Nijeryalı, önümü kesti, "Hey arkadaşım, ne oldu?" diye sordu. "Kim üzdü seni?"

"Hep aynı şey yahu," dedim. "Kıbrıs yüzünden Yunanlılar her toplantıda canıma okuyor."

"Bir dahaki sefere beni yanında götür," dedi. "Ben gelir, seni üzenleri çiğ çiğ yerim!"

Kendiyle böylesine gırgır geçebilen can insanlarla arkadaşlıklar kurabildiğim, çok ilginç beş gün yaşamıştım. Gündüzleri yorucu geçiyor, toplantılarda gerginlikler oluyordu ama akşam yemeklerinde tüm sorunlar unutuluyor, birlikte yenilip içiliyor, sirtakiler oynanıyor, halaylar çekiliyordu. Yunanlı delegeyle karşılıklı az çiftetelli oynamadık!

Ben nerdeyse rüzgâr hızıyla bir toplantıdan ötekine koşuyordum. Türkiyeli olarak, hem Avrupa, hem Asya, hem Akdeniz hem de Balkan ülkelerinin toplantılarına girmek zorundaydım. Bazen de toplantılar birbiriyle çakışıyordu. Bir keresinde, Balkan toplantısından çıkmış, bir üst katta başlamış olan Asya ülkeleri toplantısına koşmuştum. Kapıyı açtım, kollarımda dosyalarımla nefes nefese bir Çinlinin yanındaki boş yere iliştim. Çinli, gözleriyle sarı saçlarımı işaret ederek kulağıma eğilmiş, "Yanlış odaya geldin, *my dear*," demişti. "Avrupalıların toplandıkları oda ikinci katta!"

Biz böyleydik işte, Avrupalı görüntüsünde Asyalı'ydık. Kökleri Anadolu'daki Avrupalıydık. Balkan'dık, Türkmen'dik, sayıca az da olsa Rum'duk, Yahudi'ydik, Bizans'ı ruhumuza sindirmiş Müslümanlardık. Bu ne büyük bir zenginlik diye düşünmüştüm kendi adıma, ne büyük bir kültür birikimi! Ama gel gör ki, bu kültür birikimine rağmen, birbirimizi öldürüp duruyorduk memlekette, öldürüp duruyorduk. Kim ki bizim gibi düşünmüyordu, dannn! Dannn! Dannn! Dannn! Cambridge dönüşümde, Bahçelievler'de yine yakalanmayan katiller yedi TİP'liyi öldürecek, cinayetler çılgınlığı İTÜ Elektrik Elektronik Fakültesi Dekanı Ord. Prof. Bedri Karafakioğlu'nun, kısa bir süre sonra da Dr. Necdet Bulut'un vurulmalarıyla sürecekti.

Her siyasi cenaze töreni sırasında nümayişler, yürüyüşler yapılıyor, yeni olaylar çıkıyordu. Tarafsız öğrencilerin dahi, eğer dayak yemek istemiyorlarsa, siyasi cenazelerin peşinden yürümesi şarttı. Ne korkunç bir kanıksamışlığın girdabındaydık! Neredeyse her on günde bir siyasi cenazeyi, sopalı coplu sloganlı yürüyüşleri, sağdan olsun, soldan olsun yitip giden canları, parçalanan aileleri, heba edilen milli serveti kanıksamıştık adeta!

Yüreğim o yıl, Sivas, Malatya ve Bingöl'de yaşanan çatışmalarda heba olup giden hayatlar kadar, yitirilen manevi değerler için de kanadı durdu. Toplumsal birlikteliğimiz hızla çöküyordu. Yılın son haftasında, Alevi-Sünni çatışmaları azdı, Kahramanmaraş'ta evler, dükkânlar ateşe verildi, 33 kişi öldü. Ertesi gün de Hükümet Konağı'nı ele geçirmeye çalışanlarla polis arasında çıkan kavgada resmi rakamlara göre 77 kişi ölünce ve yaralıların sayısı bini aşınca, teröre karşı yasalarla mücadele etmeye çalışan ve sıkıyönetime direnen Ecevit'in direnci çöktü. On üç ilde sıkıyönetim ilan edilmesine karşı gelemedi. Sıkıyönetim ilan edildi de, acaba ne değişti? Cinayetler artarak devam etti. Biz filmcilerin de canına okundu, çünkü çekimi saat on bire kadar bitiremedikse, çalıştığımız platolarda bankoların, sandalyelerin üzerinde uyuklayarak sabahlamak zorunda kaldık.

Bir Sevgilim Var Şiir Okur

Bir çekim günü, sokağa çıkma yasağı bitmeden koşturarak eve döndüğümde Durmuş, "Bey geldi, sizi bekledi bekledi, gitti," dedi.

"Hangi bey?" diye sordum.

"Eren Bey, işte!"

"Ha! Ne istiyormuş, söyledi mi?"

"Yarın seyahate gidiyormuş da veda edecekti herhalde," dedi. "Çocuklarla yemek yediler. Kerim'le matematik çalıştı. Ha, Ahmet Bey de aradı. İki kere."

"Hangi Ahmet Bey?"

"Mete'yle Ali'nin şeysi işte... O uzun boylu bey."

Eren'in Hilton Oteli'nde kaldığını biliyordum. Yalnız olmadığını da! O yüzden, gecenin o saatinde telefon açmak istemedim. Ahmet'i de sabah ararım diye düşündüm. Zaten yorgunluktan ayakta duramıyordum.

"Yemek yetti mi bari? Pirzolaları sadece çocuklar için almıştım," dedim.

"Kendimize fasulye pilav pişirmiştim. Ona da verdik. Bey ev yemeğini özlemiş," dedi Durmuş. Bey uçkuruna sahip çıkaydı, ev yemeklerini özlemek zorunda kalmazdı, dedim içimden, çünkü misafiri bol ve kalabalık bir aile olduğumuzdan evimizde her zaman çok güzel tencere yemekleri pişerdi.

Çocuklar uyumuştu. Ben de odama çıkıp yatağa uzandım. Yorgunluktan her tarafım sızlıyordu. On gündür gece gündüz çalışmıştık. Bu nedenle, Tunca hafta başına kadar izin vermişti. Dört gün tatil! Evde hiçbir şey yapmadan yan gelip yatsa mıydım, yoksa Meyzi'nin davetini kabul edip onlarla Ada'ya mı gitseydim? Telefon çalmaya başladı. Uzanıp açtım.

"Biliyorum geç bir saat ama bugün kaç kere aradım seni," dedi Ahmet.

"Hayrola bir şey mi var? Sakın tatsız haber verme! Nesrin, annenler iyiler mi?"

"Sen annemin iyi olduğunu duydun mu hiç?" dedi Ahmet. "Şikâyeti yoksa o zaman telaşlan." Tomris, herhalde çok şişman olduğu için biraz fazla hastalık hastasıydı, Ahmet de hep dalga geçerdi annesiyle. "Ayşe, sana bir şey söyleyeceğim. Yani söyleyeyim mi, söylemeyeyim mi, zor karar verdim. Bilmen daha doğru olacak."

"Çocuklara mı bir şey oldu, Ahmet?" Dikilip oturdum yatağımda.

"Korkma! Çocuklar iyi de Mehmet yine bir şey yapmış... Ali'yi... Ali için..."

"Ahmet, ne oldu Ali'ye?" Yataktan çıkmıştım, ayaktaydım artık, telefon kordonunun müsaade ettiği mesafede gidip geliyordum."

"Demiş ki... Ali onun oğlu değilmiş."

Bir kahkaha attım, "Kimin oğluymuş? Anneannem tutturmuştu hastanede karıştı diye. Onu mu hatırlamış?"

"Onun oğlu değilmiş, öyle demiş."

Söylediği lafın ciddiye alınır bir yanı yoktu. Şakaysa, tatsız bir şakaydı. Ama ya doğruysa? Yok artık çüş! Bu kadarını da yapmazdı Mehmet! Mehmet bile bu kadarını yapamazdı!

"Doğru değildir Ahmet, her duyduğuna inanma, dedim."

"Babasıyla bu yüzden kavga etmişler, babası atmış onu evinden."

"İyi etmiş. Başka bir şey var mı?"

"Dedem, babamla İsviçre'ye gidiyor Ayşe, çocuklara hayat boyu sürecek bir fon yapacakmış, ne olur ne olmaz diye. Üniversite bittikten sonraki hayatları için, ömür boyu."

"Bu aptal dedikodu yüzünden değil, oğlunun huyunu bildiğinden yapıyordur fonu. Çalışmıyor etmiyor oğlu, yarın öbür gün torunlarına bir şey kalsın diyedir. Her neyse, ne yaparlarsa yapsınlar, beni ilgilendirmiyor, Ahmet," dedim. "Nesrin'i öp. Seninkilere saygılar, sevgiler. Sen de mahalle dedikodularını dinleme, emi tonton!"

"Kızdın bana ama ben başkasından duymadan benden duy diye..."

"Kızmadım Ahmet," dedim. Telefonu kapattım, kitabı tekrar elime aldım ama artık aklımı veremiyordum okuduklarıma. Kızmadım, demiştim ama bir zamanlar gazetecilik de yapmış olduğu için antenleri hep açık ve havada duran, her konuyu, her dedikoduyu bilen Ahmet'e kızmıştım için için. Kim bilir hangi sersem böyle bir şey savurmuştu. Bana söylenecek şey miydi? Allahtan Ali uzaktaydı, onun kulağına gitmezdi. Hafta sonunu evde geçirmemeye karar verdim yoksa bu konuşmayı kafama takacak, cumartesi pazarımı berbat edecektim.

Zaten Kerim'le Selim de o hafta sonu Koko'da kalacaklar, annem, babam hep birlikte Beşiktaş'taki gemi müzesine gideceklerdi.

Kötü rüyalarla dolu bir gecenin sonunda, benden haber bekleyen Meyzi'ye telefon ettim geliyorum demek için.

"Sevindim," dedi Meyzi. "Hava güzel olacakmış. Yürüyüş yaparız çamların altında."

Ah Meyzi, keşke beni bıraksanız da çamların altında yürüyeceğime uyusam, demek geçti içimden. Uyusam da yürüsem de temiz havada bulunmak harika olacaktı. Sürekli kapalı yerlerde çalışmıştık son bir aydır.

"Ayşe bir şey soracağım. Pekin'den Ada'ya gideceğimizi duyunca Yiğit de gelmek istemiş. Gelsin mi, ne dersin?"

"Orası senin evin Meyzi, bana niye soruyorsun?"

"İstemem dersen, davet etmem."

"Onu yatıracak odan var mı?"

"Var elbette."

"Buyursun, o halde" dedim. "Eğleniriz, çenebazdır Yiğit."

Cumartesi sabahı ben çocukları Koko'ya bıraktım. Öğlen vapuruyla Meyzi'yle birlikte Ada'ya geçtik. Evi havalandırdık, toz aldık, yatakları yaptık, çarşıya inip kahvaltılık aldık. Pekin ve Yiğit ellerinde şaraplarla, meyvelerle akşamüstü geldiler. Pekin salondaki şömineyi yaktı, ev şömine sayesinde ısınırken biz iskeleye, balık yemeğe gittik. Ne kadar özlemişim arkadaşlarımla gevşeyip lak lak etmeyi. Çalışma arkadaşlarımla da yemeklere gidiyordum ama iş lafı hiç bitmiyordu aramızda. Yeni çekimlere dair laf üretmeden, çekim dedikodusu yapmadan sohbet etmek, gülmek, eğlenmek iyi geldi. Yemekten sonra faytona binmeyip, ay ışığında, Maden'deki evimize yürüyerek döndük. Şömine salonu ısıtmıştı ama yatak odalarımız rutubetliydi. Meyzi, elinde bir elektrik sobası ve kollarında battaniyelerle girdi odama.

"Şu üstteki battaniyeyi Yiğit'in odasına bırakıversene Ayşe," dedi. "Bir tane de kendine al."

Arkadaşımın kollarındaki yığından iki battaniye çektim, birini yatağıma bırakıp diğeriyle Yiğit'in odasına yürüdüm. Erkekler salonda, şöminenin karşısında konyak içiyorlardı.

Işığı yaktım, battaniyeyi Yiğit'in yatağına bırakırken gözüme başucundaki komodinde duran kitaplar ilişti. Benim okumak için yanımda getirdiğim *Passages* adlı kitabın Fransızcası, Nâzım Hikmet'in şiirleri ve Yusuf Atılgan'ın *Aylak Adam*'ı! Odama döndüm, kendi kitaplarıma baktım; İngilizce *Passages*, Nâzım Hikmet'in şiirleri ve *Topal Koşma*! Kitapları alıp salona yürüdüm.

"Yiğit, kitap seçimlerimize bakar mısın?" Elimdeki kitapları görünce şaşırdı.

"Niye *Topal Koşma*?" diye sordu.

"Çünkü," dedim, "Nezihe Meriç beni gençliğime götürüyor, içimi ısıtıyor. Sanki çok uzun yıllardır tanıdığım eski bir dostu bulmuş gibi oluyorum onu okurken. Sen niye *Aylak Adam*'la geziyorsun?"

"Tamamen aynı nedenlerle!"

"Ben artık yatıyorum çocuklar," dedi Meyzi. "Haydi size iyi geceler. Sabah erken kalkmak yasak!" Pekin, karısının peşinden odasına gitti.

"İyi geceler Yiğit," dedim ben de.

"Sen biraz daha kalmaz mısın Ayşe, ben şu konyağı bitirene kadar? Sana da vereyim bir yudum."

"Ben konyak içmem, çok sert geliyor ama biraz otururum seninle," dedim. Çöktüm şöminenin yanında yerde duran mindere.

"Senin Eren'le gerçekten ayrılacağına hiç ihtimal vermemiştim," dedi Yiğit. "Hatta Meyzi'ye, bu iş bir kürk ve Rio seyahatine patlar, demiştim."

"O ne demek öyle?"

"Yaramazlık yapan kocalar bağışlanmak için genellikle bir kürk alır, bir de egzotik seyahate götürürler karılarını."

"Ben bildiğin karılardan değilmişim demek ki!"

"Değilmişsin, özür dilerim," dedi Yiğit. Bir süre hiç konuşmadan oturduk.

"Biz kaç yıldır arkadaşız seninle?" diye sordu.

"Ben seni ilk... Dur bakayım... 63'ü 64'e bağlayan yılbaşında Cenevre'de tanımıştım. Ben Mehmet'le evliydim, hatırladın mı? Londra'dan arabamızla gelmiş, Eminelerde kalmıştık."

"Yılbaşı akşamı benim evde toplanmış, sonra bir gece kulübüne gitmiştik. Öğrenciydik hepimiz."

"On beş yıl geçmiş!"

"On beş yıldır sana hayran olduğumu biliyor musun?"

"Yoo! Hayran mıydın sahiden? Hiç belli etmedin."

"Yanında hep bir erkek vardı," dedi Yiğit. "Kocaların vardı."

"Yiğit, uykum geldi. Sabah konuşuruz..." Ayağa kalkmak için davrandım.

"Son beş dakika! Lütfen! On beş yıllık dostluğun hatırı için." Tekrar oturdum mindere, bacaklarımı göğsüme çekip çenemi dizlerime dayadım, alevlerin dansına baktım. Şöminenin sıcağı, yüzümü ve içimi ısıtıyordu.

Pazartesi sabahı ilk vapurla geri dönerken benim artık bir sevgilim vardı.

İyiydi bir sevgili sahibi olmak. Öncelikle, yalnız yaşayan kadınları, sebepsiz mesnetsiz kıskançlıklardan koruyordu. Bir erkek varsa yanı başınızda, saçtığınıza inandıkları tehlikenin derecesi düşüyordu. Mehmet'ten boşandığım yıllardan da bilirdim, gençseniz, bekârsanız, eliniz ayağınız da düzgünse, etrafınızdaki kadınlar nedense gözünüzün kocalarında olduğunu zannederlerdi. Kimsenin dönüp bakmayacağı en sümsük kocalar bile kıskanılırdı. Hiç mi düşünmezlerdi, yalnız kadınlar o evli erkekleri ne yapsın? Neden özgür ve gönlünce yaşayabilecekleri bir ilişki yerine, saatleri kısıtlı, suçluluk duygularıyla yaşanacak bir yarım ilişkiyi tercih etsinler? Ben evli erkeklere takılan arkadaşlarımı da hiç anlayamazdım. Bana derlerdi ki, "Aşk bu! Gelir, gönlüne konar!"

Eziyetli aşklar, benim gönlüme pek konmadı!

Kader, karısız, çocuksuz, hatta köpeksiz, kedisiz bir yalnız adam çıkarttı karşıma. Yapayalnız bir adam! Üstelik kırk yıllık arkadaşımdı, şiir seviyordu, roman, öykü okuyordu, okuduklarını paylaşıyordu, tıpkı benim gibi futboldan hiç anlamıyordu, dahası da var, işi başından aşkındı, çalışanın halinden, zamansızlığından, yorgunluğundan anlıyordu. Tek bir kusuru vardı: Dans etmiyordu!

Allah bana bu gelişte, dans etmeyi seven ve iyi dans eden bir hayat arkadaşı hiç nasip etmedi!

Yiğit'le zamanımızın çoğunu şiir, özellikle de Nâzım okuyarak geçirirdik. Bir öykü kitabından herhangi bir öyküyü baştan sona sesli okuyarak sabahladığımız da olurdu. Şiir okuma seanslarına Kerim'le Selim de dahil olurlardı zaman zaman. Çünkü ben çocuklarıma büyürlerken masal yerine Nâzım'ın *Kurtuluş Savaşı Destanı*'nı okumuştum bu onurlu savaşın ruhunu, anlamını içlerine iyice sindirmeleri için. Her akşam uykudan önce, tıpkı Nâzım'ın şiirinde birbirlerine yaslanarak ve sıcaklıklarından güç alarak savaşa ve ölüme yürüyen kadınlı erkekli adsız kahramanlar gibi, geceleri omuz omuza sokulurduk birbirimize, başlarda endişe ve öfkeyle okurduk.

Ayın altında kağnılar gidiyordu.
Kağnılar gidiyordu Akşehir üstünden Afyon'a doğru.
Toprak öyle bitip tükenmez,
dağlar öyle uzakta,
sanki gidenler hiçbir zaman
hiçbir menzile erişmiyecekti.

Sona doğru ise gurur ve kıvançla okurduk.

Sonra
Sonra, 9 Eylül'de İzmir'e girdik
ve Kayserili bir nefer
yanan şehrin kızıltısı içinden gelip
öfkeden, sevinçten, ümitten ağlıya ağlıya,
Güneyden Kuzeye
Doğudan Batıya,
Türk halkıyla beraber
seyretti İzmir rıhtımından Akdeniz'i.

Kerim, herhalde adından dolayı, en çok Kambur Kerim'in hikâyesini severdi. Selim hiç bıkmadan Şoför Ahmet'in Anadolu'ya silah kaçıran kamyonetinin öyküsünü dinlemek isterdi. Karayılan'ın, Arhavili İsmail'in, Kartallı Kâzım'ın öykülerinden sonra sıra en sevdiğimiz bölüme gelirdi. İşte tam burada, birbirimize biraz daha sokulur, bazı yerleri bir ağızdan hatta ezbere okurduk ilahi okur gibi.

...

Dağlarda tek
    tek
        ateşler yanıyordu.
Ve yıldızlar öyle ışıltılı, öyle ferahtı ki
şayak kalpaklı adam
nasıl ve ne zaman geleceğini bilmeden
Müntekim
        Güzel
            ve rahat günlere inanıyordu
ve gülen bıyıklarıyla duruyordu ki mavzerinin yanında
birdenbire beş adım sağında onu gördü.
Paşalar onun arkasındaydılar.
O, saati sordu.
Paşalar: "üç" dediler
Sarışın bir kurda benziyordu.
Ve mavi gözleri çakmak çakmaktı.
Yürüdü uçurumun başına kadar,
Eğilip durdu
Bıraksalar
ince uzun bacakları üstünde yaylanarak
ve karanlıkta akan bir yıldız gibi kayarak
Kocatepe'den Afyon ovasına atlayacaktı.

Yiğit, evinde köfte ve şiir günleri düzenlerdi çocuklarıma. Bu gecelere Kerim'le Selim ütülü pantolonları, kolonyayla yana taranmış saçlarıyla, özenle hazırlanarak gelir, küçükken masal gibi dinledikleri Nâzım'ı bir de Yiğit'in tok sesinden dinlerlerdi huşu içinde. Mete'yle Ali'nin de tatiline denk gelen akşamlarda şiir okumazdık. Üniversite yıllarını Cenevre'de geçirmiş olan Yiğit, benim İsviçre'de okuyan çocuklarıma uzun uzun gençlik maceralarını anlatırdı. Bana öyle geliyor ki, onları küçük yaşlarına rağmen adam yerine koyan, onlarla sohbete oturan, Boğaz balıkçılarına ve Polonezköy'e yemeklere götüren sevgilimi, oğullarım belki de benden daha çok sevdiler.

Yiğit yapı olarak karamsar ve huysuzdu. Sık kavga ederdik. Ben ilişkimizi bitirmeye karar verirdim. Telefonlarına çıkmazdım. Sabahları değişik yerlere çekime giderdim. Gideceğim yeri çocuklarıma her zaman bildirirdim, bir kaza halinde veya birinden biri ateşlenecek, hastalanacak olursa, bana haber verebilmeleri için. Aaa, bir de bakardım Yiğit'in arabası gittiğim setin kapısında! Selim ya da Kerim, o kadar tembih etmeme rağmen gammazlamışlar nerede olduğumu. Barışırdık. Küsüp barışmalarla süren ilişkimiz nihayet bittiğinde, dört oğlum da bana çok kızmışlardı onları birlikte çok eğlendikleri bir dosttan ettiğim için.

"Siz istediğiniz zaman arayın, sorun, çocuklar," demiştim. "Biz de ara sıra görüşeceğiz zaten, o benim çok eski arkadaşım." Geçen yılların içinde, her ikimiz de yazar olduk. Yazmaktan ve okumaktan başımızı kaldırıp sık görüşemiyoruz ama birbirimizi hiç olmazsa kitaplarımızla takip ediyoruz.

Ateş Düştüğü Yeri Yakar

Sağ-sol çatışması bitmiyordu. Ecevit her geçen gün ve her yeni ölüyle biraz daha yıpranıyordu. Sokaklardaki huzursuzluk yetmezmiş gibi bir de zam üstüne zam geliyordu. Ocak ayında telgraf ve posta ücretleri bir misline, 5 lira olan normal telgraf ücreti 10 liraya yükseltilmişti. Nasıl yükseltilmesin, Türkiye'de 42 milyon kişiden sadece 4 milyon kişinin vergi ödediği tespit edilmişti. Türk parasını korumaya almak için her türlü ithalat izne bağlanmış, neskafe, oyun kâğıdı, müzik aleti, poster ithali yasaklanmıştı. Yurtdışına ise ancak üç yılda bir çıkabilecekti Türk vatandaşları. Ben çocuklarımı o yıl nasıl göreceğimi kara kara düşünürken, Amnesty International bana bir toplantıya katılmam için davetiye göndermez mi! Gstaad'da Mete ve Ali'yle bir hafta sonu geçirdikten sonra toplantı için Londra'ya gelmiştim. Akşam kaldığım otelde yatağa uzanmış, toplantıda tuttuğum notlara bakıyordum, televizyon açıktı, bir ara televizyonda akan bir altyazı ilişti gözüme. Ne? Hayır! Hayır! Yanlış gördüm, kötü bir hayal gördüm herhalde diye düşündüm. Az sonra spiker okudu haberi.

"Türkiye'de bir siyasi cinayet! Gazeteci Abdi İpekçi, evine giderken arabasının içinde kurşunlanarak öldürüldü!"

Yok, yanlış duymuş olmalıydım! Suratımı nerdeyse ekrana yapıştırdım. Karıştırmıştım dediğini, anlayamamıştım, bir yanlışlık olmalıydı! Tanrım, bir kere daha söylüyordu spiker. Kulaklarımı iyice açıp dinledim bu kez. Doğruydu! Abdi öldürülmüş! Abdi ölmüş! Abdi artık yok! Cambridge'deki ilk toplantıma gitmeden önce buluşup neler söylemem gerektiğine dair akıl danıştığım sevgili, can arkadaşım, aşağılık bir kiralık katilin kalleş kurşunuyla, en verimli çağında can vermişti!

Meğer ateş düştüğü yeri yakarmış! Meğer ne korkunç bir dönemden geçtiğimizi anlamak için kurşunu alnımızın ortasına yememiz lazımmış!

Ateş, Abdi'yi seven herkesin yüreğindeydi şimdi. Çünkü Abdi, *Milliyet* gazetesinin genel yayın yönetmeni ve başyazarı olmaktan öte, iyi, dürüst, çalışkan, adil bir insandı. Her vicdan sahibi kişinin örnek alması gereken bir rol modeldi. Barıştan yanaydı. Yunanlılarla aramızı düzeltebilmek için üzerine düşen her şeyi yapıyor, iyi neticeler alıyordu. Sütununda okurlarını her zaman sağduyuya davet eden yazılar yazıyordu. Bir denge adamıydı. Onu vurmakla barışa, iyiliğe, dürüstlüğe kurşun sıkmış oluyordu azmettirici.

Cenazesinin peşinden binlerce kişi yürüdü. Büyük laflar söylendi.

1979 yılı boyunca, içimde katilinin yakalanacağına, cezalanacağına dair bir ümit vardı. Yattığı hapishaneden elini kolunu sallayarak kaçıp gittiğinde dahi yitirmemiştim bu ümidi. 2010 yılında, kiralık katilini bir televizyon kanalında, saygın adam yerine konurken seyrettiğimde iyiliğin kötülüğe baskın çıkacağına dair tüm umudumu yitirdim. Hayır, 1979 yılının yoksul, boynu bükük, ezik ülkesi değildik uzun zamandan beri! Evet, Türkiye artık ekonomik bakımdan kalkınmış bir ülkeydi. Altyapısı her geçen gün biraz daha gelişiyor, cebinde parası olan, teknolojinin en son halinden istifade edebiliyordu. Dünyada ve kendi bölgemizdeki önemimiz artıyordu. Ne var ki biz artık kiralık katilleri saygın insan yerine koyabilecek ölçüde yozlaşmıştık. Ahlakı bozulmuş, parayla satın alınabilecek kıvama gelmiş insanlardık! Vah!

Her devrin, her partinin yarattığı bir "yeni zengin" kitlesi vardır. Ecevit'in yeni zenginleri, 1979 Mart'ında mallarını istifleyip sabırla zam ilanını beklemiş stokçular, karaborsacılar oldu. Hükümet darboğazdan çıkmak için zamlara bel bağlamıştı ama zamlar bile mali sorunları çözmeye yetmemişti. Döviz yokluğundan Yeşilköy'e pist lambaları alınamadığı, pilotların piste kör inişle indiği, motorin bulunamadığı için İstanbul'da araba vapuru seferlerinin iptal edildiği günler oldu. Bunları göğüslemeye çalışan Ecevit'in hükümetine karşı TÜSİAD bir basın kampanyası başlattı. Kısacası, yangın mecazi ve gerçek anlamıyla her alana yayılmıştı. Yaz aylarında beş büyük un fabrikası grev kararı almış, İzmir'de, Paşabahçe depolarında çıkan yangın *Milliyet*, *Tercüman*, *Ekspres* gazetelerine de sıçrayıp otuza yakın işyerini kullanılamaz hale getirmişti.

Ekim ayındaki ara seçimlerde CHP ancak on iki milletvekili çıkarabildi. Başbakan Bülent Ecevit, iki gün sonra istifa etti.

Yerine 6. Demirel Hükümeti kuruldu ve üç gün sonra, İstanbul'un Haydarpaşa mendireği açıklarında bir tankerle bir şilep çarpışarak müthiş bir patlamaya sebep oldular. Alevleri günlerce söndürülemeyen bir yangın başladı. Deniz kıpkızıl alevlerle yanarken pek çok kıyı semti de hasara uğradı!

Ülkedeki yangın bitmek bilmiyordu.

Şu 1980 Yılında

Kıbrıs Çıkartması'nın faturasını Türkiye'ye çok ağır biçimde ödetmeye başlamışlardı. Amerikan ambargosu yetmezmiş gibi, her türlü dış yardım ve kredi olanakları kesilmişti. Korkunç bir darboğaza girmişti ekonomi. Demirel, ekonomiyi Turgut Özal adındaki bürokratına devretmişti. Seksen yılına, 24 Ocak Kararları diye anılan ekonomik hamleyle girdik; daha önce yapılmış olan yüzde 43'lük devalüasyona, ekonomiden sorumlu Başbakan Yardımcısı Özal, yüzde 30'luk yeni bir devalüasyon daha ekledi. Uluslararası mali piyasaların beklentileri karşılanmıştı ama halkın beli büsbütün bükülmüştü. Turgut Özal, ardı ardına pek çok ekonomik ve radikal kararlar alıyordu. Türkiye'de bazı yapıtaşları yerinden oynamaya başlamıştı. Türk Parasını Koruma Kanunu'nda yaptığı değişiklikler en önemli kararlarından biriydi. Bu değişimin işaretini Nişantaşı başta olmak üzere, semt sokaklarında izledik. Kaçak sigaraların satıcı çocukları, Malboro-Eve diye bağrışarak koşturmuyorlardı artık. Karaborsa dizginlenmişti. Fakat ekonomik açılımların ne yazık ki kardeş kavgasına faydası olmamıştı. Siyasi cinayetler önlenemiyordu.

Nisan ayı zalimdir, der şair. 1980 Nisan'ında yazar Ümit Kaftancıoğlu vuruldu ve mayıs ayında ise vurulma sırası TTB MK Üyesi Sevinç Özgüner'e gelecekti.

İstanbul'un bazı semtlerinde ve yurdun her tarafında polisin giremediği "kurtarılmış bölgeler" ilan edilmişti. Karadeniz'deki Fatsa da bunlardan biriydi. Kendi özerk idaresini ilan etmişti. Temmuz ayında Fatsa'ya düzenlenen operasyonda 300 kişi gözaltına alındı, Çorum'daki olaylarda ölenler oldu.

Ben 80'li yılların başlarını hayatımın en üzücü günlerini yaşadığım dönem olarak hatırlarım hep! Hiçbir şey yolunda gitmiyordu. Kimse hayatından memnun değildi. Mezhep ayrılıkları yüzünden kan dökülüyor, ülke kanlı bir kardeş kavgasına doğru hızla yuvarlanıyordu. Etrafımda olanlarla yeterince serseme dönmüşken, Mehmet yeni bir mücadele cephesi açmıştı hayatıma! Buna "Mehmet'in 2. Çocuk Savaşı" demek mümkündü. İlkokulun üçüncü sınıfına geçtiklerinde benden zorla koparıp İsviçre'ye yolladığı oğullarını, üniversite okutmadan önce, ülkedeki yangının içinde askere yollamak istiyordu şimdi de!

Çocuklarını hiç gerek yokken tut yurtdışında dünyanın en zengin çocuklarının gittiği okula yolla, sonra da yine hiç gerek yokken tahsil hayatlarına sekte vurup mezhep kavgasının, siyasi cinayetlerin fink attığı bir dönemde askere yollamaya kalk! Tipik Mehmet! Herhalde kötülük olsun diye değil, hiçbir şeyin farkında olmadığı, ergenlik çağındaki çocukların ruhundan anlamadığı, eğitimin bölünmesinin tehlikelerini bilmediği için ısrar ediyordu!

Uzun süredir yurtdışında yaşadığı için ne Türkiye'de olup bitenlerden haberdardı, ne de bir gün olsun çocuklarına, derdiniz nedir, niye dersleriniz iyi gitmiyor diye sormuştu. Oğullarına söylemek istediklerini karısının vasıtasıyla iletiyor, aynı şekilde, oğulları da söylemek istediklerini üvey annelerine bildiriyorlardı. Kısacası, baba ve oğullarının arasındaki iletişim sıfırdı, çünkü Mehmet şuna inanıyordu: Babayla konuşulmaz, babayla dertleşilmez! Baba sadece azarlar, küfreder ve döver. Çünkü baba otoritedir!

Yaz geldi. Mete, üniversitede ikinci sınıfa geçemedi, Ali bakaloryasını veremedi. Babalarıyla araları büsbütün açıldı. Haziran sonunda, çocuklarım için çok üzülmüştüm, temmuz ayı içinde ise ülkemdeki cinayetler yağmuruna çok üzüldüm! Önce CHP İstanbul Milletvekili Abdurrahman Köksaloğlu, ardından eski başbakan Nihat Erim sonra da DİSK eski genel başkanı Kemal Türkler peş peşe siyasi cinayetlere kurban gittiler. Bu üç korkunç cinayetten birinin kurbanı, sınıf arkadaşım Işıl'ın babasıydı. Olayın ertesinde, Işıl'a başsağlığına gittim. Birçok kere ziyaret etmiş olduğum Dragos'taki evde Işıl ve annesiyle otururken, babam da siyasete girmiş olsaydı, onu da vurmuşlardı herhalde diye düşündüm. Siyasete yakın durduğu halde hiç bulaşmamış olmasına şükrettim babamın. İnsan zaman zaman ne tuhaf şeylere şükredebiliyordu. Annesiyle Işıl'ın ağlamaktan gözpınarları kurumuştu, şaşkındılar. Yıllar önce arkadaşımın Süreyya Pavyonu'ndaki nişanına gidebilmek için babama nasıl yalvarmış olduğum geldi hatırıma. Gençliğimizi, çocukluğumuzu anımsadım. Cinayetten, şiddetten haberi olmayan, orta halli, kendi halinde insanlardık o zamanlar. Neler olmuştu da bu hale gelmiştik? Nasıl bir yanlış yapmıştık?

Ali'yi eylül başında okuluna yolcu etmiştim. Aynı sınıfı bir kere daha okuyacaktı. Babası, sınıfta kaldığı için harçlığını kesmişti. Kış aylarında çekeceğim filmlere güvenerek ona her ay biraz para yollama sözü verdim. Mete, Ali'yle dönmedi, onun üniversitesinin başlamasına daha vakit vardı. Ana oğul, arabaya atlayıp Bodrum'a gittik. Deniz kenarındaki TMT Oteli'nde kaldık. Ben bir ay öncesinde yine aynı otele, Ali ve küçük oğlanlarla gelmiştim. İki oda tutmuştum, biri Ali'yle benim için, diğeri Kerim'le Selim için. Resepsiyondaki adamın şimdi yine karşısındaydım, bu kez yanımda Mete'yle!

"İki kişilik bir oda istiyorum," dedim.

Gözlüklerinin üzerinden bir bana, bir de Mete'ye baktı.

"O, benim oğlum."

On sekiz yaşındaki delikanlıya tekrar bir göz attı, yüzünden, "Sen de hep aynı palavrayı atıyorsun," diyen alaylı bir ifade geçti. Kızardım.

"Çıkar oğlum kimliğini de gösterelim beye," dedim, Mete'nin soyadının değişik olduğunu tamamen unutmuşum, hatırlayınca telaşlandım. "Tamam oğlum, tamam, sok cebine kimliğini!"

"Karar ver anne," dedi çocuk. Adamın yüzüne bir daha hiç bakmadan, anahtarı alıp odamıza yürüdük. Kimin ne zannedeceğine boş verip baş başa üç güzel gün geçirdik. Sabahları deniz kenarındaki rıhtımda yan yana uzanıyorduk, Mete'nin dertlerini dinliyordum. Babasıyla konuşamamaktan şikâyet ediyordu. Rosey'i bitirdiği yıl Amerika'da iyi bir üniversiteye girme imkânı yakalamış, gitmeyi çok istemiş ama babası dinlememişti bile. Babasının Londra'da ya da Güney Fransa'daki evinde kaldığı günlerde, söylediğine göre, ne kız ne de erkek arkadaşlarını eve davet edebiliyordu. Kız arkadaş zaten hepten yasaktı. Erkek arkadaşın ise eve çağrılması yasaktı. Tatil sabahları geç saatlere kadar uyumak yasaktı. Akşam eve geç gelmek yasaktı. Her şey yasaktı.

"Bak Mete," dedim, "sen zannediyor musun ki benim senin yaşlarındayken hayatım değişikti. Tonton bildiğin deden de hiçbir şeye izin vermezdi. Ben biraz da o yüzden çok genç yaşta evlendim. Babanın böyle yapması, seni sevmediğini göstermez. Dedenin beni sevmediğini iddia edebilir misin? Çok komik olur, doğrusu."

"Babamla dedemi karşılaştırıyorsan, hiçbir şey anlamadın anne," dedi Mete.

Bodrum dönüşü, Mete'yi Cenevre'ye yolcu ettim. Fakültesini değiştirmişti, hukuk yerine ekonomi okuyacaktı. Oğluma sımsıkı sarıldım, "Bu senin son şansın Mete," dedim. "Elimden geleni yapacağım ama sadece bu yıl. Yine çakarsan, benim desteğimi de kaybedersin, ona göre."

"Biliyorum anne," dedi.

Sahil yolundan akarak eve gelirken ben ne yaptım diye düşündüm, nasıl altından kalkacağım bu yükün. Ya yeni reklamlar alamazsa Tunca? Ben nasıl söz verdim Mete'ye, neye güvenerek söz verdim? Tek derdim Mete olsa, iyiydi. Oğlanlarla yaptığımız tatilde çok para harcamıştım. Giderken Ali'nin cebine para koymuştum. Elimde avucumda fazla bir şey kalmamıştı. Okullar açılırken Kerim'le Selim'e alışveriş etmem gerekiyordu. Ceketleri idare ederdi ama pantolona, ayakkabıya ihtiyaçları vardı. Koko'ya da yüklenemezdim, çünkü o da kendi oğlunun açıklarını kapatıyordu ne zamandır.

Eve girer girmez, "Tunca Bey aradı seni," dedi Koko. "Telefon bekliyor."

Tunca'ya telefon ettim akşam. "Tatilin bittiyse işbaşı yap Ayşe," dedi Tunca. "İşler açılmaya başladı. Yarın buluşalım, birlikte gidelim müşteriye."

"Olur. Nerede müşterinin yeri?"

"Beyoğlu'nda. Taksim'de ikide buluşalım mı?"

"Tamam!"

Taksim'de buluştuk. Ben, Tunca ve Tunca'nın asistanı Murat Ateş, İstiklal Caddesi üzerindeki büroya gittik. Yolda yürürken adım başı polise rastlıyorduk. Bana mı öyle geliyordu acaba, insanlar korkarak, ürkerek, dört yanlarını kollayarak yürüyordu sokaklarda. Beyoğlu'nun en sevimsiz yıllarıydı. Şık ve şaşaalı devrini çoktan kapatmış, civcivli yaşamına henüz başlamamıştı. Hırpani kılıklı adamların dolandığı, el arabasında korsan kaset satan satıcıların cirit attığı caddede, kalabalığın arasında ite kaka ilerliyorduk.

"Çocuklar, bugünlerde bir ihtilal bekleyin," dedi Tunca, damdan düşer gibi.

"Nereden çıkardın bunu?" diye sordum.

"Dün rahmetli babamın bir dostuna rastladım vapurda. O söyledi."

"Rahmetli babanızın dostu çoktan emekli olmuştur patron! O nereden bilecek ordu içinde dönenleri," dedi Murat. "Bir de ihtilal çıkarmayın başımıza, yeterince bela yokmuş gibi!"

"Ben mi çıkartıyorum oğlum! Sana da laf edilmiyor, ha!" Sinirlendi Tunca. Sinirlendi miydi, bütün hırsını Murat'tan çıkartırdı zaten. Murat, üvey kızı Nisan'ın kocasıydı.

"Ekibi sen toparla Murat," dedi. "Ayşe'ye bırakma. Yaz aylarında sağa sola dağılmışlardır. Şimdi hep beraber Bebek Bar'a gidip bir şeyler içelim. Nisan'a da haber veririz, gelir."

"Ben eve gideyim," dedim. "Kayınvalidem kendi evine dönmedi henüz. Birkaç güne kadar gidecek. Ayıp olur şimdi."

"Yahu nasıl iş bu! Sen kocayı kapıya koymuşsun, anasını eve almışsın. Sen de bir tuhafsın ya, Ayşe!" dedi Tunca.

"Unutma ki, oturduğum evin esas sahibi Koko."

"Ne zaman dönüyor evine *Koko?*"

"Hafta sonunu geçirip gidecek."

"Bir an önce gitsin de biz de sana kavuşalım hayırlısıyla."

Taksim Meydanı'nda ayrıldık. Ben arabamı bıraktığım park yerine yürüdüm. İş görüşmesi olumlu geçtiği için keyifliydim. Eve varınca, "Sen bu akşam çıkmıyor musun?" diye sordu Koko.

"Yok Koko, evdeyim," dedim. "İş sonrası gezmeleri sezonu henüz açılmadı."

Yemekten sonra siyah beyaz televizyonun kumlu ekranının karşısına geçtik, haberleri dinledik. İstanbul'da birçok yere bombalı pankart asılmıştı. Tevekkeli değil, polis kaynıyordu her taraf. Bir hafta önce, Fener'de bir plastik fabrikasında başlayan yangının büyümesiyle elliye yakın ev ve işyeri yanmıştı. Harabe haline gelmiş yerleri tekrar tekrar gösteriyordu televizyon. İçimiz karardı. Sonra, nihayet bir iyi haber, Ankara'da metronun temelini atmışlar! Kapattım televizyonu. Koko'yla her akşam yaptığımız gibi, "ne olacak bu memleketin hali" geyiği yapıp erken yattık.

Sabah erken uyanıp aşağı indiğimde, ev halkını televizyonun başında buldum.

"Hayrola! Ne böyle sabah sabah televizyona üşüşmüşsünüz?"

"Koş Ayşe koş! Bak neler olmuş?" dedi Koko.

"Ne olmuş? Yine tanker mi çarpışmış?"

"İhtilal olmuş!" dedi Durmuş.

Çoluk çocuk doluştukları kanepede kendime yer açtım. Televizyon belli aralıklarla tekrarlayıp duruyordu.

GENELKURMAY BAŞKANI KENAN EVREN BAŞKANLIĞINDA, KARA, DENİZ, HAVA VE JANDARMA GENEL KOMUTANLARINDAN OLUŞAN BEŞ KİŞİLİK "MİLLİ GÜVENLİK KONSEYİ" ÜLKE YÖNETİMİNİ ELE ALMIŞTIR.

"Kızım, hayırlısı olsun. Bu gidiş iyi değildi. Sokakta yürüyemez olmuştuk! Ne bakıyorsun öyle yüzüme, yalan mı Ayşe?"

Televizyondaki tok sesli kişiden de benzeri sözler çalınıyordu kulağıma:

" Ülkenin kanlı bir kardeş kavgasının eşiğine geldiği bir sırada, siyasi idarenin ülkenin sorunlarını çözmede yetersiz kalması üzerine Türk Silahlı Kuvvetleri İç Hizmet Kanunu'nun verdiği Türkiye Cumhuriyeti'ni koruma ve kollama görevini millet adına emir ve komuta zinciri içinde yerine getirmek için... Tüm yurtta sıkıyönetim uygulanmasına ve yurtdışı çıkışlarının yasaklanmasına karar vermiştir... Parti yöneticilerinin gözaltına alınmasına..."

Durmuş, Afi ve bahçıvan bir ağızdan ordumuza dua ediyorlardı. Kerim'le Selim, durmadan, "İhtilal nedir anneciğim?" diye soruyorlardı. Telefon çaldı, koşup açtım, babamdı.

"Duydun mu kızım?" dedi. Yorgundu sesi.

"Duyduk baba evcek!"

"Ne diyeyim, Allah hakkımızda hayırlı etsin! Sokağa çıkma yasağı var, sakın arabana atlayıp bu tarafa gelmeye kalkma," dedi babam.

"Çocuklara alışveriş edecektik bugün, zamanlaması kötü oldu bu darbenin."

"Yarın öbür gün kaldırırlar yasağı. Bak bir daha söylüyorum Ayşe, evinde otur, e mi!"

"Olur baba," dedim.

"Annen istiyor, ona veriyorum."

Annemle konuştum. Annem, Koko'yla konuştu. Sonra anneannemi aradım. Yiğit telefon etti. Teyzelerimi aradım. Dayım beni aradı. Arkadaşlarımla konuştum. Babamla bir kere daha konuştuk. Herkes yollarda yürürken bir serseri kurşuna kurban gitmeden bitti bu iş diye rahat bir nefes almış gibiydi ama herkes tedirgindi. Her telefonun arkasından Koko, "Eren duydu mu acaba?" diye soruyordu seyahatteki oğlu için. "Koko, televizyonu açmadıysa nasıl duysun? Ancak yarın gazetelerde görür," diyordum. Kahvaltımızı etmiş, oturma odasında, görüntüsünü bir türlü düzeltemediğimiz kumlu televizyonun neredeyse camına yapışmış, hep aynı şeyleri dinleyerek oturuyorduk. Çocuklara bahçeden dışarı adım atmamalarını sıkı sıkı tembih etmiştik. Hayri ve Fazile'ye telefon ettim. Onlar da herkes gibi hapistiler evlerinde.

"Bize kadar yürüsene, sokaklar bomboş, gelen geçen yok," dedi Fazile. "Çocukları da getir hatta. Azıp duruyorlar sıkıntıdan benimkiler."

"Aşağı inip caddenin durumuna bir bakayım, çocukları getiremem ama yol müsaitse ben gelirim."

Koko neye yeltendiğimi duyunca, "Onlar buraya gelsin! Niye kendini tehlikeye atan sen oluyorsun?" diye sordu. Bu annelerin hepsi aynı diye geçirdim içimden. Yine telefon çaldı, bu kez arayan Eren'di. Koko'nun içi rahat etti. Oğluna uzun uzadıya olup biteni anlattı. Ben de konuştum Eren'le. Hemen dönmüyordu,

İsveç'te iş toplantıları vardı. Bir hafta sonra gelebilecekti ancak. Zaten istese de gelemezdi, havaalanları kapatılmıştı.

Eren'in telefonundan sonra elime cüzdanımı alıp yokuşu indim, bahçe kapısının önüne çıktım. Gerçekten de deniz boyunca uzanan caddede in cin top oynuyordu. Evimizin tam karşısına, mafyanın denize kazıklar çakarak yaptığı enlemesine uzun, iğrenç yapı -ki "denizkondu" diyorduk biz ona- gri ve sevimsiz bir baraka gibi gözüme battı yine! Eren ne kadar çok çabalamıştı o yapıya mani olmak için. Ruhsat sormuştu, belediyeye şikâyet etmişti; hatta bir keresinde denizi doldurmak için kum dolu kasalarıyla gelen kamyonlardan birinin şoförüyle kavgaya tutuşmuş, kamyonun kontak anahtarını denize fırlatmıştı. Şoförle alt alta üst üste yerlerde yuvarlanmışlardı. Polis çağırıp ayırmıştık onları, ama kamyonun damperi, kamyonu çalıştıramadıkları için havada kalmıştı. Ertesi gün köpeklerimizden birini caddenin orta yerinde ölü bulmuştuk. Çocuklar ne kadar çok ağlamışlardı. İki gün sonra Durmuş bana gelmiş, "Hanımım, elinizi ayağınızı öpeyim konuşun beyle. Bu adamlar kötü adamlar. Anahtar bulunmazsa, köpeğin başına gelen, çocukların başına da gelebilirmiş diye benimle haber yolladılar ama ben beye söyleyemiyorum," demişti. Evde benimkilerin dışında, hemen hemen aynı yaşlarda iki çocuk, Durmuş'la Afi de vardı. Deli gibi telefona koşmuş, biri çocukluk diğeri okul arkadaşım olan Baskın'la Tosun'u aramıştım. Türkiye'nin iki önemli dalgıcını! Çanakkale Boğazı'nda 1. Dünya Savaşı'nda batan İngiliz gemilerini çıkarıyorlardı o sırada. Kendileri gelememiş ama bir başka dalgıç arkadaşlarını yollamışlardı. Bana söylenip duran Eren'e avaz avaz bağırmıştım. "Senin yüzünden başımıza gelene bak! Bir de söyleniyorsun!" Ben nereden bulup çıkarıyordum bu çatlak kocaları!

Boğaz'ın sularında anahtar mı bulunur! Bulunamamıştı tabii ki! Yeniden anahtar yaptırmıştık çilingire. Kamyonlarla günlerce toprak taşımış, denizi doldurmuş, üzerine kazıklar çakmış, geceleri gazino olarak kullandıkları, tek katlı, uzun bir bina yapmışlardı. Ne kadar çirkin, zevksiz bir şeydi. Bize komşu sayılan Eczacıbaşıların köşkünün önüne de denk geliyordu bina. Bir davette Nejat Eczacıbaşı'yla dertleşmiştik. Rahmetli Nejat Bey, "Bırakın belediye başkanını, ben valiye kadar çıktım," demişti. "Vali bana ne dedi biliyor musunuz? Azizim bu beni aşıyor. Lütfen kurcalamayın, dedi!"

Şimdi, kapıda durmuş, bu önümde yan yatmış balina gibi uzanan binaya bakıyordum. Bakalım darbeyi yapan komutanların gücü, bu ruhsatsız, izinsiz binayı yıkmaya yetecek miydi?

Hızlı hızlı yürümeye başladım Hayri'yle Fazile'nin evine doğru. Evlerimizin arasındaki yürüme mesafesi üç dakikayı geçmezdi, az sonra onlarda olacaktım. Birden bir motor sesi duydum arkamda, durdum baktım. İçi asker dolu bir GMC yavaşladı, yanımda durdu. Önde oturan asker camı indirdi:

"Sıkıyönetim ilan edildi, sokağa çıkma yasağı var. Haberiniz yok mu sizin?"

Bir an ne diyeceğimi bilemeden durdum.

"Eviniz nerede sizin?"

"Nişantaşı'nda," dedim.

"Burada ne arıyorsunuz?"

"Dün gece bir arkadaşımda kaldım... Şu evde... Şimdi evime dönüyordum çünkü... Çünkü evde kedi var. Gitmezsem açlıktan ölür. Susuz kalır... O yüzden..."

"Kedi uğruna canınızı tehlikeye mi atıyorsunuz?"

"Beni yolda yürüyorum diye kurşuna dizmezsiniz herhalde?"

"Hemen evinize dönün!"

"Ben de evime dönüyordum zaten. Bakın ne diyeceğim, ne tarafa gidiyorsunuz siz? Beni Taksim'e yakın bir noktaya..."

"Binin şuraya haydi!" Asker yere atladı, ben şoförün yanına geçtim, asker benim yanıma oturdu. Yola koyulduk. Yavaş yavaş gidiyorduk bomboş caddede.

"Tam adresinizi verin."

Yiğit'in oturduğu yeri tarif ettim. "Mim Kemal Öke Caddesi," dedim, "hani Emlak Caddesi'ne paralel akan."

"Biz sizi evinizin önünde bırakırız. Sakın çıkmayın dışarı. Yoksa başınız belaya girer!"

Önde, aracı kullananla pencerenin yanında oturan iki askerin arasında hiç konuşmadan gidiyorduk Bebek istikametine doğru. Aşiyan'ı geçtik, Ayşe Sultan Korusu'nun ağzında birkaç kişi duruyordu. Aaa, Oya! Askerin yanındaki açık pencereden, "Oyaaaa!" diye bağırıp el salladım. Oya beni gördü, gözleri faltaşı gibi oldu. GMC'nin peşinden koşar gibi bir hareket yaptı ama koşmadı.

"Ne olur durun da bir sorun olmadığını söyleyeyim arkadaşıma," dedim. "Şimdi zannedecek ki, beni tutukladınız. Panik yapacak, annemi filan arayabilir."

"Ne diye seslendiniz o zaman?"

Aracı kullanan, arabayı durdurdu. Asker kafasını camdan uzatıp bağırdı. "Arkadaşınızı evine götürüyoruz. Merak edecek bir şey yok!"

Ben Oya'nın, "Evi o tarafta değil ki," dediğini duyar gibi oldum ama askerler yollarına devam ettiler. Trafiksiz yollarda çarçabuk geldik Nişantaşı'na. Beni Mim Kemal Öke Caddesi'nde, tam Yiğit'in evinin önünde indirdiler. Apartmana girdim, Yiğit'in katına çıkıp zili çaldım. Kapıyı Yiğit'in aşçısı Hıdır açtı. Yiğit her zamanki yerinde, çalışma masasının arkasında oturuyordu. Yürüdüm masaya doğru, okuduğu dosyadan kafasını kaldırıp baktı.

"Hoş geldin!" dedi.

"Bu kadar mı?"

"Ne bu kadar mı?"

"Yani sormayacak mısın nasıl geldiğimi? Sokağa çıkma yasağında, Yeniköy'den Nişantaşı'na kadar gelmiş olmam sende hiçbir merak ya da heyecan uyandırmadı mı? Neyle geldim, nasıl geldim, merak etmiyor musun?"

"Herhalde arabana binip geldin, çünkü otobüs, dolmuş, taksi işlemiyor," dedi Yiğit.

212

Yiğit'in yüzüne baktım. O da kalın gözlüklerinin ardından, ne olmuş yani dercesine bana bakıyor ve her zamanki gibi bacak bacak üstüne attığı sağ bacağını sinirli sinirli sallıyordu.

"Hayır, arabamla gelmedim. Bir askeri araca binip geldim. Geldiğim için sevinirsin sanmıştım. Yanılmışım. Buraya kadar gelmişim madem, beni görmekten gerçekten mutlu olacak insanların yanına gideyim bari!"

Yanıtını beklemeden hızla kapıya yürüdüm, kapıyı küt diye vurup çıktım. Merdivenlerden inerken arkamdan seslenmesini bekledim ama seslenmedi. Eminim o anda benim niye kızdığımı düşünüyordu. Bomboş caddede karşıya geçtim, Karakol Sokak'tan koşarak Teşvikiye Caddesi'ne çıktım, Alaattin'in dükkânının yanından sapıp Topağacı'ndan aşağı yürümeye başladım. Caddede yakalanmadığıma göre, annemlere kazasız belasız gideceğim belliydi. Biri durduracak olursa, bu kez yemin etsem başım ağrımazdı, baba evime gidiyordum.

Annemlerin ziline uzun uzun bastım. Kapıyı babam açtı.

"Aaa! Mâço! Nasıl geldin kızım? Sitareeeee, koş bak kim geldi! Koş! Koş! Kızım ben sana sokağa çıkma demedim mi? Nasıl geldin? Arabanla mı? Ya yakalansaydın! Ya seni tutuklasalardı!"

Annem de, "Nasıl geldin kızım?" diye çığlıklar atarak geliyordu koridorda. Beni görmekten dolayı sevinç, merak hem de "ya sana bir şey olsaydı" korkusu vardı annemle babamın gözlerinde! Oh, nihayet ait olduğum yerdeydim. Beni gerçekten seven insanların yanında! Yaptığım işin saçmalığını ilk kez, onlara sarıldığımda düşündüm ve ürperdim. Ya başıma bir şey gelseydi, annemle babam nasıl da üzülürlerdi, çocuklarım ne yapardı? Sıktım onları kollarımda, öptüm, öptüm. Durmadan nasıl geldiğimi soruyorlardı.

"Anlatacağım," dedim, "ama önce eve telefon edip Koko'ya size geldiğimi haber vereyim. Beni merak ediyordur şimdi."

Evsiz Barksız Kalmak

Bir çarşamba günüydü galiba, sabah son çekimi teslim etmiş, iki gün izin almıştık bütün ekip. Çocukları okuldan almaya ben gittim. Önceleri de çocukları okuldan hep ben alırdım. Çalışmaya başladığımdan beri onları sabahları okula götüren minibüs bırakıyordu eve. Kerim'le Selim, beni okulun önünde görünce sevindiler. Koşup arabanın arkasına bindiler. Kerim, "Anneciğim, eskiden yaptığımız gibi keşfe çıkalım mı?" diye sordu.

"Çıkalım oğlum. Ne tarafı keşfedelim bugün? Arn... utköy tepelerine gidelim ister misiniz?"

Bağrıştılar arkada, "Gidelim, gidelim!" diye! Gazladım arabayı, Mete'yle Ali'nin de İstanbul'da oldukları zaman sık yaptığımız gibi, dağlara tepelere vurduk, bilmediğimiz yollara girdik. Kimi yolda, yolun darlığından sıkıştık, kiminde geri geri gelmek zorunda kaldık. İstanbul'un bilmediğimiz mahallelerinde, tanımadığımız sokaklarında keşif, keyif aldığımız bir oyundu.

"Metego'yla Alimoli'yi özledim," dedi Kerim.

"Daha yeni döndüler sayılır oğlum."

"Olsun. Özledim. Kayağa gideceğiz yine değil mi anne?"

"Yurtdışına çıkış yasağı var. Sanmıyorum," dedim.

Biraz daha dolandık dar yollarda.

"Anne, benim yarın sınavım var matematikten," dedi Kerim.

"Oğlum niye söylemedin! Eve dönelim hemen, çalış!"

"Problemleri çözemiyorum. Babam da burada değil. Babam ne zaman dönecek anne?"

"Bilmiyorum Kerim?"

"Beni kim çalıştıracak?"

"Benden medet umma canım, ben matematikten çakmam."

"Ben ne yapacağım şimdi?" Sesi giderek ağlamaklı bir hal alıyordu.

"Dedene gidelim diyeceğim ama henüz dönmemiştir eve." Arabayı rasgele sürmekten vazgeçip dönüş yolunu aramaya başladım.

"Beni Mari teyzeye götürsene anneciğim," dedi Kerim. "O şimdi evindedir nasılsa."

"Mari teyzeye mi?" diye sordum şaşkın şaşkın.

"Sen babama kızıp gitmiştin ya, hani Londra'ya..."

"Oğlum, niye babana kızıp da gideyim, ben Mete'yle Ali'yi görmeye gitmiştim."

"Her neyse anne! İşte sen yokken bizi Filiz alırdı bazen okuldan, evine götürürdü, Mari teyze de aşağı katta oturuyor, biliyorsun..."

"Biliyorum tabii."

"Bana matematik ödevlerimde hep yardım etti Mari teyze. Gençken matematik hocasıymış."

"Doğru valla. İyi akıl ettin Tavşan."

Arabamı Barbaros Bulvarı'na doğru gazladım, Dedeman Oteli'nin arkasında kalan sitelere saptım. "Dua et de evde olsun, Mari teyze," dedim.

"Nerede olacak ihtiyar kadın," dedi Selim. "Evdedir. O evinde yoksa biz de Filiz'e uğrarız."

Arabayı Filiz'in oturduğu sitenin avlusuna park ettim. Merdivenleri çıktık, Kerim önden koştu, Mari teyzenin ziline bastı. Kapıyı Mari teyze açtı.

"Kerimakimu! Aaa Selimaki de gelmiş. Ayşemu! Ne güzel sürpriz!" Kollarını yanlara açmış, hepimizi birden kucaklamaya

215

hazırlanıyordu. İçeri girdik. Bize her zaman yaptığı gibi birer bardak suyun yanında sakız reçeli ikram etti. Sonra ben Kerim'i ona bırakıp Selim'i yanıma aldım, bir kat yukarı, Filiz'e çıktım.

"Bir çay koysana," dedim kuzinime. "Kerim aşağıda, Mari teyzeyle ders yapıyor. Bitince haber verecekler ama daha bir saatleri vardır herhalde."

"İnanma, onlar monopol oynuyorlardır."

"Varsın oynasınlar. Bak ne diyeceğim Filiz, çocukları Mari teyzeye daha sık getirmeye karar verdim."

"Oğlan dönem sonunda sınavlara girecek, doğru dürüst bir matematik hocası tutsana çocuğa. Bildiğimiz bütün sistemler değişti Ayşe, Mari teyzenin matematiği naftalin kokuyordur. O artık geçmişe ait, geçmişe!"

"Ben de sırf bunun için getirmek istiyorum oğlanları Mari teyzeye. Matematik dersi için değil, bu şehrin bir zamanlar var olan ruhunu onlar da hissetsinler, sezsinler diye. En azından kulaklarında Rum Türkçesinden bir tını kalsın, makimu'nun anlamını, sakız reçelinin yapıldığı mastikin tadını, başka dine ait bir yakınları olabileceğini bilsinler. Benim çocukluğumun İstanbul'unu azıcık da olsa teneffüs etsinler."

Filiz, "Bugün sinirliyiz biraz," dedi. "Yoksa bana mı öyle geldi? Çayını fincanda mı istersin, bardakta mı?"

Omuz silktim. Gözlerini kısıp yüzüme baktı nen var gibisinden.

Gözlerimle Selim'i işaret ettim. "Gel sincap, sana içerde televizyonu açayım," dedi Filiz, Selim'i çalışma odasına götürüp döndü.

"Sende bir şey var! Ne oldu anlat."

"Mehmet, Mete'yle Ali'nin paralarını kestirmiş."

"Onların okul paralarını dedeleri ödemiyor muydu?"

"Öyleydi. Ama bunlar lise biter bitmez askere gitsin istemiş, çocuklar da kabul etmemişler. Bana karşı geldiler, demiştir babasına. Hem dede çok yaşlı Filiz, tesir altında kalmıştır."

"Ne olacak şimdi?"

"Bilmiyorum Filiz," dedim. "Küçücük yaşta zorla yurtdışına götürdüğü çocukları, üniversite çağında ortada bıraktı. Ali'nin okul taksidini ödemiş ama cep harçlığı vermiyor. Seneye askere gitsinmiş! Oysa Ali üniversiteye gitmek istiyor. Ben İsviçre'de iki çocuğun üniversite masraflarını nasıl öderim? Mete'ye bu sene çakmazsa, Boğaziçi'ne yatay geçiş yaptırmayı düşünüyorum."

"Ne zaman oldu bu?"

"Sorun hep vardı da, parayı tamamen kestiğini bilmiyordum. Geçen gün Ahmet söyledi. Tevekkeli değil, Mete akşamları bir Hint lokantasında çalışmaya başlamış. Babam torunuyla çok iftihar ettiydi, cep parasını kendi çıkarıyor diye ama ben anlamıştım bir terslik olduğunu."

"Aldırma Ayşe be! Herkes zengin çocuğu değil ki bu dünyada. Onlar da sıkıntı çekmek nedir öğrensinler. Nasılsa sonuçta varlıklı çocuklar."

O gün ne Filiz, ne de ben bu iki çocuğun "varlıklı çocuklar" olmayacaklarını, ömür boyu sadece kendi kazanacakları parayla yaşayacaklarını, bir gün zengin olacaklarsa, bu serveti tıpkı dedeleri gibi kendilerinin yapacağını ama dedenin mirasından yararlanamayacaklarını biliyorduk.

"Lokantada çalışmakla dönebilse çark, mesele yok! Ali bu yıl çalışamaz, çünkü hâlâ yatılı okulda. Ama ona da para lazım. Yol parası var, kitap defter parası var... Ne bileyim, cebinde beş kuruşsuz olmaz ki, o yaşta bir çocuk! Ben ne yapacağım Filiz?"

"Telefon edip konuşsana Mehmet'le!"

"Denemedim mi zannediyorsun? Çocuğumun hatırı için aradım. Sorun nedir? Suçu ne? Babası niye ona böyle davranıyor, bilmek istemez mi bir anne?"

"Eee, ne dedi?"

"Konuşamadık ki. Telefonu karısı açtı, ben Mehmet'i istedim. 'Ne konuşacaksınız,' diye sordu, anlattım. Bana müsaade edin, Mehmet'i önce hazırlayayım, dedi."

"Neye hazırlayacakmış?"

"Bilsem! Neyse, telefon numaramı aldı, birkaç gün sonra aradı, Mehmet benimle konuşacakmış ama önce bana küfredecekmiş. Bunu bilmemi istedi. 'Bana niye küfrediyor?' diye sordum. 'Biliyorsunuz huyunu,' dedi. 'Bence siz bir anne olarak çocuklarınız için konuşun ama ben küfür işiteceğinizi söylemiş olayım. Siz yine de konuşun ama.'"

"Ne dedin Ayşe?"

"Yardımınıza teşekkür ederim fakat benim küfür işitmeye hiç niyetim yok," dedim. "Ben küfür işitmeye alışık biri değilim. Kapattım telefonu."

"Hay Allah!" dedi Filiz. Denecek fazla şey de yoktu zaten. Karşılıklı, hiç konuşmadan oturduk. Filiz'le çok güzel susulurdu birlikte. Kedilerin hastalanınca tedavi amacıyla bir yere gizlenmeleri gibiydi tıpkı birlikte içe dönmek. Sükût aracılığıyla ruh tedavisiydi bir nevi.

Kerim yukarı kata tahminimden çabuk geldi. Mari teyze ona çok güzel anlatmıştı dersini. Topladım çocukları, eve dönmek üzere yola koyulduk. İstinye yönünden Yeniköy'e doğru sürüyordum arabayı, ilk fark eden Selim oldu, "Anneciğim, baksana! Bak! Bak! Önümüzdeki o şeyi yıkmışlar," dedi heyecanla. Kerim kaykıldığı yerden doğruldu, ben kaldırıma iyice yanaştım, iki yıldır kimselerin dokunamadığı evimizin önündeki o iğrenç "denizkondu" bir taş ve toprak yığını halinde yarısı kaldırımda, çoğu denizin içinde yatıyordu. Çocuklar sevinç çığlıkları attılar. Ben arabayı garaja soktum. Bahçede yokuş yukarı yürümeye başladık. Hayret, arabamızın sesini her duyduğunda koşarak gelen köpeğimiz meydanda yoktu.

"Zorbaaa!" diye önce bağırdı, sonra ıslık çaldı Kerim. İçime küçük bir endişe düştü. Kapıya varıp zili çaldım. Bekledik. Ne gelen vardı, ne giden. Tuhaf bir şey olmuştu evimizde. On üç yıldan beri ilk defa kapı açılmıyordu. Ne Eren, ne ben, ne de çocuklar yanımızda anahtar taşırdık. Evde her zaman ya Durmuş ya da Durmuş'un bahçıvanlık yapan kardeşi Yaşar olurdu. Afi ve çocukları olurdu. Evi hiç yalnız bırakmazdık. Birine bir şey mi oldu? Kaza mı? Hastalık mı? Koko bir hafta önce Nişantaşı'ndaki evine döndüğünden onun için endişelenmiyordum. Evin arka tarafından dolaşıp zemin katın kapısına geldik. Aaa, o da nesi! Aşağı kapının kilidinde, ucunda bir kâğıt sallanan kırmızı bir şey vardı... Kırmızı balmumu... Büsbütün şaşırdım, bu bir mühürdü! Mührün altında bir ip, ipin ucunda bir kâğıt... Yazılar... Çöktüm taş merdivenlere. Neyin nesiydi bu? Arkadaşlardan biri oyun mu oynuyordu benimle? Kerim'le Selim bahçede köpeği arıyorlardı. Hava kararmaya başlamıştı. Ben mührü kurcalıyordum. Bir ayak sesi duyar gibi oldum bahçede. Baktım, Yaşar yokuşu tırmanıyor. Nefes nefese geldi.

"Yaşar! Ne oldu burada?"

"Sormayın! Neler olmadı ki! Sabah siz gittikten az sonra, buldozerlerle yıkıcılar geldi, denizin üzerindeki lokantayı yıktılar. İçerde sandıklar dolusu içki ve sigara bulmuşlar, belki silah da vardı, bilemiyorum. Meğer orası kaçakçılara aitmiş. Oradaki adamlar, baskın olunca yolun bu tarafındaki evlere kaçışmışlar. Bütün evlerde arama yapıldı. Bize de başlarında bir komutanla bir manga asker geldi, evi sardılar, bahçeyi iyice aradılar. Sonra evin içine girdiler, odaları dolandılar, üst kata çıktıklarında Eren Bey'in teknesinden getirdiği dürbünleri gördüler. Cumbada, pencerenin sapına asmıştı dürbünleri biliyorsunuz. O dürbünleri görünce ne zannettilerse artık, dolapları, çekmeleri açmaya başladılar... Evin içini hiç görmeyin... Her tarafı didik didik ettiler... Dolapların birinden bir beze sarılı tabanca çıktı. Tabanca ordu tabancasıymış meğer. Tabancayı bulunca artık, ev oldu tam toz duman. İlaç kutularına kadar saçtılar etrafa... Tabancayı ve Durmuş'u alıp gittiler. Giderken de evi mühürlediler."

Bir an, bir masalın içindeymişim gibi geldi. Yaşar ürkütücü bir masal yazmış, bana anlamadığım bir dilde okuyordu. Öylece kaldım. Sonra kelimeler yavaş yavaş anlam kazandı, jeton yavaş yavaş düştü.

"Beyin yurtdışında olduğunu söylemediniz mi?" dedim aklıma başka bir şey gelmediğinden.

"Söyledik. Sizi de sordular. Çocuk odalarını, sizin eşyalarınızı gördüler, evin hanımı nerede, çocuklar nerede diye sordular..."

"Ne dediniz?"

"Hanım, beyden ayrıldı, çocuklarını aldı, annesine gitti, dedi Durmuş. Hanım bu evde aylardır oturmuyor artık, dedi. Mahsus öyle söyledi sizin başınızı da belaya sokmamak için. Aman n'olur buralarda dolaşmayın. Hemen gidin siz."

"Durmuş'u nereye götürdüler?"

"Bilmiyorum. Onu hapse atacaklarmış."

"Ne münasebet!"

"Öyle dediler. Mahkemeye çıktıktan sonra salınırmış ancak."

"Afi'yle çocuklar nerede?"

"Üst mahallede, bir akrabalarının evi vardı, oraya gittiler. Ben de gidecektim de sizi bekledim."

"Köpek?"

"Zorba'yı Afi yanına aldı. Burada nasıl bırakalım hayvanı, açlıktan ölsün mü?"

"İyi etmişsiniz. Şimdi ben de içerden birkaç parça eşya alıp..."

"Mühür var hanım."

"Böylece kaldım Yaşar. Çocuklarla benim üstümüze başımıza yeni bir gardırop düzecek halimiz mi var? Sen gelmeden ben tetkik ettim mührü. Pek dandik bir şey! Ben onu güzelce çözeceğim. Alacaklarımı alıp çıkınca yine bağlarız, sen merak etme," dedim. "Sonra da sen beni Afi'ye götürürsün."

İpi mührün üstünde kalan yerinden çözdük. Eve girdik. Aman Tanrım! Ancak filmlerde karşılaşacağım bir manzara vardı karşımda! Salonun hali neyse de, yatak odalarında girmedik delik bırakmamışlardı. Dolapların üstlerinde duran valizler alaşağı edilmiş, daha yeni kaldırdığım yazlık giysilerimiz yerlere saçılmış, tüm çekmeceler boşaltılmıştı. İlaç kutularının içindeki haplar, yatağımın üzerinde tepecikler oluşturmuştu. Don, sutyen, gömlek, çorap, bütün iç çamaşırlarımız... Ürperdim... Bütün giysilerimiz ve dolapların alt katında duran ayakkabılarımız ortadaydı! İçi zaten boşaltılmış iki valiz seçip birine tuvalet malzemelerimi, çamaşırlarımı, bana acilen lazım olacak giysileri doldurdum, diğerini aşağı kata indirdim çocukların eşyaları için. Yarım saat sonra, ortalığı da biraz toparlamış olarak girdiğimiz kapıdan çıktık. Sicimi yeniden kapının tokmağında düğümledim. Kerim'le Selim heyecan içindeydiler. Kendilerini film kahramanları gibi hissediyorlardı. Onlara yol boyunca ertesi gün okulda kimseye hiçbir şey söylememelerini tembihledim sıkı sıkı. Önce Afi'nin kaldığı eve gittik. Afi gözyaşları içindeydi. Kocamı götürdüler diye dövünüp duruyordu.

"Sana söz veriyorum Afi," dedim, "Durmuş'u her neredeyse bulacağım ve onu sana geri getireceğim. Kocanı hapsetmeleri için hiçbir gerekçe yok. Mesele silahsa, o silah Eren Bey'e ait. Ben anlatacağım askerlere her şeyi. Sakın merak etme sen!"

Yaşar'ı Afi'nin yanında bırakıp çıktık.

"Şimdi nereye gidelim, çocuklar?" diye sordum. "Anneanneye mi, babaanneye mi? Nerede kalalım bu akşam?"

"Evimize dönelim," dedi Selim.

"Oğlum, evimizi bir müddet için unut!"

"Bir gece anneannemde, bir gece Koko'da kalalım o halde," dedi Kerim. İlk geceyi Koko'da geçirmeye karar verdim, çünkü esas başı belada olan Eren'di ve bizim Koko'yla baş başa verip Eren için neler yapabileceğimize karar vermemiz gerekiyordu.

Önce tabancanın nereye götürüldüğünü öğrenmemiz gerekiyordu. Evimizi basanlar, Kuzey Saha Komutanlığı'na bağlıymışlar. Koko'nun ısrarı ve gözyaşları karşısında, önce birlikte Büyükdere'deki Kuzey Saha Komutanlığı'na gitmeye karar verdik.

Koko, büyükbabası Serasker Rıza Paşa'nın sürgün yıllarında Fransa'da doğmuş, orada büyümüştü. Ailece Türkiye'ye döndüklerinde yirmi üç yaşındaymış. Bu nedenle bir türlü düzeltemediği bir Fransız aksanıyla ama Osmanlıca kelimelerle konuşurdu. "Doğum"a örneğin, mutlaka "veladet" derdi. Bana, "Sizin veladet tarihiniz nedir efendim?" diye sorduğunda, şu başımın belası velayet davasını soruyor zannedip çok şaşırmıştım. "Sene-i devriye", "lakin" "muazzep" gibi kelimelerle bana dedemi ve nenemi hatırlatırdı. Bir de bu kelimelerin Fransızca aksanla söylendiğini düşünün! Kontrol etmeye çalıştığı aksanı, heyecanlandığında daha da baskın çıkardı.

"Koko, sizi ecnebi zannederlerse, Eren'i de casus zannedebilirler, askerlerin önünde Allah aşkına ağzınızı açmayın. Konuşmaları ben yapacağım," demiştim. Söz vermişti konuşmamaya.

Büyükdere yolunun üzerindeki denize karşı binanın giriş katında, komutanın karşısına oturduk. Ben olayı anlattım. Eren'in o yıktıkları kaçak yapıyla mücadele ederken karakolluk olduğumuzu bile söyledim. Komutan sabırla dinledi, sonra sordu.

"Evinizde ordunun zimmetinde bir silah bulundu. O silahın sizin evinizde ne işi vardı?"

Bu kez, ben 1968 yılındaki Kıbrıs Harekâtı'ndan başlayarak, Eren'in askerlik yaptığı dönemde ona verilen bu fazladan tabancayı eve getirdiğini, ben evde çocuklar var diye korkup tabancayı sakladığım için geri götürmeyi unuttuğunu anlattım.

"Anlıyorum ama ortada bir suç var. Suç, tabancanın orduya iade edilmemiş olması," dedi komutan. "Üstelik biz bir tebligat da yayınladık vatandaşlara, ellerindeki tüm silahları iade etmeleri için."

"Tabancayı ben sarıp sarmalayıp kaldırmışım, yıllar geçmiş, vallahi unutmuştuk evimizde silah olduğunu. Sayın komutanım. Madem bana inanıyorsunuz, siz o tabancayı bana verin, ben hemen şimdi şuracıkta size iade edeyim. Böylece kapatalım bu işi."

"Bu tabancanın üzerinde bir sürü kayıt kuyut var. Bir kere kayda geçmiş, fişlenmiş bulunuyor. Burası ordu hanımefendi, öyle aldım verdimle iş görülmez burada!"

"Eee, ne olacak şimdi?"

"Eşiniz gelecek, teslim olacak. Mahkemesi yapılacak. Her şey anlattığınız gibiyse, aklanacak ya da cezasını çekecek. Aklansa bile tabancayı bunca zaman ukdesinde tutmanın mali cezası mutlaka olur. Ona hazırlıklı olun."

O ana kadar hiç ağzını açmadan uslu uslu oturan Koko, birden sessizliğini bozdu.

"Komutanım, oğlum için dönünce teslim olsun, dediniz. Bu ne demek? Suçlu mu ki teslim olsun?"

"Tabancayı iade etmemekten dolayı suçludur. Mahkemesi başlayana kadar tutuklu kalır."

"Ama bu haksızlık!" dedi Koko. "Bakınız efendim, benim büyükbabam seğaskeğdi. Süğeyya Paşa benim amcamdı. Biz askeğ biğ aileden geliyoğuz. Bizim askeğleğe büyük hüğmetimiz vağdığ, biz..."

"Kok... Efendim... Lütfen!" Gözlerimden ateş fışkırarak baktım Koko'ya.

"Hanımefendi nereli?" diye sordu komutan.

"Kayınvalidem Fransa'da doğmuş büyümüş de..."

"Pağdon Ayşe," dedi Koko, "komutan nasıl biğ aileden geldiğimizi bilsin istedim de..."

"Biz şimdi ne yapalım?" diye sordum bir kez daha.

"Siz şimdi eşinizin bir an evvel yurda dönmesini temin edin ki bu işleri temizlesin."

"Ben ve çocuklarım sokakta kaldık. Evimizi açar mısınız lütfen."

"O ancak, içeri aldığımız kişinin duruşmasından sonra mümkün olur."

"O kişinin durumunu da öğrenmek istiyorum. Onun hiçbir suçu yok. Her nerede tutuluyorsa gidip görüşmek isterim. Duruşma tarihini öğrenmek isterim."

"Nerede olduğunu öğrenmenize yardımcı olurum. Araştırıp haber vereceğim. Duruşma tarihini bilemem. İçerde binlerce insan var. Hepsi duruşma gününü bekliyor."

"O binlerce insanın bir kısmı suçlu olabilir. Zavallı Durmuş'un hiçbir suçu yok."

"Ne yazık ki benim de yapabileceğim bir şey yok," dedi komutan.

Koko'yla teşekkür edip Durmuş'un adını bir kâğıda yazıp çıktık. Arabada Koko bir kere daha, "Pağdon Ayşe," dedi, "konuşmamaya söz veğmiştim ama kendimi tutamadım."

Eren'e de olup biteni haber vermek gerekiyordu. Cep telefonlarının henüz bilinmediği günlerde, Eren'den gelecek telefonu beklemekten başka çaremiz yoktu. Ofisindekilere İsveç'le temasa geçmelerini, Eren'e annesinin evini araması için haber bırakmalarını söyledik. Nihayet dördüncü gün aradı Eren. Annesine bir şey olduğunu zannettiği için telaştaydı. Ertesi gün dönüyordu zaten!

"Sakın gelme, oğlum!" dedi Koko. "Biz Ayşe'yle avukattan randevu aldık, bir önümüzü görelim de öyle gelirsin. Yoksa geldiğin anda tutuklanıp hapse atılacaksın."

Her şey o kadar olağandışıydı ki, Eren uzun süre, anlattıklarımıza inanamadı, onu işlettiğimizi zannetti. Evimizin önündeki kaçak "denizkondu", hayatımızı bir kere daha altüst etmişti. O yurtdışından memleketine dönemiyordu. Durmuş, bir hapishanede Eren'in narına yanıyordu. Afi, iki çocuğu, Yaşar, ben ve oğullarım ve Zorba köpek, bir anda evsiz kalmıştık!

Çocuklarla göçebe hayatımız işte böyle başladı. Ne kadar sıkıntılı bir zamandı hepimiz için. İki koca valiz dolusu eşya ile çıkmıştık ama ne de olsa telaşla çıkmıştık, pek çok şeyi unutmuştuk Yeniköy'de. Çocukların bazı ders kitaplarını almamışız yanımıza. Kerim, bir kere daha eve aynı şekilde girelim diye ısrar ediyordu ama ben şansımı zorlamak istemiyordum. O ilk gece şaşkınlıkla ve çaresizlikle yaptığımı tekrar etmedim hiç. Evde unuttuğumuz eşyaları, kitapları yeniden satın almak zorunda kaldık.

Gece kalmak için çocuklar Koko'ya, ben annemlere yerleştik. Yemeklerimizi bazı akşam annemde, bazı akşam Koko'da yiyorduk. Annemle Koko'nun evlerinin çok yakın olması işimizi kolaylaştırıyordu. Bir o evde bir bu evdeydik. Koko'da yemek yersek annem üzülüyordu; annemde yersek Koko güceniyordu. Sonunda akşam yemeklerimizi, kimin evinde olursak olalım, hep birlikte yemeye başladık. Daha doğrusu, onlar öyle yapmaya başladılar, çünkü benim yemek yemeye vaktim olmuyordu. İşler açılmıştı. Ben film işleriyle de yetinemiyordum artık. Mehmet harçlıklarını kestirdiği için Mete'yle Ali'ye para yollamanın yanı sıra, kocası bizim yüzümüzden hapse düşmüş Afi'yle ailesine de bakmak zorundaydım. Eren Türkiye'ye dönemiyor, kendi oğullarına sahip çıkamıyordu. Tersanesinde işler durmuştu. Bu koca çarkı döndürebilmek için daha fazla para kazanmam gerekiyordu.

Ama nasıl?

Okul arkadaşım Ercan Arıklı geldi aklıma! Daha önceleri onun *Politika* adlı gazetesine bazı yazılar yazmış, araştırmalar yapmıştım. Ercan şimdi birçok derginin başındaydı. Adı o yıllarda Basın Prensi'ne çıkmıştı. Ercan'a bir kahve içmek için uğradım.

"Beni dergilerinde kullansana Ercan," dedim. "Ne istersen onu yazarım. Çeviri yaparım, öykü yazarım, her konuda yazı üretirim dergilere."

"Röportaj yapar mısın?"

"Bak onu yapamam, çünkü gündüzleri çalışıyorum. Ben gece evimde yapabileceğim türde bir iş istiyorum."

"Neden?"

"İhtiyacım var!"

"Kızım, bu kadar zengin kocalarla evlendin, zengin bir sevgilin var, ne ihtiyacı bu böyle?"

"Ercan, ukalalık etmeden bana yardım edecek misin, etmeyecek misin?"

"Edeceğim!" dedi Ercan. "Bir sürü dergi çıkarıyoruz, bak bakalım hangisinde ne yapabilirsin. Sen karar ver." Birini çağırdı. Genç güzel bir kız girdi odaya, beni aldı, dergileri göstermeye götürdü. Yığınla kadın dergisi, erkek dergisi... *Aktüel*'den tutun, *Kadınca*'dan *Erkekçe*'ye, *Kapris*'e kadar onlarca kuşe kâğıtlı, renkli kapaklı dergi.

Yeni bir dönem başladı hayatımda. Gündüzleri her zamanki gibi kamera arkasında çalışıyordum. Yardımcım dünya güzeli bir genç çocuktu: Ilgın Su. Yakışıklılığı, sempatikliğiyle gerçekten de ılgın gibiydi. Rahmetli Ruhi Su'nun oğluydu. Ilgın, çok çalışmam gerektiği bir dönemde sırtımdan çok yük kaldırıyordu. Setlerde çekim bittiğinde, son ödemelerin yapılmasını ona devrediyor, bir koşu eve geliyor, dergilere yazılarımı yazmaya başlıyordum. Sokağa çıkma yasağından dolayı platolarda sabahladığımız gecelerde, tüm ekip homurdanırken bana gün doğardı. Sabaha kadar oturup çalışırdım. Çeviri yapmaya da başlamıştım ama bu kez ansiklopedik diziler değil, araştırma gerektirmeyen, çabucak yapılabilecek pembe diziler çeviriyordum. Elime geçen paranın bir kısmını Mete'yle Ali'ye yolluyordum, kalanı biz İstanbul'dakiler içindi. Üzerime bir pintilik gelmişti. Kendime hiçbir şey alamaz olmuştum. Harcadığım her kuruş batmaya başlamıştı. Çocuklarım sıkıntı çekerken ben nasıl alışveriş ederdim? Bunu alacağıma Mete'ye yollayayım, şunu yapacağıma Ali'ye göndereyim, öyle tuhaf bir ruh haliydi ki, taksiye verdiğim para bile suçluluk duygusu yaratıyordu bende. Mete'yle Ali üniversite diplomalarını alana kadar harcadığım her kuruş battı bana. Berberimi değiştirip en ucuz mahalle berberine gidecek, manikürü pedikürü kesecek, dolmuş olan yere, taksiye binmeyecek, üzerimdeki elbiseler iyice demode olana kadar bir yenisini almayacaktım. Savaş halinde bir ülkenin vatandaşı gibi yaşıyor dum, çünkü ülkem değil ama ben savaştaydım, yaşam savaşında! Bundan da hiç gocunmadım. O yılların bazı alışkanlıkları hep üstüme kaldı. Hâlâ mahalle berberlerine gider, manikürümü, pedikürümü kendim yaparım. Önünde uzun kuyruklar yoksa, dolmuşa binerim.

Evsiz kaldığım o dönemde çok çalışıyordum ama ev kadınlığı görevlerimden tamamıyla kurtulmuştum. Ordu, evimi mühürleyerek çocuklara pişirilecek yemeklerden, yıkanıp ütülenecek üst başlarından ve benzeri ayrıntılardan kurtarmıştı beni. O işlere büyükanneler bakıyordu. Memlekette olup bitenden de tamamen uzak kaldığım bir zaman dilimiydi bu, çünkü ne televizyon seyretmeye vaktim vardı, ne gazete okumaya. Bazı önemli olayları bana babam aktarıyordu. Dünyanın en büyük barajları arasında yer alan Atatürk Barajı'nın temelinin atıldığı, İlhan Erdost'un öldürüldüğü haberlerini babamdan duymuştum, genel ahlakı bozdukları için eşcinsellerin sahneye çıkmalarının yasaklandığını da annemden. Isparta Cezaevi'nden izinli çıkan Yılmaz Güney'in yurtdışına kaçtığından ise sette konuşulurken haberdar olmuştum.

Uluslararası Af Örgütü'ne gelince, o da diğer tüm siyasi partiler, dernekler ve sendikalarla birlikte, darbenin ikinci günü kapatılmıştı. Bu örgüt, bize birkaç beden büyük geldiği için bir daha hiç kurulmadı Türkiye'de.

Bu arada kuzey saha komutanı sözünü tutmuş, Durmuş'un götürüldüğü kışlayı öğrenip bana bildirmişti. Telefonla, bir yetkiliyle konuşmak için randevu aldım. Belki de bir kadının arayıp randevu istemesine alışkın değildi askerler, biraz şaşkınlık sezdim seslerinde ama bana bir gün ve saat belirlediler. Eren'in ofisinden benimle birlikte Hasdal Kışlası'na gelecek bir kahraman aradım. Kimse gönüllü olmadı.

"Neden korkuyorsunuz beyler?" diye sordum. "Alt tarafı içerde yatan biri için görüşmeye gidiyoruz."

"Siz farkında olmayabilirsiniz ama askerlerden uzak durmakta fayda var."

"Neyin farkında değilim? Söyleyin de öğreneyim."

"Önlerine geleni tutukluyorlar."

"Korkacak bir durumunuz mu var?"

"Durmuş'un korkacak durumu mu vardı?"

Söyleyecek söz yoktu. Adresi aldım, bindim arabama, tek başıma Hasdal'a yollandım. Beni neyin beklediğini bilmiyordum ama korkacak hiçbir şeyim olmadığını düşünüyordum. İstanbul henüz oralara kadar yayılmamıştı. Tenha yol çok uzak geldi bana. Nihayet uzaktan kışlanın dış duvarlarını gördüm. Arabamı içeri sokmadılar. Kapıda kontrolden geçtim, kiminle görüşmeye geldiğimi bildirdim, iki asker eşliğinde uzun bir koridorda yürüyüp küçük bir odaya alındım. Kapı üzerime kapandı. Odada bir masa ve dört iskemle vardı. (Yıllar sonra, *Bir Gün* adlı kitabımı yazarken, Nevra ve Zelha'yı buluşturduğum odayı aynı bu oda gibi tarif edecektim.) Az sonra genç, esmer bir asker girdi odaya. Elinde bir dosya vardı. Asker rütbeleri konusunda çok cahil olduğumdan rütbesi neydi bilemiyordum ama tavsiye üzerine önüme her çıkan üniformalıya, "komutanım," diye hitap ediyordum.

"Buyurun," dedi, "sizi dinliyorum."

Karşımdaki askere Durmuş'un hiçbir suçu olmadığını, silahın benim şimdi yurtdışında bulunan kocama ait olduğunu anlattım.

"İşte böyle," dedim. "Durmuş Kale'yi serbest bırakın. Onu almaya geldim."

Güldü. "Silahın sahibi gelip bize teslim olmadan o hiçbir yere gidemez."

"Silah sahibinin bindiği uçak düşerse Durmuş ölene kadar hapis mi yatacak? Bu hiç mantıklı değil!"

"Askerde mantık aranmaz!" dedi karşımda oturan asker.

"Askerde vicdan da mı aranmaz? Asker de insan değil mi? Bakın, silah ona ait değil, dedim size. O, silahın bulunduğu evde çalışan bir aşçı! Bir işçi! Ailesi perişan oldu. Boş yere içerde yatıyor."

"Size yapabileceğim tek iyilik şu: Duruşmasının öne alınmasına çalışacağım. Bir ay içinde duruşmaya çıkması için elimden gel..."

"Bir ay mı? Bir ay kısa zaman mı?"

"Efendim, içerde bir yılı göze almış insanlar var. Telefon numarası bırakın, duruşma günü belli olunca ben haber veririm size."

"Gelmişken onu görebilir miyim?" dedim.

"Sadece beş dakika!"

Yine uzun koridorlarda yürüyüp aşağı kata indik. Bir başka küçük odada bekledim. Biraz sonra kapı açıldı, karşımda Durmuş değil, Durmuş'un karikatürü duruyordu. Önce kendimi tutamayıp güldüm, sonra ağlamaya başladım. Durmuş herhalde on kilo vermişti. Saçları sıfıra vurulduğu için yamru yumru kafasının iki yanında zaten kepçe olan kulakları iki yelken gibi büsbütün belirgin ve büyük duruyordu. Koştu, elimi öpmeye yeltendi, "Ben bildim zaten," dedi. "Arkadaşlara da söyledim, gelse gelse hanım gelir diye!"

"Durmuş, biraz daha sık dişini," dedim. "Tabancanın sana ait olmadığını söyledim. Suçsuz olduğunu hepsi biliyor. Sen bürokrasi yüzünden bekliyorsun burada. En fazla bir ay daha yatar, dedi konuştuğum kişi. Ama bir ay süreceğini zannetmiyorum. Nasılsın? İşkence gördün mü?"

"Yok, işkence filan görmedim. Dayak bile yemedim. Ama şartlar çok kötü, üst üste yatıyoruz koğuşta, yerlerde yatıyoruz. Her gün yeni birileri geliyor koğuşa. Karavana berbat, karnımız doymuyor. Baksanıza halime!"

"Hayırlısıyla çık, hepsini unutursun."

"Benimkiler neredeler? Halleri nasıl?"

"Onları merak etme, o Fatik miydi adı, onun evinde kalıyorlar. Ben bakıyorum onlara. Fatik'e para bıraktım alışverişleri için. Afi'ye de aylığını ödedim. Sen onları düşünme Durmuş."

"Allah razı olsun! Bey daha dönmedi mi?"

"Dönmedi."

"Hay Allah yahu! Nasıl olacak bu işler böyle? Hepimiz senin sırtına bindik."

"Her şey insanlar için. Aldırma, bu günler de geçer," dedim.

Dönüş yolunda, Durmuş'un incecik boynunun üzerindeki kepçe kulaklı kafası gözlerimin önünden gitmiyordu. Adam bizim yüzümüzden içerdeydi, bana ana avrat küfretse hakkı vardı, oysa tevekkülle bekliyordu. Ya ben nasıl anlatacaktım onun halini karısına? Arabamı Yeniköy'ün tepesinde yeni yeni bitmeye başlayan gecekondulardan birinin önünde durdurdum. Afi pencereden arabamı görünce dışarı koştu.

"Durmuş'u gördünüz mü?" diye sordu.

"Gördüm, iyiydi," dedim. "Size selam söyledi. Biraz zayıflamış, o kadar! Afi, bagajda iki kutu erzak var, size getirdim, yardım et de çıkaralım."

1982'ye keyifli girdik. Durmuş tahliye edilmişti, biz de evimize dönebilecektik. Son habere en çok Kerim'le Selim sevinmişlerdi ama hiç aklımıza gelmeyen büyük bir engel vardı. Ev, aylardan beri ısıtılmamıştı, rutubet her yana sinmişti. Koca evi nasıl ısıtacaktık? Çocuklar o kadar ısrar ettiler ki, bir hafta sonu şömineyi yakıp karşısında oturma koşuluyla köpeğimizi de yanımıza alarak evimize gittik. Yüzlerimiz sıcaktan kıpkırmızı, sırtlarımız donarak, şöminede pişirdiğimiz sucukları ekmek arasında yiyerek iki gün geçirdik ve havalar düzelince dönmek üzere güzel evimizi terk ettik.

Yeniköy'e Veda

Paskalya tatilinde Mete'yle Ali İstanbul'a geldiler. Dedeleriyle konuşmak istiyorlardı. Önümüzdeki yıl Ali de üniversiteye başlayacaktı. Mete'nin daha iki senesi vardı bitirmeye. Benim yollayabildiğim parayla geçinmeleri, ev tutmaları, okul masraflarını karşılayabilmeleri mümkün değildi. Dedeleriyle baş başa konuşmak istiyorlardı, çünkü içlerinde dedelerinin paralarının kesildiğini bilmediğine dair güçlü şüpheler uyanmıştı. Eğer dede eskiden yaptığı gibi eğitim masraflarını karşılamak istemiyorsa, bunu bilmeliydiler. O durumda, İstanbul'da benim yanımda yaşayacak, eğitimlerine burada devam edeceklerdi.

Arabamı dedelerinin oturduğu Taksim Gezi'sindeki apartmanın önünde durdurdum.

"Ben şimdi Divan'ın altındaki kafeteryaya gidiyorum. İşiniz bitince oraya gelin, bir şeyler atıştırırız," dedim. İndiler, dedenin apartmanına girdiler. Ben az ilerden dönüş yaptım, Divan'ın önüne gelince arabamı park ettim. Kafeteryaya girip kendime bir çay söyledim. Çay gelmeden çocuklar geldi.

"Hayrola? Dede evde yok muydu?" diye sordum. "Geleceğinizi bildirmiştiniz halbuki!"

"Bizi uşak içeri almadı," dedi Mete.

"Anlamadım?"

"Anne, zili çaldık çaldık, açılmadı. Merak da ettik bir şey mi oldu diye. Çünkü bizi bekliyordu, biliyorsun hatta size ne pi-

231

şirteyim diye sormuştu da biz, zahmet etme dede, çay saatinde geleceğiz, demiştik. Kapı açılmayınca kapıyı yumruklamaya başladık. Uşak açtı. Dedeniz sizi görmek istemiyor, dedi. Ali ayağını kapının arasına sokmuştu, Dedeee diye bağırdı içeri, bizi sahiden istemiyor musun? Sonra uzaktan dedemin sesini duyduk ağlıyor gibi geldi bize..."

"Uşak ne hakla kovuyor sizi?"

"Biz de sorduk aynı soruyu anne, hatta itişip kakıştık biraz. Sonra anladık meseleyi, babam uşağa emir vermiş eve çocukları sokmayacaksın diye. 'Bana ne kızıyorsunuz, ben emir kuluyum, bana söyleneni yapıyorum,' dedi."

"Giremediniz yani içeri?"

"Uşakla sille tokat olmak istemedik dedemin önünde. Babam her saniye telefonla kontrol ediyormuş zaten. Döndük geldik işte."

"Yarın bir daha mı deneseniz?"

"Uşak dedi ki, yarın dedemi uçağa koyup Zürih'e yolluyorlarmış. Babam karşılayacakmış inişte."

"Yalan söylüyordur, bir daha gitmeye kalkışmayın diye."

"Ya doğru söylüyorsa?"

"Öğreniriz," dedim.

Eve gidince, havayollarında çalışan bir arkadaşımı aradım. Yolcunun adını verdim, yarım saat içinde geri döndü. Dede ertesi sabah ilk uçakla Zürih'e uçuyordu.

Akşam Mete'yle Ali, dedelerine bir mektup yazdılar. Konuşma fırsatı bulsalardı söyleyecek olduklarının hepsini anlattılar. Önce mektubu dedenin evine götürüp kapısının altından atmayı düşündük ama "casus uşak" mektubun dedeye ulaşmasına mani olurdu. Bundan vazgeçtik. Sabahın kör karanlığında havaalanına gittik, dedelerinin bineceği uçağın hostesine, ona verdiğimiz mektubu, birinci sınıfta yolculuk edecek olan, çok yaşlı, beyaz saçlı beye ancak uçak havalandıktan sonra iletmesini rica ettik. Mektubun onun eline geçip geçmediğini hiç öğrenemedik ama dedenin torunları için ömür boyu kaydıyla kurduğu fonun o seyahatten sonra kapatıldığını öğrendik. O yıl, yüz yaş civarında olduğunu bildiğimiz dedenin, birkaç yıl önce kendi iradesiyle kurduğu fonu, yine kendi iradesiyle geçersiz kıldığına kimse inanmadı...

Zaman içinde Durmuş ailesine, biz evimize dönmüştük ama Koko henüz Eren'ine kavuşamamıştı. Oğlunu yurda giriş yaparken tutuklatmamak için dağıtmadığı bahşiş kalmıyordu. Ben kayınvalidemin avukatlarıyla hiç tanışmadım ama zavallının anlattıklarından, avukatların yaşlı kadından sürekli para sızdırdıklarını anlamıştım.

"Koko, emin misiniz bu aldıkları paraları söyledikleri yerlere dağıttıklarına, kendi ceplerine atıyor olmasınlar?" diyordum, "Eren'in sadece ihmali var, tabancayı zamanında iade etmeyi unutmuş. Adam kaçakçı değil, katil değil. İhmalin cezası neyse siz sadece onu ödeseniz daha ucuza gelecek. Vermeyin Allah aşkına avuçla parayı bunlara!"

"Ama bana diyorlar ki, bu paraları vermezsek Eren'i giriş yaptığı anda tutuklar, içeri atarlar, duruşma uzak bir tarihe konacak olursa, zavallı Erenim hapis mi yatsın?" diyordu. Ben onu ikaz ettikçe, benden davanın gidişatını saklar olmuştu.

Eren yaza doğru döndü. Birkaç gün gözaltında tutulduktan sonra, Koko'nun dediğine göre, ödediği paraların karşılığında duruşması hemen yapıldı, ihmalden dolayı cezaya çarptırıldı, cezası paraya çevrildi ve bu dava Koko'nun birkaç aile mücevherinin satışına mal olarak nihayet kapandı.

Eren İstanbul'a döndükten sonra bazen annesinde, bazen de otelde kalıyordu.

Havalar ısınınca çocuklarla ben Yeniköy'e yerleşmiştik. Ben yaza doğru aylık bir otel dergisinin yazı işleri müdürlüğünü de üstlenmiştim. Ayrıca, ara sıra gazetelere de yazı veriyordum.

"Niye bu kadar çok çalışıyorsun, kızım?" diye sormuştu babam. "Hasta olacaksın Mâço."

Babama yurtdışındaki çocuklarıma para yolladığımı söylememiştim üzülmesin diye.

"Baba lazım oluyor, biliyorsun, Eren'den para almak istemiyorum."

"Onu anlıyorum ama biraz abarttın bu iş meselesini. Kaşık kadar kaldın kızım."

"Kışın soğuk yerlerde çalışmak yorucuydu. Yaz geliyor baba, yazın işler azalıyor, bir tatil yaparız, toparlanırım."

"Ayşe, seninle bir şey konuşmak istiyorum."

"Söyle baba," dedim. Ayşe'yle başladığımıza göre yine ciddi bir şey geliyordu demek ki. Yanılmamışım.

"Neden boşanmıyorsunuz Eren'le? Başlarda belki barışırsınız diye bir şey söylemedim. Ama seneler geçti, barışmayacağınız belli oldu. Bu durum benim hiç hoşuma gitmiyor kızım. Eğer evsiz kalırım diye düşünüyorsan, anneanneni yanımıza alırız, sen Narmanlı'ya geçersin veya biz anneannenin yanına geçer, sana evimizi bırakırız. Tabii en güzeli senin bizimle oturman olur ama sen bunu istemezsin, kendi evin olsun istersin haklı olarak. Mesele evse hallederiz. Lütfen boşan. Böyle sürüncemede bırakma."

"Baba, biz Eren'le bir düzen kurduk. Kimse bir diğerinin hayatına karışmıyor. Başında boşanmak istemeyen oydu. Şimdi ben de alıştım artık."

"Olmaz. Madem geri dönmeyeceksin, o halde boşan. Kendine yeni bir hayat kur."

"Yeniden evlen mi diyorsun bana! Baba, yetmedi mi kocalardan çektiğim?"

"Yeniden evlen, demiyorum. Kendine yeni bir hayat kur, diyorum."

"Bir hayatım yok mu benim? Ne yapıyorum ben? Sabahtan akşama kadar film setlerinde çalışıyorum. Sonra evime gidiyorum, akşamdan sabaha kadar dergi yazıları için çalışıyorum. Hafta sonları herkes tatil yaparken ben otellerde dergi toplantılarına katılıyorum. Bak baba, bunlara dayanabileyim diye bu yaşımda farmatonlar, vitaminler yutuyorum. Sen bana hâlâ yeni bir hayat kur, diyorsun. Aşk olsun!"

"Hayat mı bu seninki? Bu, kendini çalışarak perişan etmek! Belki düşünmemek için, üzülmemek için! Ben senden neden boşanmanı istedim? Eren'i tamamen geride bırak diye. Beraber yaşamadığın bir insanla evli kalma. Önünde hayat var. Hayata açık ol, kızım."

Mücadele etmedim babamla, "Olur baba," dedim. "Eren'le bir kere daha konuşayım. O da ikna olmuştur artık geri dönüşümüzün olmadığına."

Birkaç gün sonraydı, bir akşam eve çok geç döndüm. Bahçeden yukarı doğru yokuşu tırmanırken Mete'yle Ali'nin odasında ışık gördüm. Bana sürpriz yapıp gelmiş olabilirler miydi? Yok, olamaz, çünkü gelecek olsalar, onlara biletlerini yollamam gerekecekti. Zaten her ikisinin de okudukları okullar tatil olmamıştı henüz. Herhalde Kerim veya Selim ışığı açık unutmuşlardır diye düşündüm. Eve girdim, ışığı söndürmek için odaya doğru yürüdüm, kapı açıktı. "Aaa! Sen burada ne arıyorsun?" dedim yataklardan birinin içindeki Eren'e.

"Korkuttun beni!"

"Annem badana yaptırdı arka odalarda, koku çıkmadı. O da bir arkadaşında yatıyor bu gece. Ben her zamanki otelimde yer bulamadım. Birkaç gece için geldim," dedi.

"İyi ettin. Çocuklar gördü mü seni?"

"Gördüler. Beraber televizyon seyrettik," dedi Eren.

"Eren, iyi oldu geldiğin. Sabah seninle konuşalım biraz olur mu?"

"Sen nereden böyle? Yiğit'le miydin?"

Yanıtlamadım.

"İstersen şimdi konuşalım Ayşe," dedi Eren. "Otursana şuraya." Diğer yatağa iliştim.

"Senin de artık bir sevgilin var. Sanırım ayrılmamızın zamanı geldi."

"Ben de bunu konuşacaktım seninle. Bir an önce birer avukat edinelim ve bu işi bitirelim Eren."

"Ben seni ikna edemedim."

"Bu, ikna etme meselesi değil, benim için bir prensip meselesi. Kusura bakma."

"Avukatın Yiğit mi olacak?"

"Daha neler! Ya Ahmet'e ya da Ali'ye gidelim. Aynı avukatlık bürosunda halledilsin işimiz."

"Allahtan bir sürü avukat arkadaşımız var," dedi Eren. "Sabah seçeriz içlerinden birini."

"İyi geceler," dedim kapısını çekerken. Babama verecek iyi bir haberim olacaktı yarın sabah. Sevindim. Babamı memnun etmek sevindirirdi beni.

Biz boşanma kararı alınca Eren'le annesi evimizi satılığa çıkardılar. Yeniköy, hepimiz için bitmişti. O evde yıllarca, çoluk çocuk, arkadaşlarımızla, arkadaşlarımızın çocuklarıyla, aile büyüklerimizle, çok keyifli, çok mutlu günler geçirmiştik. Yazın havuz başı, kışın şömine keyfi yapmıştık. Partiler vermiştik. Güzel günlerimiz, kötü günlerimizden fazlaydı. Ama her şeyin olduğu gibi, Yeniköy'ün de sonu gelmişti. Koko'nun, Eren'in ve benim gücümüz o evi tamire, ısıtmaya, çevirmeye yetmiyordu.

Kerim'le Selim'i İngiltere'de bir okula yazdırmıştık. Beşinci sınıfı bitirdikten sonra, Kerim okula Sherborne School'da devam edecek, bir yıl sonra da Selim aynı okula gidecekti. Bu sefer ben de itiraz etmemiştim yurtdışına çıkışlarına. Anneleri ve babaları boşanıyordu. Baba sürekli yurtdışındaydı, anne gece yarılarına

236

kadar çalışıyordu. Çocuklarımın her bakımdan iyi bir yatılı okulda daha düzenli yaşayacaklarına ben de ikna olmuştum. Üstelik çocuk hasretiyle yaşamaya şerbetliydim. Bu sefer benden çok, çocuklar mağdur oluyordu. Zavallılar, doğup büyüdükleri evlerini, sadece evlerini mi, çocukluk anılarının her bir köşeye sindiği beş dönümlük bahçelerini, o bahçedeki gizli köşelerini, kamp yaptıkları Cennet'i, üzerine ev kurdukları ağaçlarını vatan terk eder gibi terk edeceklerdi.

Yeniköy'deki son günlerimiz kış aylarına rastladı. Mete'yle Ali'yi sırf son günleri birlikte yaşamak için kış tatilinde İstanbul'a getirttim. Ben ve dört çocuğum bir zamanlar çok mutlu yaşadığımız evimizden hiç çıkmadan bir hafta geçirdik. Durmuş bize özel Yeniköy yemeklerimizi pişirdi. Annemi, babamı, Koko'yu çağırmadığımız zamanlarda ise kayınpederimi davet ettik. Yeniköy'deki son yemeklerimizi yedik. Eren yine yurtdışındaydı. O, son günlerin hüzünlü keyfini yaşayamadı.

Nihayet "son gün" geldi. Kerim'le Selim Cennet'teki kamplarında yatmaya kalktılar. Ne kadar kalın giyinirlerse giyinsinler, hava soğuktu, onları zor ikna ettik yataklarında yatmaya. Ben gece hiç uyuyamadım. Yataktan kalkıp aşağı kata indiğimde saat beşe geliyordu. Zaten çok erken kalkacaktık uçağa yetişmek için. Çayı koyup kahvaltıyı hazır ettikten sonra çocukların odalarına baktım, Mete'yle Ali kendi odalarında uyuyorlardı. Yandaki odada Kerim'le Selim yataklarında yoktu!

"Aman Allahım! Gece bahçede yatmışlar! Donmuşlardır! Hasta olacaklar giderayak!" Söylene söylene, portmantodan kaptığım gocuğu sırtıma atıp, çizmelerimi çorapsız ayaklarıma geçirip bahçeye fırladım, kamplarını kurdukları yere gittim doğruca. Orada yoklardı. Geceyi çadırın içinde geçirmedikleri de belliydi. Neredeydi bunlar? Havuzun yukarısındaki ormanlık alanda köpeğin kuyruğu bir an gözüküp kayboldu. Oraya doğru koştum. İki kardeş, Boğaz'ı tabak gibi gören noktadaki ağacın altına çökmüş, omuz omuza vermiş, odalarından getirdikleri battaniyeye sarınmış ağlıyorlardı. Sarıldım çocuklarıma, "Daha çok güzel evler, güzel günler göreceksiniz çocuklar," dedim. "Ben de çocukluğumu geçirdiğim dedemin köşkünden ayrılırken sizin gibi üzülmüştüm. Bakın, sonra Allah bana burada yaşamayı nasip etti. Hayat akan bir sudur ama bazen berrak, bazen bulanık akar! Haydi gelin, eve gidip Mete'yle Ali'yi uyandıralım, kahvaltı edelim."

"Sen git anneciğim," dedi Kerim. "Biz biraz da Cennet'te dolanacağız, gitmeden."

O sabah terk ettiğimiz Yeniköy'e bir daha hiç dönmedik. Ama Yeniköy hep yüreğimizde yaşadı. Ne zaman çocuklarla bir araya gelsek hep Yeniköy'e ait anıları deşer, o günlere döneriz. Yirmili yaşlarına kadar, çocuklar ileride zengin olup Yeniköy'deki evlerini geri almayı ve evi büyütüp orada hep birlikte oturmayı düşlediler. Bu düş gerçekleşemedi. Babasının haylaz olduğunu iddia ederek eğitim parasını kestirdiği Mete, halası Tomris'in de katkısıyla üniversiteyi bitirdi, iş hayatına atıldı, çok başarılı oldu ve sekiz yaşından beri yaşamakta olduğu Cenevre'de, alnının teriyle kazandığı parayla, karısı ve kızları için bahçe içinde, göl manzaralı, çok güzel bir ev yaptırdı. Kardeşlerini, beni ve rahmetli Tomris'in çocuklarını sık sık ağırladığı evinin adını YENİKÖY koydu.

Yeni Hayat

Yeni hayat!
　Yeni ev!
　　Yeni iş!
　　　Yeni kâbus!

Sırasıyla gidelim: Yeni hayat, yeni evde başladı. Yeni ev, Nişantaşı'nda, Valikonağı Caddesi'nden fırının yanındaki sokağa girer girmez ikinci binanın ikinci katındaki daireydi. Annemin ve Koko'nun evlerine, hatta Yiğit'in evine üç-beş dakika, dünyaya geldiğim hastaneye ise iki dakika mesafedeydi! Her yere yakındı. Ulaşımı kolaydı. Bunlar iyi yanlarıydı. Kötü yanı, arabamı koyacak garajı yoktu, yakınlarda bir yerde park yeri de yoktu. Gelecektin evine, sokağında dört beş tur atacaktın, bir yer açıldıysa ne âlâ! Yoksa sokaklar ötesi bir yere park edip sabah da hatırlamaya çalışacaktın nereye park ettiğini. Sabah arabanı bulduğunda seni bir kötü sürpriz bekleyebilirdi; ya arabanın camı kırılmıştır, sigortaya yaptırırsın, ya camı kırılıp radyon çalınmıştır, tövbe edip bir daha radyo taktırmazsın ya da arabanın yerinde yeller esiyordur. Birinci ve ikinci şıklarla yaşamayı öğrendim ama üçüncü şık başıma hiç gelmedi.

Ev, Tefo'ya aitti. Tapusu hâlâ yıllarca önce ölmüş babasının üzerindeydi ve birtakım ipotekleri vardı. Satılabilmesi için ipoteklerin ödenmesi gerekiyordu. Bu nedenle ev, değerinin oldukça altında, ucuza satılıyordu. Üstelik Tefo, Eren'den bir zamanlar bir deniz motoru satın almıştı da ödeyememiş miydi neydi, o motorun borcunu da düşecekti. Eğer Nişantaşı'nda oturacaksam, ancak bu eve yetebiliyordu param. Her zamanki aceleciliğimle eve hemen talip oldum. Sonuçta ev çok da ucuza gelmedi, çünkü mutfağın ve banyonun elden geçmesine, boyaya, badanaya ihtiyacı vardı. Üstelik elektriği, havagazını açtırabilmek için evden son çıkan kiracının bıraktığı borçları kapatmak zorunda kalmıştım.

Evi bana Yücel toparlamıştı. Yücel bir mimari deha olduğu için ev bittiğinde tanınmaz hale gelmişti. Oysa annemle babam ne zorluklar çıkarmışlardı bana! Evi birlikte gezdiğimizin ertesinde, babam erkenden telefon edip annemin sabaha kadar uyuyamadığını, o evin bana yakışmadığını söylemiş, daha uygun bir yer bulana kadar onlarla kalmamda ısrar etmişti. Ya çocuklar! Kerim resmen ağlamıştı. Selim surat asmıştı. Mete'yle Ali, evin ilk halini görmemişlerdi Allahtan. Ev, Yücel'in elinden geçtikten sonra, annemle babam mahcup olmuşlar, Kerim'le Selim, "Bu bir mucize!" diye bağırmışlardı. Çocukların Yeniköy'deki odalarından söktürdüğüm koyu mavi kütüphaneyi ve gemi ranzalarını andıran yataklarını yeni evdeki odalarına taşıtmıştım, elbette boylarından ve enlerinden yirmişer santim kestirerek. Oturma odamı, hep hayal ettiğim gibi, baştanbaşa halı kaplatmıştım. Nenemden kalan bir iki antika parça salonda yerlerini almışlardı. Kütüphanemi mecburen oturma odama koymuştum. Bana armağan ettiği ansiklopedilerden istediği zaman yararlanabilsin diye babama da bir anahtar vermiştim. "Baba, ne zaman istersen bana hiç sormadan gel, gir içeri," dememe rağmen, gelmeden önce hep telefon ederdi. İşten dönerdim, bakardım babam kütüphanenin yanındaki koltuğa oturmuş, dizinde bir kitap, not alıyor. İçim ısınırdı. Evimiz küçüktü ama dört çocuğumla gayet rahat sığışmıştık. Mete'yle Ali geldiğinde benim odamda yatarlardı, ben salondaki kanepeye geçerdim. Kısacası, hepimizi kucaklayan, sıcak bir ev olmuştu, on yıl boyunca oturduğum, Madalyon Sokak'taki evim.

Yeni iş:

Yiğit'le tiyatrodaydık. Ne seyrettiğimizi hatırlayamıyorum. Üç sıra önümde Betül Mardin oturuyordu. Arada dışarı çıktık, Yiğit sigara içiyordu, ben sigara içmediğim için yerime ondan önce dönüp oturdum. Betül M. belli ki hiç çıkmamıştı dışarı. Aramızdaki sıralar boştu, bana döndü, "Ayşe, sen şimdi ne yapıyorsun?" diye sordu.

"Bir kampanyayı yeni bitirdik. Biraz dinlenip yine çekimlere başlayacağım, çünkü dergi ve gazetelere yazmak, çarkı döndürmeme yetmiyor," dedim.

"Halkla ilişkiler yapmayı düşünür müsün?" dedi.

"Nasıl yani?"

İnsanlar yerlerine dönmeye, aramızdaki sıralara oturmaya başlamışlardı.

"Yarın sabah bana telefon etsene," dedi. "Hatta daha iyisi, bana sabah kahvesine gel."

"On bir iyi mi?"

"On olsun!"

Ertesi gün pazardı. Sabah tam onda Betül M.'nin Teşvikiye'deki evinin kapısındaydım. Saat tam on ikide yeni bir işim vardı. Asil Nadir'in PollyPeck ve Nadir Şirketler Grubu'nda halkla ilişkiler elemanı, Betül M.'nin deyişiyle, House PR'ıydım.

Betül Mardin, şirketin halkla ilişkiler danışmanıydı. Nadir Şirketler Grubu'nun yanı sıra, pek çok büyük firmaya daha danışmanlık yapıyordu. Örneğin Sheraton Oteli'nin, bir denizcilik firmasının, bir derginin ve pek çok işadamının PR'ıydı. İşi başından aşkındı. Asil Nadir'in Türkiye'deki işleriyse giderek büyüyordu. Sürekli yanlarında bulunacak bir PR'a ihtiyaçları oluyordu. O, ben olacaktım. Betül M.'nin şirket içindeki eli, kolu, adeta uzantısı olacaktım.

"Hayatımda böyle bir iş yapmadım ki Betûlcüğüm, nasıl kabul edebilirim bu teklifi?" dediğimde, "Seni ben yetiştireceğim," demişti. "Halkla ilişkilerde üç önemli unsur vardır: Birincisi, organizasyon yeteneği. Sen yıllardır sahne yapımcılığı yapıyorsun, daniskasını biliyorsun organizasyonun. İki, yazı yazma yeteneği, o da sende var. Üçüncüsü, itici olmayan kişilik! Konuşturma beni artık, tamam mı?"

"Betûl, bak öğreteceksin bana ama... Bir de ücret konuşalım... Çünkü ben film işlerinden iyi para kazanıyorum."

"Ücret kolay. Onu pazartesi günü muhasebe müdürüyle konuşursun."

Pazartesi günü muhasebe müdürüyle anlaşmıştık ama Tunca'ya dert anlatmak kolay olmadı. Tunca'yla uzun süren işbirliğimiz sırasında benim ara sıra başka yönetmenlerle de çalıştığım olmuştu. Filma adlı bir şirkete film çektiğimiz sıralarda, Filma yönetmenlerin yapımcılarını her çekimde değiştiriyordu. Ben "dürüst ve çalışkan yapımcı" olarak isim yaptığımdan, beni ısrarla isteyen yönetmenler vardı. Üstün Barışta bunlardan biriydi örneğin. Tunca her seferinde küsüyordu bana ama ben her değişik yönetmenden bir başka şey öğreniyordum. Ali Tara'yla da birlikte çok film çekmiştik. Fakat kiminle çalışırsam çalışayım, sonunda yine birbirimizi buluyorduk Tunca ile. Yeni iş bambaşka bir pencere açıyordu bana. Dönüşüm olmayabilirdi ve bu Tunca'yı üzüyordu. Aslında beni de üzüyordu. Hiçbir iş, o heyecanlı, koşuşturmalı, dayanışmalı çekimlerin yerini tutmadı.

Yeni işimde neler yapıyordum?

Sabah Taksim Gezi'sindeki işime yürüyerek gidiyordum. Sabah sekiz buçukta işteydim. Kimseler gelmeden! Kimseler gazetelere el koymadan! Bütün gazeteleri baştan sona okuyordum. Nadir Şirketler Grubu'yla ilgili ne varsa, rakip firmalar, benzeri işler, şirket hakkında yazı, hepsi işaretleniyordu. Sonra kesiyordum bu haberleri. Dosya kâğıtlarına yapıştırıp dosyalıyordum.

Dört beş değişik şirketin her birinin ayrı dosyası vardı. Bunun için özel bir yetenek veya üstün zekâ gerekmiyordu. Hatta elimde makas, kırt kırt gazete keserken, "Ben burada ne arıyorum?" diye sorduğum da oluyordu kendime.

O yıllarda Türkiye'de Beta kasetler kullanılıyordu. Asil Nadir, sistemi değiştirmek, çok daha gelişmiş olan ve artık tüm dünyanın kullanmaya başladığı VHS kasetleri pazarlamak istiyordu. Ben çeşitli yabancı dergilerden VHS ile ilgili yazılar bulup onlardan yarı tercüme yarı uyarlamayla yeni makaleler üretip gazete ve dergilere yolluyordum. Bunun adı, çaktırmadan beyin yıkamaydı. Yani insanlara önce VHS diye bir ürünün olduğu haber veriliyor, sonra bu ürün çeşitli vesilelerle övülüyor, yavaş yavaş ne müthiş bir ürün olduğu kafalara kazınmaya başlıyordu. Bu yabancı dergilerden derleme, uyarlama, çevirme işi, benim ilk otomobil dergisini çıkardığım günden bu yana yapmaya alışık olduğum şeylerdi, o bakımdan kolaydı işim. Ama bütün gün masada oturmak zor geliyordu doğrusu.

İkinci ayın sonunda hayatım hareketlenmiş, masa başı işim azalmıştı. Gördüm ki, halkla ilişkilerin hareketli çalışmaları, koşuşturmaları, haber kesmekten çok daha mühim işleri de varmış! En önemlilerinden birini, Betül M. öğretiyordu bana: Çalıştığı firmaya ya da kişiye bir duruş, bir imaj kazandırmak. Eğer imajı bozulmuşsa, bu imajı düzeltmek. İşte, Asil Nadir'in Kıbrıs'taki işyerlerinin imaj durumunu incelemek, ona önerilerde bulunmak için yaptığımız Kıbrıs yolculuğu, hayatımın en yararlı ve en eğlenceli seyahatlerinden biri oldu. İstanbul ofisinden beş kişilik bir grupla gittik. Kasım ayında İstanbul soğuktu fakat Kıbrıs'ta limonata gibi bir hava vardı. Uçaktan indik, arabalara binerek Girne'ye doğru yola koyulduk. Ben Betül M. ile aynı arabadaydım. Yol boyunca tüm işaretlere dikkat etti, Nadir Şirketler Grubu'nu gösteren bir ok veya işaret var mı, yok mu? Binanın ana kapısı nasıl? Merdivenleri yıpranmış mı? Aklımın ucuna gelmeyecek yüzlerce ayrıntıyı kaydettirdi bana. Bir de binanın içinde yaptığımız gözlemler var ki, onlara hiç girmeyeyim, başlı başına bir bölümü doldurabilirler. Kıbrıs'tan döndüğümde, halkla ilişkilerin ana felsefesini yakalamıştım Betûl Mardin'in sayesinde. Film setlerindeki koşuşturma bu işte yoktu, eğer bir davet vermiyorsak, yabancı işadamlarına yemek yedirmiyorsak, gece yarılarına kadar sürmüyordu ama çok ciddiye alınması gereken bir işti. Üstüme bir blucin çekip, kazak geçirip gidemiyordum işyerine. Özenli giyinmem, bakımlı olmam, akıllı olmam gerekiyordu.

Benim için en avantajlı olan yanıysa, akşamları dergilere yazacağım yazılara vakit kalabilmesiydi. Hatta *Dünya* gazetesinde, bizim patronun hissesi mi vardı, hatırı mı, bilemeyeceğim ama bana yazı yazma imkânı da yaratılmıştı. Kalemi elime alınca dinlenmek, eğlenmek, rahatlamak ve mutlu olmak için küçük hikâyeler de yazmaya başlamıştım tekrardan.

1 Nisan 1983

Babam seksen yaşına basacaktı. Ona çok değerli bir hediye vermek istedim. Babama hediye vermek de kolay değildi. Kol saati takmazdı. Anneannemin ona annemle evlenirlerken hediye ettiği köstekli cep saatini kullanırdı hâlâ. Dolmakalemini de amcam hediye etmişti, mühendis mektebini bitirdiği yıl, asla değiştirmezdi. Çakmak kullanmazdı. Her zaman yaptığım gibi kitap vermek de ben istemedim bu sefer. Oturdum, babama bir şiir yazdım.

Sonra bu şiiri o yıllarda her ayın birinde çıkan bir sanat dergisine götürdüm. Çünkü babamın doğum günü, derginin çıkış gününe denk düşüyordu. 1 Nisan! Derginin yöneticisini tanıyordum. Kitaplarla, dosyalarla kaplı masasının ardında oturan yönetici şiirimi okudu, beğendiğini söyledi ve bana nisan ayındaki dergiye basacağına söz verdi.

Yetinmedim. Şiiri Emin Barın'ın öğrencisi Yılmaz Özbek'e götürüp elyazısıyla bir kartona yazdırdım, çerçevelettim. İyi ki yapmışım bunu. Çünkü 1 Nisan'da aldığım sanat dergisinde babama yazdığım şiir yoktu! Telefona sarılıp yöneticiyi aradım.

"Bu ay, Anadolu Medeniyetleri Sergisi girdi araya, yer kalmadı, kusura bakma," dedi. "Mayıs ayında basarız."

"Söz mü?"

"Söz!"

Babama ayrıca yeni evimde bir doğum günü partisi hazırlamıştım. Annemle babamın Soysal Apartmanı'nda oturdukları

245

günlerden bu yana, bağlarını hiç koparmadıkları komşularımızı, gençlik arkadaşları olan Piraye ve Halis Kaynar'ı, annemin en sevgili arkadaşı rahmetli Sacide'nin kardeşleri Cahide'yle Akgün'ü ve bütün bu insanların benim yaşımdaki çocuklarıyla, Kerim'le Selim yaşındaki torunlarını, o yıllarda çok sık görüştüğüm ve annemle babamın da çok sevdiği arkadaşlarım Yücel'i, Nil'i, Sirel'i doğum gününe davet ettim. Üç kuşağın bir arada olduğu bir geceydi. Kerim ve Selim dedelerine bir cam balık almışlar, onu yüzlerce gazete kâğıdına sararak kocaman bir kutu yapmışlardı. Hepimiz babama armağanlarımızı verdik. Babam benim hediyem karşısında çok duygulandı. Oya Başak arkadaşım şiirimi yüksek sesle okudu. Şiir bitince ben, "Babacığım, aslında hediyen Anadolu Medeniyetleri yüzünden eksik kaldı," dedim. "O sergi araya girmeseydi, şimdi şiirini ayrıca bir de sanat dergisinde okuyor olacaktın. Ama sen ömrünü Anadolu için heba etmiş insansın, bu sergi yüzünden bir ay beklemekten gocunmazsın, değil mi? Şiirin mayıs ayında çıkacak."

"Çifte armağan olacak bana. Ne iyi!" dedi babam, sonra torunlarının açması dakikalar süren hediye paketini açmaya başladı. Kerim'le Selim, bir ara benden anahtarı alıp, koşa koşa babamın evine gidip yatağına da bazı sürprizler bırakmışlardı, 1 Nisan şerefine. Çok keyifli bir akşamdı. Uzun zamandır bu kadar iyi vakit geçirmemiştik. Hepimiz çok mutluyduk ve babam seksen yaşına basarken altmış yaşından bir gün almamış gibi duruyordu.

Neye Niyet Neye Kısmet

Annem, babam ve ben, çocukluğumdan beri hayalini kurduğumuz ama bir türlü yapamadığımız yolculuğumuzu nihayet yapmaya karar verdik. Babam bana ben çocukken kartpostallar yollardı gittiği yerlerden. Yurtiçi olsun, yurtdışı olsun, hepsine, "Bir gün buraları birlikte gezeceğiz kızım," diye yazardı. Sonra nasıl bir hayat kavgasının içine düştüyse, bir Bodrum seyahati hariç, hiçbir yeri birlikte gezemedik babamla. Yıllar önce, bir keresinde, biletlerimizi bile hazır etmiştik ama 27 Mayıs Darbesi olmuş, çıkışlar yasaklanmıştı. Şimdi, son darbe yüzünden kaldırılan çıkışlar yeniden konmuşken elimiz yüksek faizlerden dolayı biraz para görmüşken, üçümüz kafa kafaya verip bir yolculuk programı yaptık. Paskalya tatilinde, önce Cenevre'ye uğrayıp Mete'yle Ali'yi görecektik, sonra Londra'ya geçip Semra'nın evinde kalacaktık birkaç hafta. Biletleri ayırttık, çocuklara haber verdik, üçümüzün birlikte gidişini kıskanan ve huysuzlanan anneannemi, yazın onu da Bodrum'a götüreceğimize söz vererek teskin ettik. Her şey hazırdı. Gidişimize beş gün kalmıştı. Sabah uyandım, gazeteyi açtım ki, Banker Kastelli yurtdışına kaçmış. Ben haberin ayrıntılarını okurken babam aradı. Haberim var mıydı? Bütün bankerlere ve bu tür para işi yapan kurumlara el konuyordu! Hayır, henüz ondan haberim yoktu. Anneannemin mülklerini satarak edindiğimiz paramız uçmak üzereydi. Önce işe telefon edip o gün gelemeyeceğimi söyledim ve sonra Yiğit'i aradım. Yiğit, paramızı yatırdığımız Meban'ın yönetim kurulu üyesiydi.

"Mahvoldum! Ne yapacağım ben şimdi Yiğit? Anneannemin tüm varlığı Meban'da! Bana bir yol göster!" diye yalvardım.

"Hemen panik yapma, bana da biraz müsaade et," dedi. "Durumu öğrenip arayacağım seni."

Durum kısa sürede anlaşıldı. O yüzde yetmişlik, yüzde altmışlık faizlere veda ediyorduk. Faizler yüzde kırktan yukarı çıkmayacaktı bundan böyle. Ayaklar yere basıyordu nihayet! Herkes haddini yeniden öğreniyor, biliyordu. Ayağını yorganına göre uzatma devri yeniden başlıyordu. Biz zengin değildik. Zenginmişiz gibi davranamazdık. Benim halkla ilişkileri bırakıp film işlerine, keyfime göre öykü yazmayı bırakıp *Kapris*'e *Gerçek Yaşam Öyküleri* yazmaya dönmem gerekiyordu. Hepsine razıydım ama bugüne kadar her hatırladığımda içimi yakan, annem ve babamla yolculuğa çıkamamaya razı değildim.

"Paranın peşinde kimse senin gibi koşamaz Ayşe," demişti Yiğit. "Bu iş vekâlet vermekle filan olmaz! Meban hisselerinin Vakıflar Bankası'na devri sırasında sen mutlaka burada olmalısın."

Ben annemle, babamla birlikte yapacağımız ilk yurtdışı yolculuğumuza işte bu yüzden gidemedim. Babama bunu bildirdiğimde yüzündeki hayal kırıklığını hiç unutmayacağım. Onları arabamla havaalanına götürdüm. Ayrılırken, "Çok istedik ama nasip değilmiş Mâço. Allah kısmet ederse önümüzdeki yıl gideriz," dedi babam. Belli etmemeye çalışıyordu ama benim onlara katılamayışıma çok üzülmüştü.

"Paralarımızı Meban'a yatırmasaydık şimdi birlikte gidiyor olacaktık," dedi annem.

"Meban'a yatırmasaydık, bizi bu seyahate götürecek paramız da olmayacaktı Sitare!"

248

"Olan oldu! Siz şimdi çok iyi vakit geçirmeye, gezip eğlenmeye bakın. Mete'yle Ali'yi benim için çok çok öpün," dedim. "Baba, pek belli etmeden nasihat et onlara sigara içmemeleri için, olur mu?"

"Olmaz Mâço, kırk yılın birinde torunlarımı ziyarete gidiyorum, kafalarını ütületme bana," dedi babam. Bir kere daha kucakladım ikisini de, güvenlikten geçip gözden kaybolana kadar el salladım arkalarından. Arabama bindim, dönüş yolunda, "Ah," dedim kendi kendime, "acaba o topal adama yatırsaydık paramızı, şimdi ben de onlarla gidiyor olur muydum acaba?"

Anneannemin mülklerinin satışından elimize geçen parayla ne yapacağımızı bilememiştik bir süre. Babam bankaya yatırmak istiyor, annemle anneannem daha yüksek faiz veren bankerleri tercih ediyorlardı. Biz düşünüp dururken bir arkadaşım, çok yüksek faiz veren bir tanıdığını salık vermişti. Adresini almış, babamla birlikte görüşmeye gitmiştik. Gümüşsuyu'nda bir apartmanda oturuyordu görüşeceğimiz kişi. Bizi başkalarının da yan yana konmuş koltuklarda oturduğu bir salona almışlardı. Salonun başköşesindeki koltuğa ufak tefek, orta yaşlı bir adam kurulmuştu. Elimizi sıkmak üzere ayağa kalkıp bize doğru yürüdüğünde, bir ayağının aksadığını görmüştük. Pat diye girmişti lafa. "Kaç para yatıracaksınız?" diye sormuştu. Babam, hiç tanımadığı insanların ortasında uluorta sorulan sorudan rahatsız olmuş, "Faiz oranınızı öğrenebilir miyiz, beyefendi?" demişti.

"Miktara göre değişir. Şu miktara kadar bu kadar, bu miktarın üzerinde olursa, şu kadar!"

Söylediği rakamlar yüksekti.

"Nasıl bir garanti veriyorsunuz?"

"Anlamadım," demişti adam.

"Beyefendi, ben size paramı teslim edeceğim. Karşılığında bir ipotek mi, senet mi, ne veriyorsunuz efendim?"

"Sözümü veriyorum."

"Siz de bu parayı işletmesi için bir başkasına vereceksiniz. O kişi, söz verdiği faizi veremezse ya da anaparayı yakarsa..."

"Yakamaz, çünkü yakarsa," elini tabanca gibi yapmıştı adam, "dan dan dan! Anladınız mı efendim?"

Babamla göz göze gelmiştik. "Haydi kızım, biz müsaade isteyelim," demişti babam. Kalkmıştık. Kapıya doğru yürürken arkamızdan bağırmıştı ev sahibi: "Nereye?"

"Biz biraz düşünelim efendim," demişti babam. Kapının dışına atmıştık kendimizi.

"Kim yolladı bizi buraya? Kim verdi bu adresi sana? Sen ne biçim insanlarla görüşüyorsun Ayşe?"

"İş dünyasından biriydi baba. Nereden bileyim ben!"

Tanıdık birileri bizim o evden çıktığımızı ola ki görür endişesiyle hızla uzaklaştıktı, sanki evin üzerinde, "Burada Mafya Var" yazıyormuş gibi. Ertesi gün paramızı Meban'a yatırmıştık. Biz ailece, paramızı değerlendirmeyi hayat boyu beceremedik.

Babamla annemin yurtdışında oldukları günlerde, Anavatan Partisi, Halkçı Parti ve Büyük Türkiye Partisi adlarını taşıyan üç ayrı siyasi parti kurulmuştu. Kimse, Turgut Özal'ın partisi, ANAP'ın, kasım seçimlerinde 212 milletvekili çıkararak tek başına iktidara geleceğini ve Turgut Özal'ın on yıl süreyle Türkiye'ye damgasını vuracağını tahmin etmiyordu henüz. Askerlerin destekledikleri partinin kazanacağına inanılıyordu. Oysa ne sürprizler bekliyormuş hem ülkeyi hem de benim çocuklarımı!

İşteydim. Ticaret bölümünden bir arkadaşın birkaç güne kadar İsviçre'ye gideceğini öğrenmiştim. Mete'ye kuru kayısı yollayacak birini buldum diye seviniyordum. Çünkü Mete kış aylarında ciddi bir karaciğer rahatsızlığı geçirmişti ve ben ona her vesileyle kuru kayısı yolluyordum karaciğerine iyi geldiği için. Mete'ye hiç olmazsa tedavisi sürecinde İstanbul'a gelip yanımda kalması için ısrar etmiştim ama bir başka şehirdeyken derslerini takip edemeyeceği için kabul etmemişti. Bir yıl daha kaybetmek istemiyordu haklı olarak. Ben de çalışmak zorunda olduğum için gidemiyordum. Kabak, Ali'nin başına patlamış, rahatsızlığı süresince ona Ali bakmıştı. Hem üniversiteye gidiyor, hem derslerden sonra Sothebys'de çalışıyor, eve dönünce de evi toparlayıp Mete'ye yemek pişiriyordu.

Telefon çaldı. Açtım ve şaşırdım kaldım. Tam da Mete'yle Ali'yi düşünürken Ali telefonun ucundaydı.

"Anneciğim, babaannem ölmüş. Cenazesi için babam gelemiyor ya, Mete de hasta, kendini temsilen beni yolluyor, beni havaalanından alır mısın?" diyordu. Mehmet bazı nedenlerden dolayı, birkaç yıldan beri Türkiye'ye gelemiyordu.

"Ne zaman ölmüş? Gazetede yoktu."

"Bu sabah vefat etmiş. Yarın çıkar gazetelerde. Ben yarın öğleden sonra İstanbul'da olacağım."

Ali uçağının saatini ve uçuş numarasını verdi. Ertesi gün, öğleden sonra onu karşılamaya gittim. Ana oğul arabamda konuşarak şehre dönüyorduk, Ali'yi dedesinin Taksim'deki evine bırakacaktım.

"Sen de uğrar mısın?"

"Elbette. Ben de başsağlığı dileyeceğim."

"İyi, çünkü ben çok rahatsızım, babam halamla görüşmemi yasakladı," dedi.

"Alimoli, halan herhalde bu akşam annesinin evinde olacak. Ona selam vermeyecek misin yani?"

"Selam vermek bir yana, yüzüne tükürecekmişim."

Ani bir frenle zınk diye durdurdum arabayı, ikimiz de öne doğru kaykıldık. Yanımda oturan oğluma döndüm. "Benim oğlum asla böyle bir şey yapamaz! Halana selam vereceksin, elini öpeceksin. Yanında oturman, sohbet etmen şart değil, babanı rahatsız ediyorsa uzak durursun. Ama Tomris'i selamlamayacaksan, ben yukarı gelmem!"

"Elbette selamlayacağım. Ama işiteceğim laflara da hazır olmalıyım."

"Seni hâlâ dövüyor mu?" diye sordum fısıldar gibi.

"Hayır."

Evin önünde park yeri bulup yukarı çıktık. Kapıyı uşak açtı ama Ali'nin sesini duyar duymaz, Tomris kilolarından beklenmeyen bir hızla kapıya koştu, kollarını Ali'yi kucaklamak için yanlara açarak. Uzun zamandır görmediği yeğenini gözyaşları içinde kucakladı. Selamlaşma faslı bitince, salona, eski kayınpederimin yanına geçtik başsağlığı dilemek için. İhtiyar adam, gözleri kan çanağına dönmüş, dimdik oturuyordu birkaç akraba ve yakın dostunun arasında. İkram edilen kahveleri içtik. Ali halasından uzağa bir yere oturmuştu. Tomris'in sorularına kısa yanıtlar veriyor, onunla göz göze gelmemeye çalışıyordu. Yarım saat sonra ben izin istedim. Ali dedesine döndü, "Dede, ben yarın cenazeden sonra geri dönüyorum. Şimdi annemle gideyim, anneannemle Muhittin dedemi de azıcık göreyim, akşam yemeğinde burada olurum," dedi.

Çıktık, Topağacı'na gittik. Annem torununa her zaman yaptığı gibi sürüyle pasta, kek hazırlamış, hatta o saatte Ali'nin sevdiği domatesli pilava kadar sermişti masanın üzerine.

"Anneanne, çok tokum, üstelik akşama dedem yemeğe bekliyor," dediyse de annem eline bir bardak çay tutuşturdu, "Sen bu demli çayı Cenevre'de içmezsin oğlum," diyerek.

Ali çayından ilk yudumunu almıştı, telefon çaldı. Babam açtı, "Ali'yi istiyorlar," dedi biraz şaşkın. Ali bardağını sehpaya bıraktı, telefona yürüdü.

"Alo... Evet... Evet... Tamam... Anladım, tamam!" Yüzü bembeyaz olmuştu.

"Hayrola Ali?"

"Babam aramış Londra'dan. Beni orada bulamayınca çok kızmış. Hemen geri dönmemi söylemiş."

"Seni arayan kimdi oğlum?" diye sordu babam.

"Uşak."

"Çayını bitirseydin Alimoli," dedi annem.

"Çocuğa rahat ver Sitare. O, cenaze için burada. Herhalde evde görevleri vardı," dedi babam.

Ali, anneannesiyle dedesine tekrar sarıldı, çıktık.

Arabada giderken, "Herhalde halamla konuştuğumu da sorup öğrendi, şimdi küfür kıyamet girişecek bana," dedi. Ali'yi içim parçalanarak dedesinin kapısına bıraktım. Evime döndüm. Kapıdan girerken telefon çalmaya başladı. Annem herhalde neler olup bittiğini öğrenmek istiyordu. Açmadım.

Ertesi gün cenaze kalabalıktı. Ali'yi ancak uzaktan görebildim, çünkü kadınların yoğunlukta olduğu kısımda, Tomris'in yanında duruyordum. Cenazeden sonra işe gittim. Yoğun bir günümdü, bir gün öncenin yapamadığım işi yığılmış, beni bekliyordu. Mehmet telefonun ucunda ta Londra'dan babasının evinde olup biteni kontrol ederken, duaya da gitmek istemedim. Niyetim kimseyi tedirgin etmek değildi. İşten sonra Yiğit'le Kulis'te acele bir yemek yedik, evime gelip yattım. O kadar yorgun ve Ali için o kadar kırıktı ki içim, dalmış gitmişim. Kapı ziliyle uyandım. Ödüm patladı, gece yarısı çalan zillerden hep çok korkarım nedense. Yalınayak kapıya koştum: "Kim o?"

"Aç anne, benim!"

Açtım kapıyı. Karmakarışık suratıyla oğlum fırtına gibi içeri girdi.

"Sen bu gece dedende yatmayacak mıydın? Ne oldu Ali? Ne bu halin?"

"Allah hepsinin cezasını versin! Bir daha suratlarını görmek istemiyorum! Hiçbirinin!"

"Ne oldu?"

"Bu gece burada kalacağım, anne. Yarın sabah erken uçuyorum zaten."

"Aç mısın? Yemek yedin mi?"

"Tokum. Onları memnun etmek için yemediğim şey kalmadı. Bana yemekten söz etme!"

253

Yatak odasına gidip dolaptan temiz çarşaf çıkardım, Kerim'in yatağına serdim. Hiçbir şey sormamak için dilimi ısırıyordum ama meraktan da ölüyordum. Ali salonda bir sigara içti. Biraz sakinlemiş görünüyordu.

"Yatağın hazır oğlum. Erken kalkacaksın, yat haydi."

"Dedem beni kovdu," dedi.

Ben sigara içmem. Bir sigara da ben yaktım.

"Babam dua sırasında telefon etti, duayı telefondan dinledi. Duadan sonra sofra açıldı, ev kalabalıktı, yemek uzadı. Neyse, sonra birkaç kişi kaldı, halam, Ahmet, karısı filan, bu telefon etti yine, uşağa orada kimler var diye sormuş, halamın da evde olduğunu öğrenince beni çağırttı. Bana dedi ki, hemen şimdi gidip halanı kovacaksın. Babamın vekili olarak buradan çıkmanızı ve bir daha bu eve gelmemenizi istiyorum, diyeceksin. Ben böyle bir şey söyleyemem baba, dedim. Başladı ana avrat küfretmeye bana. Dediğimi yapmazsan sana şunu yaparım, bunu yaparım. Ben de gittim halama, babam evi terk etmenizi istiyor, dedim. Halam ağlamaya başladı. Dedem geldi, ne oluyor burada diye sordu. Halam, Ali beni kovuyor, deyince dedem de beni kovdu. Ben de kapıyı çarpıp çıktım."

"Yazıklar olsun! Tüh sana!"

Ben de kapıyı çarpıp odama gittim. Yatağın üzerine bağdaş kurdum, sonra birden boşaldım, gözyaşlarım iplik gibi iniyordu. Ağlamam durunca gidip yüzümü yıkadım, Ali'nin kapısını vurdum, hiç ses vermedi. Kapıyı açtım, yatağın içine girmemiş, üzerinde yüzükoyun yatıyordu. Gidip sarıldım oğluma, başını kucağıma çektim, eğilip saçlarını öptüm. Bir an hareketsiz durdu kucağımda, sonra o ağlamaya başladı hıçkırıklarla sarsılarak. Hiç konuşmadık. Başı kucağımda uyudu. Yavaşça yastığa bıraktım başını, süzüldüm odadan. Sabah yedide uyandığımda gitmişti.

Yorgun Akıyor Sular

Güneş babamın yatağının tam üzerine vuruyordu. Perdeyi çekmek için pencereye yürüdüm ve dışarı bakmamla geri gelmem bir oldu.

"Anne, Eren geliyor, ne yapacağız?" dedim. Yavaş sesle söylemiştim ama babam duydu.

"İstemiyorum bu adamı odamda. Kaç kere söyleyeceğim size!"

"Muhittin, sen de bir tuhafsın vallahi! Seni elinde çiçeklerle ziyarete gelen damadını kovacak halimiz yok. Hasta ziyareti nedir ki, beş dakika oturur gider."

"Odama sokmayın. Yüzünü görmek istemiyorum," dedi yine babam.

"Ben aşağı ineyim de babam uyuyor filan diyeyim," dedim. Kapıda Eren'le burun buruna geldik.

"Nasılsınız? Bir gelişme var mı?" dedi Eren.

Babam yüzünü duvara dönmüş, uyku taklidi yapıyordu.

"Bugün hep uyuyor," dedi annem. "Geceleri terden harap oluyor. Ne biz uyuyabiliyoruz ne de o. Gündüzleri yorgunluk atıyor işte böyle."

Annemle göz göze gelmemeye çalıştım.

"Kaç kere söyledim Ayşe'ye," dedi Eren. "Bu böyle olmaz. Muhittin Bey'i mutlaka Londra'ya götürmeliyiz. Bana dün iki ayrı doktor tavsiye ettiler..."

"Eren, oğlum, Muhittin dışarı gitmek istemez. Hem biz kaldıramayabiliriz..."

"Efendim bu hastane daha mı ucuz? Eğer çıkış zorluğundan korkuyorsanız, ben o işleri halledeceğim şirket yoluyla."

"Oğlum, burada Emekli Sandığı var."

"Var ama doktorlar ortada yok," dedi Eren. "Bakın bayram iki hafta sonuna bağlandı, doktor namına bir Allah'ın kulu yok meydanda. Teşhis koyamadılar. Ateş devam ediyor. Benden söylemesi..."

Babam kıpırdandı yattığı yerde. Ben atıldım, "Eren, gel biz dışarı çıkalım, yanında konuşmayalım," dedim. Eren babam tarafından istenmediğinden habersiz, "Ben yine geleceğim efendim, Allahaısmarladık," dedi. Odadan çıkarken annemi dudaklarını ısırırken gördüm. Annem, anneannem ve en önemlisi ben bağışlamıştım da çoktan, babam kızını aldatan damadını asla affetmiyordu. Hastanenin ziyaretçiler bölümüne yürüdük Eren'le.

"Ben araştırıyorum. Hafta sonuna kadar bütün bilgileri getireceğim. Babanı alır, gidersin."

"Eren, ben çalışıyorum. Öyle keyfime göre gidemem," dedim konuyu kapatmak için.

"Hayat memat meselesi bu, keyfin için gitmiyorsun ki. Sen gidemezsen annen gider yanında."

"Bakarız. Çocuklarla konuştun mu? İyiler mi?"

"Onları düşünme. Annem başlarında," dedi Eren. Kerim'le Selim'i Koko'yla Bodrum'a yollamıştık. Eren'in kalkıp gitmesi için gözlerinin içine bakıyordum.

"Mete'yle Ali ne zaman geliyorlar?" diye sordu.

"Yarın," dedim.

"Karşılamamı ister misin?"

"Filiz karşılayacak."

"Birkaç gün görsünler dedelerini, sonra onları da yollarız Bodrum'a."

"Mehmet de burada. Belki o da isterse çocukları..."

"Hıh!" dedi Eren, "ben Cenevre'deyken konuştum çocuklarla. Bütün kış boyunca bir kere olsun aramamış onları."

"Çocuklar da onu aramamışlardır."

"Yılbaşında ve doğum gününde kart atmışlar."

"Telefon etselerdi."

"Küfür işitmek için mi?" dedi Eren.

"Teşekkür ederim ilgilendiğin için," dedim, ayağa kalktım. O da ayaklandı ben kalkınca, "Ben kaçayım," dedi, "yine uğrayacağım."

"Eren... Şey... Geldiğinde beni bir ara aşağıdan, babamın bazen altında ördek filan oluyor..."

"Ne ördeği?"

Hayda!

"Bazen tuvaletini yapıyor ya, biri girerse çok utanıyor, onun için dedimdi."

"Ha, peki!" dedi Eren.

Babamın odasına koştum. Annemle hâlâ münakaşadaydılar. Beni görünce diklendi. "Bak Ayşe, katiyen beni Londra'ya filan yollamaya kalkmayın. Gitmem! Bu eski kocana da söyle, gelmesin. İstemiyorum."

"Peki baba," dedim.

"Ne dolanıyor etrafımızda? Ondan yardım isteyen mi var? Madem bu kadar düşkündü bize, senin kıymetini bilseydi."

"Tamam Muhittin, uzatma, sinirleniyorsun, bak yine ateşin çıkacak," dedi annem.

"Yarın torunların geliyor babacığım," dedim. "Mete'yle Ali yedirirler artık senin yarınki akşam yemeğini."

"Beni bu halde görmeselerdi."

"Ne varmış halinde? İnsan hasta olmaz mı? Hastalık da sağlık da insanlar için, ilahi Muhittin!" dedi annem.

"Anne, ben çıkıyorum. Babamın çorbasını hazırlayıp getireceğim. Ben gelmeden yemek getirirlerse sakın yedirme, beni bekle."

"Hastane yemeğini yedirir miyim kızım ben ona," dedi annem.

Odadan çıkarken, "Ayşe, yarın ayın biri, o dergiyi almayı unutma," diye seslendi babam.

Yüreğime bir bıçak saplanır gibi oldu.

"Olur baba," dedim ama babama yazdığım şiirin dergide hiç çıkmayacağını biliyordum artık. Çünkü nisan ayında çıkmadığı gibi, mayısın birinde de çıkmamıştı ve ben bu sefer telefon edip niye çıkmadı diye sormamıştım. Amerikan Hastanesi'ne üç adım uzaklıktaki evime sırtımda bu yükle yürüdüm. Götürmez olsaydım şiirimi o dergiye. Söylemez olsaydım babama! Ben ki hayatın ocağında, her Allah'ın günü insana dair yeni bir şey öğrenerek pişiyordum, nasıl inandım bana verilen söze. Ben tutamayacağım sözü asla vermem diye herkesi kendim gibi niye zannettim?

Mutfağa girip sebzeleri yıkadım, doğradım, sebzeler kaynarken babama gitmeden önce divanın üzerine fırlattığım iş dosyalarımı aldım elime, yapacak çok işim vardı. Babam hastalandığından beri işimi ihmal ediyordum, Allahtan Nil açığımı kapatıyordu ben yokken.

Kılıç Yarası

Çocukları karşılamaya Filiz gitmişti. Ben onlarla işten çıktıktan sonra hastanede buluşacaktım. Şu Filiz olmasaydı ne yapardım diye düşündüm. O kadar yardımcı oluyordu ki bana kuzinim. Doğdukları günden beri, çocuklarımın hayatındaki teyze eksiğini mükemmel kapatıyordu. Benim olmadığım zamanlarda Kerim'le Selim'in her şeyiyle ilgilenmişti. Disiplinliydi de. Kerim anneannesine geçirdiği dişini, çektirdiği nazını Filiz'e geçiremediği için bir keresinde, "Niye sözünü dinleyecekmişim Filiz'in, benim teyzem bile değil," demişti.

"Nasıl değil?"

"Kardeşin mi o senin?"

"Sayılır. Teyzemin kızı."

"Hiç de değil. O anneannemin teyzesinin kızı."

Aslında doğru söylüyordu. Bâlâ eniştemle teyzem evlenebilmek için o kadar uzun zaman beklemişlerdi ki, onların çocukları benim kuşağıma denk gelmişti. Filiz, Bülent dayımın kızları gibi, benden de küçüktü üstelik.

"Kerim ukalalık etme! Filiz senin teyzen! Bir daha duymayacağım bu lafları, bak ilk dayağını yersin benden," demiştim. Filiz, şimdi de bana hastanede yardımcı oluyordu. Annem, her geçen gün biraz daha yorulduğu, morali bozuk olduğu, getirdiği onca doktorun tavsiyelerini birbirine karıştırdığı için ben işteyken Filiz'i dikiyordum annemle babamın başına.

Hastaneye vardığımda çocuklar gelmiş, dedeleriyle oturuyorlardı. Dedelerini ilk defa hasta yatağında gördükleri için sarsılmışlardı. Sarıldım onlara, özlemeye alıştığım güzel yüzlerini öptüm, öptüm.

"Sen gelmeden önce, ben diyordum ki çocuklara," dedi babam, "babayla dargınlık olmaz. Babalarını mutlaka arasınlar ve mesele neyse karşı karşıya oturup çözsünler."

"Babamla konuşulmuyor dede."

"Denediniz mi oğlum?"

"Telefonda bize ağız dolusu küfrediyor. Adımız eşşekoğlu eşek."

"Telefon başka, yüz yüze konuşmak başka. Bugüne kadar hep karısı vasıtasıyla halletmeye çalıştınız sorunları. Artık büyüdünüz çocuklar, anneyle, babayla aracı kullanılmaz. Bakın eğer babanızı aramadan dönerseniz size hakkımı helal etmem. Arayacaksınız, bir yerde buluşacaksınız, sonra bana anlattıklarınızı sakin sakin, hiç heyecanlanmadan ona da anlatacaksınız. Ben sizi anlıyorsam, babanız niye anlamasın."

"Mete, yapın dedenizin dediğini," dedim.

"Ben aramam. Ali arasın."

"Ali arayacak olursa gider misin?"

"Dedemin hatırı için giderim."

Ali'ye baktım. "Eve gidince telefon ederim ama göreceksiniz bizi dinlemeyecek bile," dedi Ali. Yarım gün de olsa, çalışmaya başladığından beri yüzüne eli ekmek tutan insanların olgunluğu yerleşmişti.

"Denemesi sizden. En azından biz elimizden geleni yaptık, dersiniz. Hakikaten babayla dargınlık olmaz çocuklar, ben kendimi babamla dargın, rüyamda görsem inanmam!"

"Dedemin kızı olmak, zaten bir rüya anneciğim," dedi Mete.

Evet, iyi bir babanın evladı olmak, gerçekten güzel bir rüya gibiydi. Ben bunu biliyordum. Bir baba yüzünden hayatın kâbusa dönebileceğini de zaman içinde öğrendim.

Üç gün sonra, işten dönmüş, evde Mete'yle Ali'yi bekliyordum. Babalarına telefon etmiş, bir randevu ayarlamışlardı. Babaları karısıyla Hilton Oteli'nde kalıyordu. Mehmet, oğullarıyla otelin kafesinde görüşmek istemiş, babaları herkesin içinde bağırıp çağıramaz diye buna memnun olmuştu çocuklar. Bir gece öncesinde saatlerce dil dökmüştüm kabalık etmemeleri, haklı bile olsalar seslerini yükseltmemeleri için.

"Sadece neden iletişim kuramadığınızı sorun. Bize niye kızıyorsun, deyin. Onun diyeceklerini de dinleyin, sizler de sütten çıkmış ak kaşık değilsiniz. Haylazlıklarınız var, sınıfta çakmışlığınız var. Lütfen çocuklar, bu sizin istikbaliniz, kavga etmeden, efendi gibi konuşun babanızla," demekten dilimde tüy bitmişti. Oysa Mehmet benim sürekli olarak oğlanları kışkırttığımı zannediyordu. Yüksek eğitimleri bitmeden askere gitmelerine karşı çıktığım için Ali'yle, "Annenize söyleyin, ne ekerse, onu biçer," diye haber yollamıştı bana bir keresinde. Doğru demiş! Ben sevgi, şefkat, anlayış ektim, fedakârlık ektim ve karşılığında dürüst, çalışkan, ailelerine bağlı, pırıl pırıl dört evlat biçtim.

Çocukların babalarıyla konuşmaya gitmelerinden bir gece önce üçümüz de doğru dürüst uyuyamamıştık. Onlar heyecandan, ben çocuklarımın huzur ve menfaati için görüşmenin iyi geçmesine dua etmekten!

Mete'yle Ali sabah babama uğradılar, öğle yemeğini benim işime yakın bir kafeteryada yedik. Ben işe dönerken onlar görüşmeye gittiler. Öğleden sonra işten erkence döndüm. Evde, pencerenin önünde, ayakta durmuş, sokağı gözlüyordum. Mete tek başına sokağımıza saptı. Kapıya koşup o çalmadan açtım. "Aaa, Mete? Ne oldu oğlum? İyi misin?" Zaten her zaman soluk renkli olan çocuğumun kül gibiydi yüzü. Gözlerinin altı çökmüştü.

"Ali nerede?"

"Bilmiyorum."

"Beraber değil miydiniz?"

261

"O benden ayrıldı, Ada'dan bir arkadaşımız vardır, onunla gitti."

"Babanla nasıl geçti, anlatsana."

Mete mutfağa gitti, su çıkardı buzdolabından. Elleri titriyordu, suyu bardağa koyarken etrafa saçtı.

"Mete, bir şey olmuş! Çabuk anlat."

"Anneciğim... Otur şuraya... Ali eve dönmeden anlatayım. Bunlar çıldırmış. Karı koca akıllarını oynatmışlar... İçlerine şeytan girmiş gibi, neler söylüyorlar..."

Ikınıp sıkınıyordu Mete, ağzındaki lafı çıkaramıyordu. Şimşek hızıyla aklımdan bin bir düşünce geçti, ve çok uzaklarda kalmış bir telefon konuşmasından fırlayan bir ok gelip kalbime saplandı.

"Anneciğim... Bunlar diyorlar ki... Bunlar..." Sonunda ağzından baklayı çıkardı Mete. "Ali babamın oğlu değilmiş!"

Ahmet'ten duyup mahalle karısı dedikodusu zannettiğim ve üstünde bile durmadığım laflar, şimdi tokat gibi indi yüzüme! Allah bu Mehmet'i nasıl biliyorsa öyle yapsın, dedim içimden!

"Ali ne yaptı?"

"Ali bilmiyor ki! Biz önce kafede babamla oturduk konuştuk. Bir yere varmayan bir konuşmaydı. İlla gelip askerlik yapmamızı istiyor. Biz de üniversite bitince nasılsa yapacağız, dedik..."

"Onu geç! Sen bana sonra ne oldu, onu anlat."

"Anlaşıldı ki, halamın sözünü ettiği, dedemin fonunu değiştirmiş, bize para vermeyecek. Öyle olsun, dedik, biz başımızın çaresine bakarız, askere de herkes gibi üniversiteyi bitirince gideriz. Sonra kalktık, tam ayrılacağız, bana dedi ki, sen benimle yukarı gel, dedi. Ali de tabii ki bizimle geliyordu. Ali'ye sen evine dön, Mete'yle bir şey konuşacağım, dedi. Ali şaşırdı. Bozuldu da biraz. Tam o sırada bizim Büyükada'dan bir çocukluk arkadaşımız girdi Hilton'a. Bizi görünce çok sevindi. Ayaküstü birkaç laf ettik. Babam bana, lafın bitince yukarı gel, dedi yine. Ali o arkadaşla takıldı, bir yere gideceklerdi, bana da söylediler gidecekleri yeri ama benim hiçbir yere gidecek halim kalmadı, eve döndüm!"

"Yukarda olanları anlat sen, Mete! Haydi!"

"Yukarı çıkıp odaya girdim, bu ikisi yatağın üzerinde yan yana oturmuşlar karısıyla, sana bir şey söyleyeceğiz, dedi babam. Ali senin kardeşin değil, dedi. Ne diyorsun baba sen, dedim. Yani kardeşin de, ben onun babası değilim, dedi. Nerden çıktı bu şimdi, yirmi sene sonra, dedim. Ben şüphelendim, doktora sordum, dedi. Hangi doktora sordun, dedim. Biz bebekken Londra'da bize bakan doktor bir doktor varmış, sonradan kızlarının da doktoru olmuştu, ona sormuş."

"O doktor benim, babanın ve Ali'nin kan testlerini yapmadan, kafadan karar vermiş öyle mi, baban öyle istiyor diye."

"Abuk sabuk bir şeyler anlattı ama anlamadım anne."

"Nasıl şeyler?"

"Senin kanın negatifmiş de, Ali'ninki pozitifmiş de, doğarken komplikasyon olması gerekirken olmamış da! Elinde bir rapor gibi bir şey, kan uyuşmazlığını mı yazıyor ne. Ben de dedim ki, bunca yıl aklın nerdeydi? Nerden çıkarttın bunu şimdi?"

"İnandın, öyle mi?"

"İnanmadım elbette."

"Mete, şimdi sen geri gideceksin otele, o kâğıdı bir daha görmek isteyeceksin. Onu alıp buraya geleceksin. Yarın dava açacağız babana. Hem Ali, hem de ben canına okuyacağız bu Mehmet'in."

"Kusura bakma ama ben babamın yüzünü bir daha görmek istemiyorum. Söyledikleri de umurumda değil."

"Ali'nin bundan haberi var mı?"

"Hayır."

"Mete, bak oğlum, Mehmet maalesef Ali'nin babası. Keşke olmasaydı. Keşke senin baban da olmasaydı. Ama ne yazık ki öyle! Şimdi iki şey yapabiliriz: Ya Ali'ye bundan hiç bahsetmeyiz, onu üzmeyiz ya da anlatırsın Ali'ye, sonra babana dava açarız ve kazanırız. Hangisini yapalım?"

"Dava açarsak inkâr eder. Mete, bunu uydurmuş, der. Sen onunla sadece üç yıl yaşadın, ben yirmi yıldır tanıyorum."

"Başkalarına da söylemiş Mete," dedim. "Başkaları da biliyor, inkâr edemez."

"Kim biliyor? Sen de biliyor muydun yoksa?"

"Ahmet söylemişti bana ama inanmamıştım. Yücel ve Hamit de biliyor olabilirler, çünkü Yücel bana bir keresinde, bu Mehmet iyice aklını kaçırdı, demişti. Hamit de... Her neyse, haberi vardır bence, çok yakın dostlar çünkü."

"Ali bunu duymamalı anneciğim."

"Sen karar ver. Dava açarsa kazanacağını da unutma. Şimdi kan testleriyle tespit etmek mümkün, oğlum. Ahmet'in dediğine göre, Ali'yi mirastan çıkarmak için teşebbüs etmiş ama babasıyla bu yüzden birbirlerine girmişler. Sonradan farkında olmadan bozduğu fonu da deden o zaman yapmış zaten."

Kapı çaldı. Telaşla, "Ali'dir," dedim.

"Ne yapacağız?" dedi Mete. "Ben söyleyemem."

"Yarına kadar bir düşünelim," dedim.

Kapı bir daha çalındı, sonra Ali'nin sesini duyduk, "Heyyy! Alooo! Açsanıza kapıyı, Ali Bey geldi."

Kapıyı açtım, Allahtan sadece fiziki açıdan babasına burnundan düşmüş gibi benzeyen Alimolimi bağrıma bastım. Bu çocuğun taksiratı neydi ki Tanrı ona böyle bir babayı reva görmüştü?

Hamit, Mehmet'le karısının yakın dostuydu ama benim de anne tarafından çok sevdiğim bir kuzinimin kocasıydı. Hamit'le konuşmaya gittim. Tahmin ettiğim gibi, biliyor ve Mehmet'in bir tuhaf olduğunu düşünüyordu. Kibar adamdı, "bir tuhaf" demekle yetinmişti. Bir şey daha öğrendim ondan, Mehmet'e, "gerçeği" ölmeden önce annesi söylemişmiş meğer. Akıllıca bir buluştu, kadıncağızın mezarından kalkıp oğluna, "Yalancı!" diye bağırması mümkün değildi çünkü. Bu saçmalığı kaç kişinin bildiği umurumda bile değildi ama bir kişi biliyorsa, on kişi daha

264

biliyor demekti ve bu da Ali'nin bir gün birinden bunu duyma ihtimalini ona katlıyordu.

Hemen değil ama gün geldi, Ali de duydu.

O zaman Yiğit'ten yardım istedim. Yıllarca evvel bakılan velayet duruşmasının dosyalarını arşivden çıkartıp oğluma göstereceğim.

"On beş yılı geçmiş dava biteli. O dosyayı bulmak çok zor!" dedi Yiğit.

"Kaç para bahşiş vermek gerekiyorsa, vereceğim," dedim.

"Ne olacak ki o dosyaya erişince?"

"Ben çocuklarıma o davanın lafını bile etmemiştim, o davayı kafamdan da silip atmıştım. Beni nelerle suçladıklarını, getirdikleri yalancı şahitleri hiç bilmediler. Çocuklar babalarına saygı duymazlarsa ezik kalırlar, kompleksli olurlar diye düşündüm hep. Benim hayata karşı duruşumda, kendime olan güvenimde babama olan saygımın payı çok büyüktü çünkü. Ama şimdi o dosyanın ortaya çıkması lazım. Çocuklarıma babasının ve babaannesinin, onları benden almak için verdikleri mücadeleyi göstereceğim. Ali, Mehmet'in oğlu olmasaydı, yalancı şahitlere bunca parayı dökmeye gerek duyarlar mıydı? Al Ali'yi, ver Mete'yi derlerdi."

Kendime ait bir dosyayı incelemeye hakkım varmış. Zamanın parasıyla yüz lira bahşiş verdiğim bir mübaşirin peşinde, zemin katta bir yerlerde, sıra sıra rafların dizili olduğu bir büyük odaya girmiştim. Yıllara göre ayrılmış raflarda, dosya numarasıyla sıralanmış, toz ve küf içindeki dosyamı bulmuş, binanın içindeki fotokopiciden suçlama sayfalarının ve karşı şahit ifadelerinin fotokopilerini çektirmiştim. O fotokopileri güzelce dosyaladım. Sonra aldım Ali'yi karşıma, dava boyunca yaşadıklarımı ilk kez, tek tek anlattım.

265

"Bak Ali," dedim, "bu sayfalarda davanın seyri var. Yani dava görülürken senin Mehmet'in oğlu olduğunun kanıtı! Sen ve baban yarın bir hastaneye gitseniz, kan verseniz, baba-oğul olduğunuzun kanıtı da akşama kadar çıkar! Oğlum, git babanla konuş, bu testi yaptırın. Sonra istersen babana dava aç, istersen yüzüne tükür ve bir daha hiç görme, istersen bağışla, her şeyi unut! Karar senin."

"Ben hiçbirini yapmayacağım, anne," dedi Ali. "Onun parasını da istemiyorum, sevgisini de. Babam olup olmadığı da beni hiç ilgilendirmiyor artık. Onu ne mahkemeye vereceğim, ne de yüzleşeceğim. Benim kalbimde, babam öldü."

"Ne yapacaksın pekiyi? Görüşecek misin?"

"Zaten ne kadar görüşüyoruz ki? Birkaç yılda bir iki kere!"

Yıllar sonra hepsi otuzlu yaşlarını geride bırakmışlarken, annesiyle babası tarafından Ali'nin onun kardeşi olmadığı anlatılarak büyütülmüş olan üvey kız kardeşinin şüphelerini gidermek için, sadece ona ispatlamak için Ali ve kız kardeşi Londra'da DNA testi yaptırdılar ve elbette kardeş çıktılar. Ali, DNA testi sonucunu babasına da yolladı. Bütün beklediği, bir özürdü.

"Pardon oğlum, yanılmışım!" Hepsi bu! Ne yazık ki babasının ağzından çıkan söz, "Ama o zaman doktor bana demişti ki..." olmuş!

Tüm gençliğini mağduriyet, isyan, acı, öfke, kin, nefret duygularıyla savaşarak geçiren ve hepsinin üstesinden gelen oğlumun yüreğinde bugün babasına karşı sadece acıma duygusu var! Ruhundaki kılıç yarasının kapanıp kapanmadığını ise yalnız o biliyor.

Siyah

Babam ertesi sabah erkenden onu ziyarete gittiğimde, beni görür görmez, "Çocuklar babalarıyla görüşmüşler mi?" diye sordu.

"Görüşmüşler baba. Çok iyi geçmiş. İçin rahat etsin, sorunlarını halletmişler. Babaları sınıfta kalmadıkları takdirde, üniversite bitene kadar onlara destek olacakmış."

"Aferin! Demedim mi ben konuşurlarsa her şeyi hallederler diye. İyi ki aradılar babalarını."

"İyi ki aradılar!" dedim. "Bugün uğrayacaklar sana ama istersen bu konuya pek girme. Biraz rahatsız oluyorlar da... Bilirsin, Mete şeydir biraz."

"Lafını bile etmem. Babalarla oğulların arasına girmek kimsenin haddi değil zaten," dedi babam. Babamın arkasındaki yastıkları kabarttım, yüzünü kolonyayla sildim, tırnaklarını kestim.

"Annen nerede?" diye sordu.

"Sen uyuyordun, sana taze komposto yapmaya gitti, gelir birazdan."

"Bugün ayın kaçı?"

"Farkında değilim baba, annem gazeteni getirdiğinde bakarız," dedim. Biliyordum, yine şiirin peşindeydi.

"İşe gitmiyor musun bugün, Mâço?"

"Gideceğim babam. Annemi bekliyorum. Daha erken, saat dokuz olmadı."

"Benim yüzümden geç kalma sakın."

"Merak etme sen! İyileşene kadar hepimizin en önemli işi sensin."

"Sizi çok yordum kızım. Anneni, seni, Filiz'i... Hakkınızı nasıl ödeyeceğim, bilmem."

"İyileşerek."

Annem az sonra kapıda elinde torbalarıyla gözüktü. Getirdiği yemekleri ve hoşafı alıp bizim katın mutfağındaki buzdolabına götürdüm.

"Gelmeden önce ararım seni anne," dedim. "Bir şey lazımsa söylersin."

"Bir şey lazım değil. Ecvet, eksik olmasın, her gün evine giderken uğruyor, serumlarını getiriyor babanın. Başka da bir şeye ihtiyacımız yok zaten."

"Allahtan halamın evi şuracıkta," dedim.

"Allahtan hepimizin evleri şuracıkta," dedi annem. "Yoksa ne yapardık, düşünsene!"

Galiba hastanenin tek olumlu tarafı, hepimizin evine çok yakın olmasıydı. Yoksa iki kere karnını açtıkları hastaya tam bir teşhis bile koyamamışlardı. Babamın durumu her gün biraz daha kötüye gidiyordu. Bunu hepimiz görüyorduk, her sabah doktorlar bir ordu halinde odasına doluşuyor, hatırını sorup, yatağın ayakucunda asılı duran kişisel tablosuna bakıp gidiyorlardı. Heyy hekimler! Ayaklarınızın altını öpeyim bir şey yapın, bir şey söyleyin, elinizden bir şey gelsin diye bağırmak istiyordum.

Babam, ağustos ayına kadar yatağında dik oturuyor, koridorda kolumuza girerek azıcık yürüyor, gazete, kitap okuyor, yeni kurulmuş olan SODEP'in gidişatıyla, MGK tarafından veto edilen siyasetçilerle ilgileniyordu. Hayatla ve çevresiyle bağını kopartmamıştı. Hatta gazetede gördüğü, İstanbul'daki taksilere taksimetre takılacağı haberi bile dikkatini çekmişti.

Hastalığın üçüncü ayına girdiğimizde hâlâ hastanedeydik, morali iyiden iyiye bozulmuştu, hele de fazla antibiyotik almaktan dolayı bağırsaklarındaki florayı kaybedip tuvalet ihtiyacını haber veremez olduktan sonra.

Bir gün işten çıkıp her zamanki gibi hastaneye gittim, odada annem yoktu, ona tavsiye edilen bir doktorla görüşmeye gitmişti yine. Babam odada hastabakıcıyla yalnızdı ve kadın babamı temizlerken durmadan homurdanıyordu. Hastabakıcı dışarı çıkınca peşinden fırladım.

"Sizin bir daha babama el sürdüğünüzü görmeyeceğim!" dedim.

"Nedenmiş? Siz mi temizleyeceksiniz altını?"

"Evet! Yaptığınız iş çok zor, kabul ediyorum. Ama siz hastabakıcısınız. Yaptığınız, işinizin bir parçası. Gocunuyorsanız istifa edin, başka türlü kazanın hayatınızı. Çocuk bakın, ticaret yapın."

"Beni şikâyet mi edeceksiniz?"

"Hayır ama bir daha babamın altını alırken görmeyeceğim sizi! Bir kalbi kaldı sağlam, onu da size kırdırtmam!"

Annem dönünce babamı ona teslim edip bir koşu karşıdaki eczanelerden birine gittim, düzinelerle ince lastik eldiven aldım. Ertesi sabah da işyerime gidip babamın ağırlaştığını, başını sürekli beklemek istediğimi söyledim. Çok anlayışlı davrandılar. Yerime her zaman olduğu gibi Nil bakacaktı. O günden sonra evimde bir gece olsun yatmadım.

Anneme karşı, evime gitmemek için bahanem de vardı: Semra, kocası ve küçük oğlu yaz için Londra'dan gelmiş, bende kalıyorlardı. Annem de babamı asla bırakmadığı için, onunla aynı yatağı paylaşarak hep hastanede kalıyordum ve babama şefkatle yanaşmayan hiç kimseye altını temizlettirmiyordum. Filiz de benimle birlikte üstlenmişti bu görevi. Babamın şiddetli itirazlarına karşı, "Enişteciğim, hiç tanımadığın insanlara müsaade ediyorsun da beni niçin istemiyorsun?" demişti. "Ben de senin evladın değil miyim? Senin kucağında büyümedim mi? Bak, benim babam Ayşe'yle beni hiç ayırt etmez, demek ki sen ediyormuşsun. Çok gücendim ama!"

Filiz, ben ve annem, onu her seferinde bir bebekmiş gibi seve okşaya temizledik, öpe koklaya giydirdik. Doktorların çare bulamadığı derdini biz sevgimizle tedavi etmeye çalışıyorduk. Filiz'in hakkı ise ödenir gibi değildi, sadece babama bakmakla kalmıyor, benimle birlikte gece yarıları doktorların kapılarına da dayanıyordu. Babam bir keresinde idrar sökemediğinde, böbrek alanında çok ünlü bir doktorun adını öğrenmiştik, ben ısrar etmeyi pek beceremediğim için doktorun kapısını Filiz çalmıştı. Ne diller döktüyse artık, yirmi dakika sonra doktorla birlikte aşağı inip arabama binmişlerdi.

"Kardeşinizin yalvarmalarına dayanamadım," demişti doktor. Verdiği ilaçlarla gerçekten de babamın idrarını söktürmüş, ertesi gün kontrole geldiğinde babama, "Çok şanslı bir babasınız, kızlarınız size ne kadar düşkün," demişti. Hastaneye dışarıdan doktor sokmak yasaktı ama idare bizimle başa çıkamamış, ne haliniz varsa görün havasına girmişti. Eski kiracı gibiydik. Çıkıp gitmek bilmiyorduk, laf dinlemiyorduk, üstelik ben daktilomu da götürmüştüm hastaneye, *Güneşe Dön Yüzünü* adlı ilk kitabımın öykülerini yazıyordum vakit buldukça, bir de 80. yaş günü için yazdığım şiirin ikinci bölümünü.

Güzel yüzünü seyrediyorum, baba
Okunmuyor düzgün hatlarında
Ölüm döşeğinde yatarken bile
Seksen yıllık ömrünün yorgunlukları
Gülümser gibi dudaklarında ancak
Yılların gönül ve düş kırıklıkları...

Neler düşünür ölümün eşiğindeki adam,
Çocukluğuna mı, gençliğine mi döner gözleri?
Neleri anımsar en çok,
Neye dokunmak ister elleri?

Çok emek verilmişle
En özleneni yeniden yaşamaksa
Ölümün eşiğinde son arzuları
Babam, Fırat'ın köpüren sularıyla
Göllere düşen ormanlarda geziyor olmalı.
...

Babam, günün büyük bir kısmını uykuda geçiriyordu. Pek ender açıyordu gözlerini. Artık doktorlar ordusu pek uğramaz olmuşlardı sabahları. Ben annemin de hastalanmasından korkmaya başlamıştım. Elleri o kadar çok titriyordu ki, her şeyi düşürüyor, döküp saçıyordu.

Babamın altını temizlemeye kalkıştığında, bir de onun kirlettiği çarşafları değiştirmek, yemek yedirirken elinden düşürdüğü tabakların kırıklarını toplamak gerekiyordu. Kilo vermişti, saçlarının boyası iki parmak uzamıştı. Her zaman bakımlı, tip top olan annemin üstü başı kirlenmiş, hırpanilere dönmüştü. Her an babamı kaybedeceği korkusuyla yaşıyor, bir şey olacak diye bir saniye ayrılmak istemiyordu odadan. Filiz'e, "Doktora annemi uyutmasını teklif edeceğim," demiştim. "Bir iğne yapsınlar, gün boyu uyusun, dinlensin, biz de rahatça işimizi görelim."

"Sakın öyle bir şey yapma, yanlış anlarlar," demişti Filiz.

"Aaa bak bak bak! Gözlerini açıyor babam... Baba? Babacığım, beni duyuyor musun?"

Başucuna koşmuştuk ikimiz de. Babam araladı gözlerini, bakışlarımız buluştu.

"Ben ne zamandır yatıyorum burada?"

"Biraz oldu canım. İyileşiyorsun babacığım, bak gözlerini açtın, konuştun. Çorba içer misin?"

"İçmem."

"Hoşaf?"

"Şiir çıktı mı?"

"Ayın biri olmadı ki!"

Babam yine kapattı gözlerini, derin uykularından birine daha daldı.

"Filiz, ben resepsiyona telefona iniyorum," dedim.

"Odadan etsene."

"Odadan olmaz."

Aşağı indim, artık pek dost olduğumuz halkla ilişkiler müdiresinin odasına girip masrafı bizim odaya yazılmak üzere bir telefon bağlatmasını rica ettim. Telefon bağlandı, sanat dergisinin yönetmenini istedim. Yüzümü kızartıp, "Babamın çok az vakti kaldı," dedim. "Bilinci gidip geliyor. Kendine geldiğinde şiiri soruyor. Günleri sayılı. Yalvarıyorum size, elinizi ayağınızı öpüyorum, önümüzdeki ay basın. Birkaç satır bir şiir alt tarafı, isterseniz kısaltarak basın. Kendine geldiğinde ona müjde vereyim. Eminim çok mutlu olacak. Lütfen!"

Artık babamı mideden besliyorlardı. Kollarında serum takacak sağlam damar kalmamıştı. Gözlerini değil açmak, aralamıyordu bile. Annem sürekli ağlıyordu. Hastane koridorlarında duvarlara tutunmadan yürüyemiyordu. Tek tesellisi, her gün uğrayan torunlarıydı. Onlar odaya girdiğinde gözleri parlıyor, bir çöp torbası gibi büzülerek yığıldığı köşeden doğrulup onlara ikrama kalkışıyordu.

"Anneannemin hali dedemden de beter," demişti Alimoli. "Dedem yattığı yerde bakılıyor. Anneannem ne yiyor, ne uyuyor, ne olacak bunun sonu?"

"Şu olacak: Ben bir hastaya daha bakacağım."

272

"Sonra sana kim bakacak anne? Birkaç gün evine gidip dinlense anneannem! Evi iki adım ötede, dedem ağırlaşırsa çağırırsın, hemen gelir."

"Siz söyleyin çocuklar," dedim, "beni dinlemiyor."

"Anneanne, bize çay ikram et," dedi Mete, "çayladık biz!"

"Oğlum susadım denir, çayladım denmez. Türkçenizi mi unuttunuz siz?"

"Ben de çayladım," dedi Alimoli.

Annem dalga geçtiklerini anladı, "Eh, madem çayladınız, ben şimdi zile basarım, çay getirtir, bir güzel çaylarım sizi!" dedi.

"Bizi aşağıdaki kafeteryaya davet et anneanne. Orada güzel pastalar da var, geçen gün Filiz'le yedik," dedi Mete.

"Annenizle gidin."

"Biz seninle gitmek istiyoruz."

"Ben dedenizi bırakamam."

"Abarttın ama anne! Kırma torunlarını."

Annem söylenerek doğruldu, banyoya girip aynada beyazı çıkmış saçlarını taradı. Aşağı indiler. Döndüklerinde Mete, "Sana bir müjdem var, anneciğim," dedi. "Anneannem bu akşam evinde yatacak! Bize söz verdi. Sabaha kadar güzel bir uyku çekecek. Sabah erkenden gelecek geri."

"Allah razı olsun sizden. Ben de yatakta büzüşmeden bir gece geçireyim."

"Bir şartla kabul ettim, yarın gece de sen evinde uyuyacaksın."

"Benim ev dolu."

"Benim evde uyursun. Tamam mı? Söz mü?"

"Bakarız anneciğim," dedim.

"Söz vermezsen gitmem."

"Söz!"

Ben yokken, titreyen elleriyle nasıl temizleyecek babamı diye düşündüm.

Akşamüstü Güzin teyze uğradı. Annemin bir gececik olsun evinde uyumaya nihayet ikna olduğunu duyunca, "Sitare, gel bende kal," dedi. "Akşam beraber yemek yeriz, televizyona bakarız biraz. *Dallas* seyrederiz. Sana kızımın odasına yatak hazırlarım. Haydi, kırma beni." Annem kabul etti, çünkü Güzin teyzenin evi, Valikonağı'nın üzerinde, hastanenin bulunduğu sokağın tam karşısındaydı. Kendi evinden bile yakındı hastaneye.

Annem akşam sekiz sularında, arkadaşının evine gitmeye hazırlanırken, "Seninle kalayım ister misin?" diye sordu Filiz.

"Sen bana bir iyilik yapmak istiyorsan Mete'yle Ali'yi evine yemeğe çağır."

"Neden onları Bodrum'a, kardeşlerinin yanına yollamıyorsun?"

"Kaç kere söyledim. Burada kalmak istiyorlarmış. Anneannem ne gibi sihirler uyguluyorsa, onları yanlarında tutmayı başarıyor."

"Sana destek olmak istiyorlar bence," dedi Filiz.

Filiz de gittikten sonra daktilomun başına geçip babam için yazdığım şiire devam ettim.

...

Baba, susma ne olur,
Baba gözlerini aç!
Henüz bitmedi işin, yapacağın çok şey var.
Biliyorum küskünsün,
Yaktığınız meşale hepimize yetmedi...
Karanlıktayız evet,
Treni kaçırmaktayız
Ama her karanlıktan yepyeni bir gün doğar
Tersine akmaz nehir
Gitme baba ne olur...
> *Bak gidiyorsun diye*
Açtığın yataklarda yorgun akıyor sular.

Babamın bir ömür boyu yaşadıkları geçiyordu gözlerimin önünden. Toprağını, şanını, servetini kaybetmiş bir ailenin çocuğu olarak doğduğu yeni yurdunun dağlarında, nehirlerinde, ovalarında aylarca karısına kızına hasret, kendini işine adayışı...

Hiç düşünmemişim etten kemikten/bir canlı gibi babamı/İnsanoğlu değil de/mavi gözlü bir dağ delme makinesi/coşku ve umuttan ibaret/bir alet sanki. Hoyrat, kaba, bilgisiz, görgüsüz, ufuksuz ya da sadece kadirbilmez adamlarla, makam sahipleriyle ömür boyu didişmesi! En yılgın anlarında dahi doğru bildiğini yaptığından hep halinden hoşnut, hep huzurlu babam benim! İçim keşkelerle doluydu! Keşke onu boşanmalarımla üzmeseydim, keşke ona daha fazla vakit ayırabilseydim, keşke onunla yolculuklara çıkabilseydim, keşke atalarının topraklarını ziyarete birlikte gidebilseydik, keşke daha çok fotoğrafını çekseydim, keşke sesini kayda alsaydım ve keşke onun naklettiği kadarıyla yetinmeyip çocukluğunu, gençliğini, Anadolu'da geçirdiği günleri ayrıntılarıyla anlattırsaydım. Keşke... Keşke... Keşke...

Bir görevli gelip divanı çekerek yatak haline getirdi. Dolaptan çarşafı, yastığı indirdim. Yatağımı serdim. Annem olmadığı için sere serpe yatacağıma, alışkanlıkla yine büzüldüm köşeme, duvar tarafına dönük yattım, bu kez dürbünümde sadece babamla geçen günlerimi istiyordum her bir günü yeniden tek tek yaşamak için! Ada'da başkalarına taşıtmak istediğim kırmızı kovamı bana ders olsun diye denize fırlattığı anı, çarpım tablosunu ezberleterek el ele ilkokula yürüdüğümüz günleri, tifoyken başımda masal okumasını, pişirdiğim ilk böreği yakmış olduğum halde çayla yutarak yemesini, beni Londra'ya, ah gözlerinde yaşlarla yolcu edişini, oğullarımla çocuk oluşunu, saklambaç ve pilotçuluk oynayışını, bana bakarken gözlerinden taşan sevgiyi... Dikildim yatakta. Bir şey var! Nefesi değişti babamın! Sık sık ve kesik kesik nefes almaya başladı. Yanına gidip üzerine eğildim.

"Baba... Babacığım... Duyuyor musun beni?"

Dışarı koşup nöbetteki hemşireyi çağırdım.

"Baksanıza, nefesi değişti. Nöbetçi doktoru çağıralım mı?"

"Biraz daha bekleyelim, değişmezse uyandırırım doktoru," dedi hemşire.

Odaya döndüm. Babamın başında durdum. Gözlerini açsın, bana baksın istiyordum. Maviyi görmek istiyordum gözlerinde. İç sesimi duymuş gibi açtı gözlerini. Bana değil de karşıya duvara baktı. Çantamdan telefon defterimi çıkardım. Başucundaki telefondan hat alıp Güzin teyzenin telefonunu çevirdim.

Dördüncü çalışta açıldı telefon.

"Güzin teyze, uyandırdığım için özür dilerim, acaba annem..."

"Annen yanıbaşımda Ayşeciğim..."

"Ne var? Ne oldu?" diye sordu telefonu kapan annem.

"Bir şey olmadı. Ama anne, istersen gel..." Lafımı bitirmeden kapandı telefon. Annem yaklaşık beş dakika içinde odadaydı. Hiç konuşmadı, doğru babama gitti, yatağının yanına yere oturdu, yastığımı altına verdim. Ben de babamın yatağının üzerine tünedim, babamın bir elini annem tuttu, diğer elini ben.

Yarım saat sonra hemşire girdi odaya. Nefesine baktı. Bir değişme yoktu. Kesik kesik nefes almaya devam ediyordu.

"Doktoru kaldırayım, oksijen maskesi takalım," dedi.

"Hayır," dedi annem, "takmayın, rahat bırakın onu."

Hemşire kapıyı kapatıp çıktı. Biz babamın eli avuçlarımızda, olduğumuz yerde kaldık sabaha kadar. Şafak söktü. Odamız aydınlandı. Babam hep karşı duvarda bir noktaya bakıyordu. O da kendi dürbününde kendi yaşamını mı seyrediyordu acaba?

Saat yedi olmuştu herhalde, içeriye temizlik yapan kadın girdi, geri yolladık. Hemşire girdi, geri yolladık. Kahvaltı getiren hademeyi de tepsileriyle birlikte geri yolladık. Hiç bırakmadık babamın ellerini; yüreğimizi, sevgimizi, canımızı ona aktarmak için, onunla bütünleşip tek olmak, ömrüne ömrümüzden katmak için sımsıkı tuttuk. Sıcaktı avuçları. Sonra babam birden gözlerini iyice açtı, karşı duvardaki o noktaya bakarak gülümsedi, kısa bir nefes daha aldı, yüzünden bir anlık bir onay ifadesi geçer gibi oldu, aldığı nefesi verdi ve mavi gözlerini bize yumdu babam. Annem usulca kalktı oturduğu yerden, odanın tek sandalyesini kapı tokmağının altına dayadı dışarıdan açılmaması için. Babamın iki yanına uzandık, başlarımızı göğsüne dayadık. *Yaşama karşı savaşta/çaresizlik ise ölüm/birlikte öldük babamla.* Yaklaşık yarım saat sonra, doktorlar ordusu odamıza dalana kadar, babamın çok sevdiği Zafer Bayramı'nda, evet, onunla birlikte öldük! Eksildik! Yarım kaldık! Kolumuz kanadımız kırıldı, paramparça olduk!

Mavi, sevginin, güvenin, mutluluğun rengiydi, soldu!
Mavinin yerini siyah aldı!

1 Eylül'de dergiyi aldım. Şiir yoktu. İyi ki yoktu! Ben şiirin sonunu, babamı kaybettiğim günün gecesinde yazdım.

Beyaz bir kedi gibi girdi pencereden
Usulca kondu ölüm
Başucuna babamın
Sonra
Dolandı odada
Şakaklarına, alnına değdirdi dudaklarını
Öptü ellerinden
Sevdi yüzünü gözünü
Diz çöktü karşısında
Bekledi sakin, dingin.
Birden sıyrıldı içinden
Bu tarifsiz sessizliğin
Bir damla yağmur olup indi.

Ölüm serin bir el gibi
Benim de alnımda,
Yüreğimde,
Şakaklarımda şimdi.

Arsız ölüm
Sessiz ölüm
Hırsız ölüm
Babamı kopardı benden
Çözüverdi ellerini
Sezdirmeden ellerimden.
Silinirken ustalıkla
Yüzünde yaşam izleri
Beyaz bir at oldu ölüm
Bekledi binicisini
Babam tuttu yelesinden
Atladı beyaz atına
Ulaşırken
Bilinmeyen o ülkenin sınırına
Peşinden koştu yüreğim,

Yaşama karşı savaşta
Çaresizlik ise, ölüm,
Birlikte öldük babamla.

Heyy, bahçede dolanan rüzgâr
Rüzgâra eğilen ağaç
Sokakta gezen insanlar
Avluda oynayan çocuk
Eşikte duran ihtiyar
Yolu ağır geçen kamyon
Çöp bidonundaki kedi

Yatak, perde, sandalyeler
Şişman serum şişeleri
Keskin klor kokuları
Kutular dolusu ilaç
Zafer bayramı sevinci
Saksıdaki mahzun çiçek
Vazodaki sarı gülüm
Hepinize haber ola
Babamı götürdü ölüm!

30 Ağustos, 1983

Son Söz

Hayat ve *Hüzün*'de yazdıklarım, babamın da var olduğu dünyada geçirdiğim kırk yılın dürbünüme çarpan resimleridir; özelimde ve ülkemde 1941'den bu yana yaşadıklarımdan, gördüklerimden seçmelerimdir. Kitaplarıma, beni çok etkileyen, çok üzen, çok sevindiren, bende iz bırakan, belleğimde hep kalan anılarımı aldım. Babamın vefatına kadar beni ilmek ilmek örerek bugünkü ben yapan kişileri, olayları kendi gözümden, kendi kalemimle aktardım.

Babamın ölümünden sonra ise ne ben aynı Ayşe'ydim, ne de Türkiye aynı Türkiye. Babamın yokluğu beni, Turgut Özal da Türkiye'yi değiştirmişti. Artılarımız ve eksilerimizle başkalaşmıştık. 1983'ten sonraki yıllarımın serüveni belki bir başka kitaba konu olur ama bu okuduklarınız, 1983 yılına kadar, Edip Cansever'e rahmetle selam olsun, "Ben Ayşe Kulin Nasılım?"a yanıtımdır.

Merhaba *Hüzün*

1978 yılında boşanmadan az önce Yeniköy'ün bahçesinde.

1970'lerde Yeniköy'de.

Ankara'da Doğuş Galerisi'nde Orhan Peker sergisinde.

*Ankara'da Doğuş
Galerisi'nde sergi*

Ankara 1965.

Ankara 1965.

Birinci evliliğimin son günlerinde düşün düşün düşün...

Mete, Ali ve ben yazları kavuşuyorduk. 70'li yıllar.

Havri Ürgüplü, Mehmet Pısak'la Club Med'de azıcık sarhoş.

Duygu, Sibel Tanberk Rengin, Koray Bayraktaroğlu, Hayri-Fazile
Ürgüplü, 70'li 80'li yılların ayrılmaz arkadaşları.

Osman Edin, Güneş Erez, Affan Başak ve ben
bir başka hafta sonu gecesi.

Eğlenen masanın bir ucunda Abdi İpekçi ve ben.

Adnan ve Feride Kürkçüoğlu, Şirin Edin, Memo, Suzan Pısak...

70'li yılların bol paça rüküş pantalonları hepimizin üstünde.

Mete ve Ali 1965 Ankara.

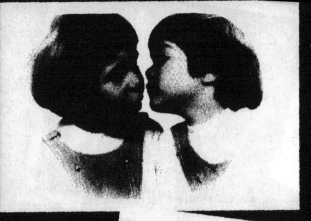

Versene bana bir öpücük...

Kerim ile Selim.

Ali ile Mete.

Titrerim mücrim gibi baktıkça istikbalime.

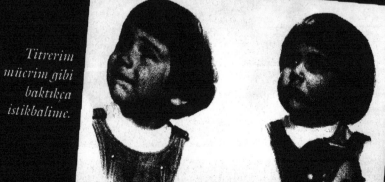

Biz iki romantik çocuktuk bir zamanlar, 1971.
Kerim ve Selim.

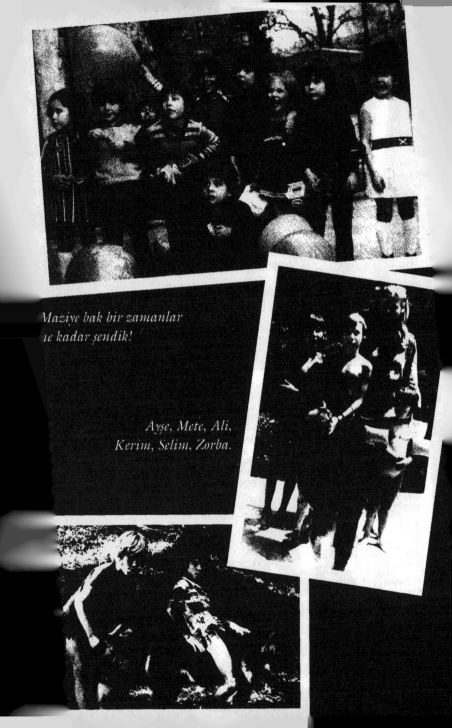

*Maziye bak bir zamanlar
ne kadar şendik!*

*Ayşe, Mete, Ali,
Kerim, Selim, Zorba.*

Kerim ve Selim Yeniköy'ün merdivenlerinde.

Rüya gibi bir yazdı, çocuklarımla birlikte, 1970'ler.

Kerim ve Selim.

Dört silahşorlar okul yolunda.

Mete'yi İsviçre'ye yeni yolcu ettik. Bu yüzden hüzünlüyüz hepimiz.

Tavşan Kerim'le
Sincap Selim.

Damda
dört kemancı.

Mete, Ali ve tayfaları.

*Yavaş yavaş
büyüyoruz.*

*Resimler artık iki kişilik.
Mete ve Ali uzaktalar.*

*Bir araya gelince hemen
fotoğrafçıya koşardık.*

*Yeniköy'ün havuzunda
Eren, Ayşe, Kerim,
Selim ve Muh Dede.*

*Bir yaz günü
havuzda.*

*Büyükler küçüklere
yüzme öğretirken.*

Bak anneciğim yüzüyorum.

Artık okullu olduk.

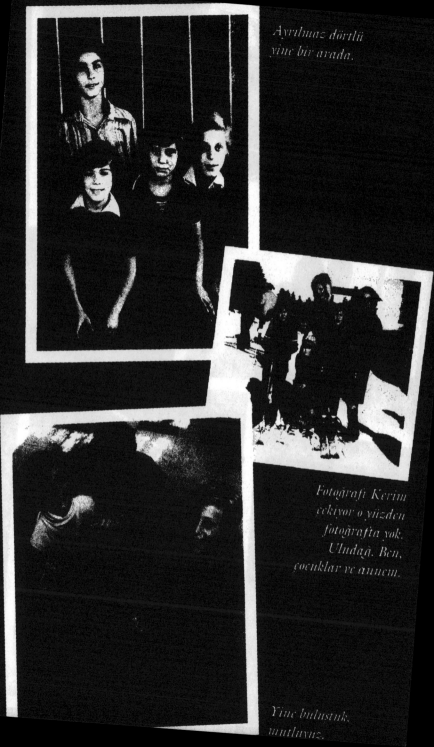

Ayrılmaz dörtlü yine bir arada.

Fotoğrafı Kerim çekiyor o yüzden fotoğrafta yok. Uludağ. Ben, çocuklar ve annem.

Yine buluştuk, mutluyuz.

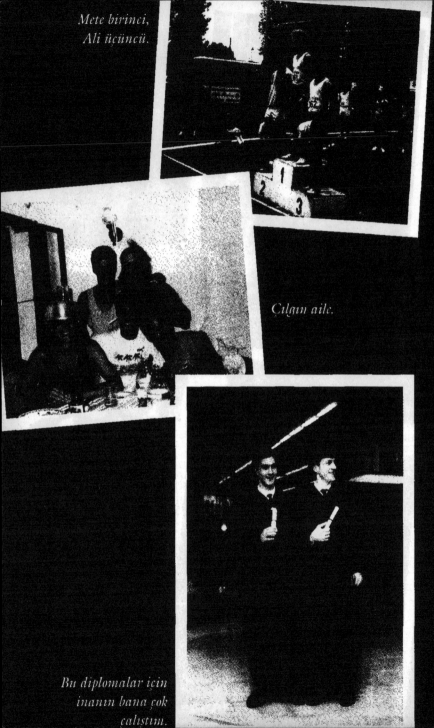

Mete birinci,
Ali üçüncü.

Çılgın aile.

Bu diplomalar için
inanın bana çok
çalıştım.

Nihayet hepimiz delikanlıyız.

Var mı bize yan bakan?

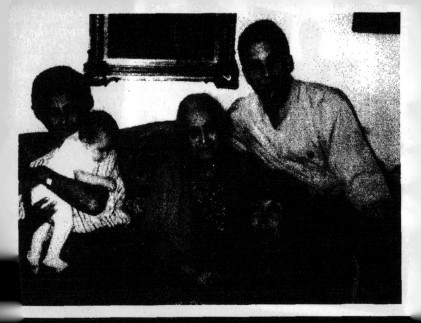

*Beş kuşak. Anneanne Leman, annem Sitare, ben,
Mete ve ilk torun Ayşe Aurelia.*

Ayaşlı ve Kiracıları'nın setinde Sirkeci Garı'nda.

Bir film setinde kalem elimde sabahlarken, 1980'li yıllar.

Ayaşlı ve Kiracıları çekim arkası.

Tunca Yönder ve Ayşe Kulin yorgun argın.

Abdi İpekçi, oğlu, eşi ve ben.

*Bir yaz
hatırası.
Mehmet Pısak'la*

*Yücel ve ben
Sevillanas'ta.
AKM'nin
yandığı gece.*

*Dinah ve Yücel,
ben ve Eren,
karnımda Selim
High School
gecesinde*

Ben, Fazile Ürgüplü, Oya Başak. Les Trois Graces.

*O yaz çok mahzunum
nedense. 1977.*

Sababat teyzem ve Bâlâ eniştem hâlâ âşıklar.

*Sokakta kaldıktan sonra sık sık Koko'nun evinde buluşurduk.
Bütün çocuklar, ben, annem, Koko ve Gizmo köpek.*

Yeniköy'deki evimiz, ön cepheden.

Çok sevgililerim İsmail Hüsrev Tökin ve Mehpare teyzemle.

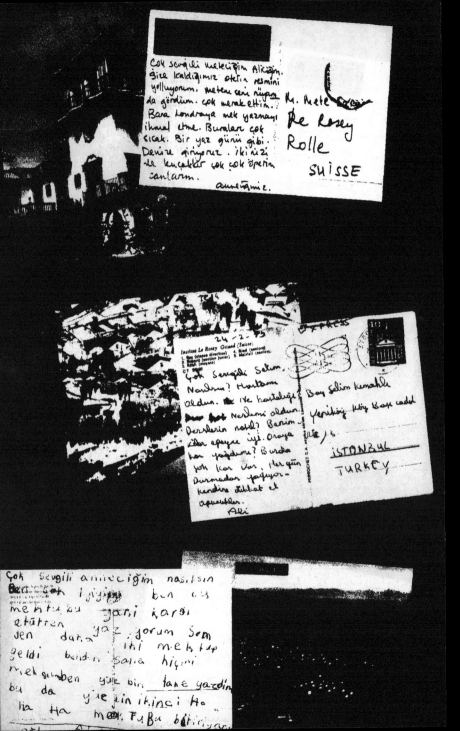

Çok sevgili meleciğim Alkışım.
Gece kaldığımız otelin resmini
yolluyorum. meteni ceri nüpar
da gördüm. çok merak ettin..
Bana Londraya mek yazmayı
ihmal etme. Buralar çok
sıcak. Bir yaz günü gibi.
Denize giriyoruz. ikinizi
de kucaklar çok çok öperim
canlarım.
anneciğimiz.

M. Mete
Le Rosey
Rolle
SUISSE

---

24 - 2 - 73

Institut Le Rosey Gstaad (Suisse)

Çok sevgili Selim.
Nasılsın? Hastan
oldun. İki hastalığı
Nerden oldun.
Derslerin nasıl? Benim-
kiler epeyce iyi. Oraya
kar yağdımı? Burda
çok kar var. Her gün
durmadan yağıyor.
kendine dikkat et
öperim.
Ali

EXPRESS

Bay Selim Kemahlı
Yeniköy Köy Başı cadd.
ISTANBUL
TURKEY

Çok sevgili anneciğim nasılsın
Ben çok iyiyim ben üç
mektubu yani kartı
etütten yazıyorum Sen
daha iki mektup
geldi bende sana hiçmi
mektuben yüz bin tane yazdın
bu da yüzünün ikinci Ha
Ha Ha mektuba bitiyor.

9-971

çok sevgili canım Alin

Sen benden nane şekeri
istemiştin bende sana gönderdim
uçak postası ile alır almaz
bana hemen yaz. bir kız kardeşin
oldu ne iyi şimdi beş kardeş
oldunuz inşallah iyi bir kız
olsun. Bak küçük oğlanlar
sizi nekadar çok seviyorlar
her gün Mete ağabey Ali ağabey
diye kaç sizi arıyorlar. Tatil
ne zaman bana yaz seni büyük Allaha
emanet eder çok çok hasretle öperim
neneniz

En avion au-dessus de...
L'Institut - Le Rosey - Rolle

26-Haziran
PAZAR 1972

çok sevgili Anneciğim
Nasılsın? ben çok iyiyim
Zuhuva Tane yavru
doğurmuş diye söyleniyor
tam keop. i uyor yaz
iki doğurmuş?

Orada havalar nasıl gidiyor
burada sıcak
Birler kuruna fırın
başladık. ben de çok
eğleniyorum
kızlar sizmasını içiriyorum
???

١٢ تموز ١٩٤٩

(Osmanlıca el yazısı metin)

"İki gözümün bebeği Ayseciğim, bayramı tebrik için bana yazdığın
mektubu son derece sevinçle aldım, okudum. Uzun ve pür-saadet olması
için dua ettiğim hayatının her günü inşallah mesut bir bayram gibi
olur. Allah sana uzun ömür, daimi sıhhat ve her vechile saadet ihsan
etsin. Kemal-i muhabbetle güzel gözlerinden öperim sevgili yavrum."

Tetra klorür etilen

Ahmed Reşad
Eski Nazırlardan

Istanbul

"Sevgili evlatlarım Muhittin,
Leman, Sitare, Ayse'ye
Cümlenizin gözlerinden öperek id
saidi tebrik eder, kemal-i afiyetle
imrar-ı evkat eylemesini cenab-ı
haktan dilerim Ayse Sultan'ın
dahi güzel yanaklarından
binlerce defa öperim.
Kayınbabanız babanız dedeniz